Les Éditions du Boréal
4447, rue Saint-Denis
Montréal (Québec) H2J 2L2
www.editionsboreal.qc.ca

Rebelle
sans frontières

Marc Vachon
avec la collaboration de François Bugingo

Rebelle
sans frontières

préface de Jean-Christophe Rufin

Boréal

Les Éditions du Boréal remercient le Conseil des Arts du Canada ainsi que le ministère du Patrimoine canadien et la SODEC pour leur soutien financier.

Les Éditions du Boréal bénéficient également du Programme de crédit d'impôt pour l'édition de livres du gouvernement du Québec.

Photo de la couverture : Dominique Thibodeau
Maquette de la couverture : Christine Lajeunesse

Diffusion au Canada : Dimedia

Données de catalogage avant publication (Canada)

Vachon, Marc, 1963-

    Rebelle sans frontières

    Autobiographie.

    ISBN 2-7646-0386-X

    1. Vachon, Marc, 1963- . 2. Aide humanitaire. 3. Médecins sans frontières (Association). 4. Réfugiés – Logement. 5. Justice. 6. Enfants abandonnés – Québec (Province) – Biographies. I. Bugingo, François, 1974- . II. Titre.

HV887.C32Q8   2005   362.73'092   C2005-941195-3

Pour Émilie, Jacqueline, Claudia, Nadia

Monsieur Hamil est un grand homme, mais les circonstances ne lui ont pas permis de le devenir.

ROMAIN GARY, *La Vie devant soi*

Préface

Nombreux sont ceux qui ont voulu juger Marc Vachon. Pourtant, jusqu'ici, personne n'a su lui rendre justice.

Il a été accusé de bien des fautes : gangster, Hell's Angel, drogué, gigolo, dealer, maquereau, aventurier, espion… Rien de tout cela n'est absolument faux. Et pourtant, aucun de ces termes n'approche, même de très loin, la vérité. Car ce gamin que la vie a jeté dans ses bas-fonds, cet adolescent condamné à se battre pour survivre, cet homme qui a dû mordre et frapper pour sauver sa vie, est un être que la nature, en même temps, a doté d'une âme pure, d'une sensibilité extrême et d'une générosité à laquelle rien ne se compare.

Allez y comprendre quelque chose, messieurs les procureurs ! Celui que vous avez puni un bon nombre de fois avec d'excellentes raisons, celui que vous avez fait rechercher après sa fuite pour le boucler, cet homme-là se présente aujourd'hui devant vous grandi par quinze années d'un dévouement continu pour les plus pauvres, sur tous les grands théâtres de guerre du monde.

Je ne sais pas si Vachon peut se comparer au docteur Schweitzer ou à mère Teresa. En tout cas, il y a en lui du Jean Valjean et du comte de Montecristo.

Comment une telle métamorphose a-t-elle été possible ? Voilà ce que ce livre permet de comprendre. Cela seul, déjà, suffit à en faire un document d'un extrême intérêt. À ceux qui sont tentés de désespérer des humains — et chacun d'entre nous ne l'est-il pas de temps en temps ? —, cette histoire apporte un démenti plein de fraîcheur. C'est, en apparence, l'histoire d'une rédemption. La merveilleuse biographie d'un jeune Québécois, abandonné par ses parents pauvres, qui se relève, triomphe du destin et se retourne vers les plus pauvres afin de partager avec eux le peu qu'il a su arracher à la vie. Un conte de fées…

Sauf que Marc Vachon est le dernier à croire aux contes de fées, pas plus à celui-là qu'aux autres. L'histoire qui est racontée ici, c'est sa vie, voilà tout, et si vous lui parlez de résurrection, il vous rira carrément au nez.

C'est sa pudeur, sans doute. Ne cherchez pas chez lui l'angélisme, les postures héroïques, le prêchi-prêcha moralisateur. Il y a longtemps qu'il a remplacé tout cela par beaucoup d'humour, la passion du foot et un goût affirmé pour les bières bien fraîches.

Cela ne veut pas dire pour autant que cette confession ait été facile. J'ai assisté à la genèse du projet et je peux témoigner des résistances qu'il lui a fallu vaincre. Un premier éditeur avait proposé à Marc d'enregistrer des cassettes. Elles ont été perdues et je le soupçonne de les avoir fait disparaître lui-même tant leur enregistrement l'avait bouleversé. C'était la première fois que je voyais pleurer ce grand imbécile.

Quelques années plus tard est venu François Bugingo, auquel on doit le texte présent. Quand je l'ai lu, j'ai compris ce qui avait tant remué Marc la première fois. Seul devant son micro, il n'avait pas supporté de revivre dans le confort du souvenir ce qu'il avait dû

endurer dans son existence véritable. La douleur était particulièrement forte quand il évoquait son enfance. Comme s'il avait
mesuré lui-même tardivement, à l'aune de ce que la vie lui avait
permis de devenir, quelle immense injustice avait subi l'enfant qu'il
avait été. Voilà pourquoi ce livre, en dépit des apparences, ne décrit
pas une rédemption mais plutôt une réhabilitation. Ce n'est pas
l'histoire d'un enfant méchant devenu bon, c'est l'évocation dou-
loureuse d'un enfant merveilleux, débordant de tendresse, de joie
de vivre et d'envie de partager, à qui la vie n'a donné que violence
et trahison. Et cet enfant perdu, violé, en jachère a dû dissimuler
longtemps ses trésors dans son cœur de crainte d'être dévalisé.

Marc, après une longue absence, s'est risqué à Montréal il y a
trois ans et je l'ai retrouvé un soir là-bas. Il m'a fait visiter les rues
qu'il arpentait autrefois avec sa bande. On sentait que tout cela
était à la fois très lointain et, pour lui, tout proche. Il respirait plus
fort, regardait à droite et à gauche comme si un gang rival allait
surgir. Il flairait le danger à la manière d'un Indien chasseur de
bisons. Ce livre est un peu à l'image de cette traque : en suivant
Marc, on opère une vertigineuse plongée dans notre époque, depuis
les guerres oubliées du Tiers Monde jusqu'aux nuits violentes des
métropoles nord-américaines. J'ai connu Marc au Kurdistan à la
fin de la première guerre du golfe. J'étais alors vice-président de
Médecins sans frontières et je l'ai suivi tout au long de ces années
d'engagement pendant lesquelles il a enchaîné sans interruption
les missions humanitaires dans tous les pays en guerre : Bosnie,
Rwanda, Soudan, Afghanistan, Mozambique, etc. Sur chacun de
ces terrains, Marc Vachon s'est révélé comme quelqu'un d'un extraordinaire dévouement. Mais ce terme peut être source de confusion. Se dévouer, pour lui, ce n'est pas se sacrifier, encore moins
mettre en scène ses efforts et ses souffrances. Se dévouer veut dire
simplement être utile aux autres. Monter un camp de réfugiés en
quelques heures, fournir de l'eau potable à une foule que la guerre

a jetée dans l'exode, faire passer des convois de vivres à travers les points de contrôle les plus dangereux, déjouer les pièges de milices en guerre, voilà ce qui s'appelle être utile dans ces situations. Et voilà ce que Marc Vachon sait faire mieux que quiconque. Il a fait preuve dans ce métier de dispositions rares et naturelles, sans doute héritées de son passé de galère. Les plus grandes organisations humanitaires ont fait appel à lui et lui ont confié d'importantes responsabilités. Le récit de ces années d'humanitaires est d'une exceptionnelle richesse car peu de volontaires auront enchaîné autant de missions et d'aussi dangereuses. Je peux témoigner que rien, ici, n'est inventé. Au contraire, il a même fallu procéder à quelques simplifications pour ne pas lasser le lecteur.

Mais en même temps qu'il est un document irremplaçable sur ces conflits, ce livre est le portrait d'un homme. Marc Vachon a vécu sa vie à l'envers. Il a commencé vieux, comme le sont tous ceux qui ne peuvent pas se permettre d'être innocents et faibles. Puis il a grandi et avec les années, il s'est attendri, a pris confiance, enfin, avec ce livre, s'est complètement révélé.

Sur les côtes de Ligurie, des pêcheurs reconvertis mènent les touristes en barque à quelques encablures du rivage. Puis ils leur tendent un masque et les invitent à regarder sous l'eau. Ainsi les visiteurs découvrent, sous la surface noire des flots, un abysse lumineux au fond duquel est posé un Christ de bronze qui tend les bras vers eux. On ne sait s'il veut vous entraîner vers les profondeurs ou demande qu'on le remonte à la lumière. C'est une émotion de même nature que ce livre vous propose : il relate des évènements tragiques et violents mais sous leur surface bouillonnante et sombre, il donne à voir la figure étonnamment pure d'un héros qui vous tend les bras.

Il ne faut pas que Vachon lise cette préface, sinon, il va se mettre très en colère. « Tabarnak, mais qu'est-ce qui raconte donc sur moué ! » Quand il est gêné, il en rajoute sur l'accent québécois, celui de Saint-Henri, le quartier populaire où il est né. Et puis, il change la conversation, parle du PSG dont il est un supporteur actif et s'il veut vraiment mettre tout le monde de bonne humeur, se paie gentiment la tête de Chirac. Pour finir, il rira si fort qu'il faudra fermer la fenêtre pour ne pas alerter les voisins.

Et puis non, tiens, cette fois, laissez donc la fenêtre ouverte. Qu'ils s'indignent, les braves gens, qu'ils ameutent la gardienne et même les flics. Maintenant, on saura quoi leur faire lire pour qu'ils comprennent enfin à qui ils ont affaire.

« Hé ! Le grand là-bas, avec les tatouages sur les bras et le pétard sur l'oreille, comment tu t'appelles déjà ? »

« Vachon, m'sieur l'agent. Marc Vachon. Retenez bien mon nom. Un jour, c'est Tom Cruise qui le portera. »

Jean-Christophe Rufin

1

Fils de personne

Je m'appelle Marc Vachon.

Je suis né le 27 octobre 1963. À Montréal. Au Canada.
Quelque part près de Saint-Henri, le quartier pauvre et ouvrier
du sud-ouest de la ville. C'est là que j'ai été baptisé, treize jours
après ma naissance. À l'église Sainte-Cunégonde. Très jeune, j'ai
été abandonné aux portes de l'aide sociale. Quand exactement ?
Personne ne le sait.

Ma vie a commencé quand j'avais dix-sept mois, chez les
Fortier, au 2363 de la rue Bercy, dans Hochelaga-Maisonneuve,
un autre quartier défavorisé. Ce sont eux, mes vrais parents. La
famille Fortier était mon septième foyer nourricier. C'est en tout
cas ce que le responsable de l'aide sociale a dit à ma mère. Des
six premiers, je ne me souviens pas. Il lui a dit que mon nom
complet était Marc Gérard Stéphane Vachon. Et que je ne pourrais jamais être adopté, parce que ma mère biologique avait
oublié de signer les papiers qu'il fallait.

C'est à l'école que je me suis rendu compte que quelque
chose clochait : ma mère s'appelait Fortier et moi Vachon. J'ai

posé des questions. On m'a expliqué : ma mère biologique était tombée malade, elle a dû se défaire de moi. Elle s'appelait Jacqueline. C'est tout ce que je sais d'elle.

J'ai appris à vivre sans. Je connais maintenant le nom de mon père biologique, un certain M. Vachon. Je sais que j'ai deux frères, mais ça ne m'intéresse plus. Ma mère, c'est la femme qui m'a élevé. Quand j'étais malade, c'est elle qui s'occupait de moi. J'étais asthmatique, alors j'imagine le nombre de nuits blanches qu'elle a dû passer à mon chevet. Quand j'avais la grippe, elle me dorlotait. C'est Jeanne Fortier, ma mère.

Mon père était ferblantier à la Macdonald Tobacco. Il y a travaillé toute sa vie. Les Fortier vivaient modestement, ils avaient quatre autres enfants, plus âgés que moi. Il y avait d'abord Micheline, puis Daniel, Huguette et Lise. C'était du bon monde.

Ma mère avait un cœur gros comme ça. Elle gardait des enfants dont les parents devaient aller travailler, de petits Arabes, quelques Noirs, des enfants d'immigrants qui exerçaient des métiers ingrats. J'ai grandi dans une joyeuse ambiance d'enfants de toutes les races et cultures.

Mes grandes sœurs toutes blanches sortaient avec des Haïtiens rencontrés à l'Exposition universelle de Montréal, en 1967. Mon frère Daniel voyait une Italienne, la fille de la voisine, la maison derrière la nôtre.

Toute cette marmaille s'engouffrait dans le métro, qui coûtait 10 cents, pour se rendre dans l'île Sainte-Hélène faire trempette dans la piscine.

Montréal n'était alors qu'un grand village sympathique. Le problème, ce n'était pas la ville, mais l'époque. Les femmes se libéraient. On écoutait les Beatles, les Rolling Stones, César et ses Romains. On découvrait le pot et des drogues plus corsées, comme le LSD. Tout est arrivé en même temps, trop vite.

À sept ans, j'étais un gamin normal qui allait sagement à l'école Saint-Anselme, entre les rues Hochelaga et de Rouen, mais le quartier, lui, était dangereux. On fumait de la dope de piètre qualité, on sniffait de la colle. À huit ou à neuf ans, on s'essayait à la cigarette, on se roulait des pétards, histoire de se donner des allures de caïds.

C'était l'époque des pantalons à carreaux et de l'explosion de la musique québécoise. Quand le groupe Beau Dommage chantait *Le Blues de la métropole,* c'était de mon quartier qu'il parlait. C'était l'époque de la gloire d'Harmonium, le temps d'Offenbach. C'était la vague indépendantiste, le retour à la ceinture fléchée. Nous étions fiers d'être québécois.

C'est alors que ma mère a eu la brillante idée d'imiter la voisine qui envoyait son fils de quatorze ou de quinze ans en pension au collège afin de l'éloigner des mauvaises fréquentations du quartier. Elle voulait m'éviter de finir comme les malfrats.

Je n'ai pas fait de crise de larmes en quittant la maison. Je n'avais que huit ans, mais j'étais un homme, je partais en mission. Mon père, ma mère et mes sœurs étaient sur le perron. Je bombais le torse ; j'étais un dur de la rue Bercy, à Montréal. Le collège me faisait d'autant moins peur que mon voisin, un autre qui jouait les durs, avait promis de veiller sur moi.

Je n'ai pas compris la suite.

On a roulé deux heures et demie sans arrêt. M. Paquin, l'agent des services sociaux responsable de mon dossier, a arrêté sa voiture devant une maison de campagne, avec un bulldozer devant et cinq gamins dans les parages. Un couple est sorti pour nous accueillir.

Sans le savoir, je venais d'arriver dans ma huitième famille d'accueil. Ce fut un choc terrible. Dans le village de Rawdon, il n'y avait même pas d'asphalte ni de trottoir. Ma première question a été : « Où est-ce qu'on joue alors par ici ? » Il n'y avait rien, sauf une télévision en noir et blanc.

J'étais le troisième enfant recueilli par cette famille. La mère m'a appris que l'école commencerait seulement une semaine plus tard. Un autobus viendrait me chercher tous les matins. Je ne comprenais pas dans quel pays je me trouvais.

— Ça va me faire une sacrée trotte pour retourner tous les week-ends à Montréal, non ?

— Tu ne retourneras plus à Montréal.

— Comment ça, plus de Montréal ? Je dois bien retourner chez moi, non ?

— Tu oublies chez toi, il n'y a plus de chez toi. Tes parents t'ont abandonné.

Je ne l'ai pas crue. Même si j'étais un gamin. Même si, au fond de moi, j'en voulais un peu beaucoup à ma mère. Je n'ai pas voulu pleurer. J'ai choisi de me la jouer petit bonhomme dur à cuire.

Cinq mois plus tard, M. Paquin revenait me changer de foyer. Je suis parti sans regret, car dans cette famille j'avais connu une violence comme jamais auparavant. À la moindre bêtise, c'était une claque sur la gueule. Et quand j'avais le culot de pleurer, c'était une autre volée de gifles qui m'envoyait valser. Le père hurlait : « Tu vas arrêter de brailler, maudit bâtard ! »

J'ai cessé de pleurer.

Il m'a fallu du temps avant de recommencer.

Le nouveau foyer, mon neuvième, n'était pas loin de là, à Chertsey. J'y ai été amené avec deux enfants qui étaient aussi à Rawdon. Plus un autre. On était quatre dans une chambrette. Les seuls meubles de la pièce étaient deux lits superposés. On devait dormir les bras sur les couvertures, je ne comprenais pas pourquoi.

Ce n'était que le début d'une très longue série de mauvaises expériences. Je changeais de foyer nourricier à une fréquence de plus en plus rapide, sans que j'en comprenne la raison. Personne ne prenait vraiment la peine de m'expliquer.

La vérité, c'est que, en 1972, personne ne voulait avoir de gamins dans les pattes. Mes origines citadines troublaient les campagnards dans leurs habitudes. Un jour, dans un foyer, la dame m'avait dit :

— Si tu es gentil, on va t'amener à l'Expo…

Pourquoi être gentil pour aller à l'Expo ? Moi, ma mère m'y envoyait au contraire pour avoir la paix.

Je suis revenu à Montréal à dix ans. C'était chez un couple dans la cinquantaine. Un bref moment de plaisir. J'allais à l'école Saint-Marc, je m'appelle Marc.

J'avais ma chambre, et le couple qui n'avait jamais eu d'enfant me traitait comme celui qu'il avait rêvé d'avoir. J'étais le roi. J'ai eu mes premiers patins : des Daoust 10. À Noël, j'ai reçu un jeu électronique.

C'est un détail stupide qui m'a perdu. Le couple s'était arrangé avec la voisine pour qu'elle me reçoive chez elle et me donne à manger à midi. Comme j'avais la clef de la maison, j'avais le droit de rentrer chez moi après le repas pour regarder des épisodes du *Capitaine Bonhomme* ou des *Pierrafeu* à la télévision. Un jour, le téléphone a sonné. J'avais l'habitude de décrocher. J'ai répondu. Une voix m'a demandé de lui passer un adulte.

— Ils ne sont pas là.

— Qui est à l'appareil ?

— C'est Marc…

— Je suis Monsieur Paquin. Tu sais qui je suis ?

— Oui, le grand monsieur.

— T'es tout seul à la maison ?

— Oui.

— Qu'est-ce que tu fais ?

— Je regarde les *Pierrafeu*.

— Comment as-tu fait pour entrer ?

— Par la porte, j'ai la clef.

Il a raccroché.

Le lendemain, une voiture est venue me chercher. On a reproché au couple de m'avoir laissé seul et en danger.

Ce départ-là a été le plus déchirant de tous. Je m'accrochais désespérément aux barreaux de mon lit. Lorsqu'on a connu le malheur, on sait reconnaître le bonheur, et surtout on sait que la chance ne frappe jamais deux fois. Encore moins pour un bâtard…

C'est après que j'ai connu ma pire famille.

C'était pourtant une famille bien. Dans le Richelieu, à une trentaine de kilomètres au sud de Montréal. La mère était reconnue pour son œuvre humanitaire et caritative. Je revois encore ce grand certificat accroché fièrement sur le mur à côté d'un drapeau du Québec. La famille H… hébergeait une vingtaine de trisomiques.

La maison était immense. Et c'est derrière, dans la cour entourée d'une haute clôture, que les trisomiques étaient parqués pour la journée. À se promener à vélo, à jouer au ballon. Derrière la petite aire de jeu, il y avait une roulotte.

Je me souviens de mon arrivée. Quand Mme H… nous a fait faire le tour du propriétaire. La roulotte. Le beau foyer. L'immense chambre avec vue d'un côté sur les champs et l'autre sur la cour. L'extase.

Ravi, je me frottais les mains en la regardant signer les documents de prise en charge. M. Paquin lui avait remis mon sac avec les habits neufs qu'on nous donnait quand nous changions de foyer.

L'homme à peine sorti, elle a repris ma veste restée posée sur le magnifique lit, et elle m'a emmené à la buanderie. Derrière les machines à laver, il y avait un lit pliant. « Voici ta chambre ! » m'a-t-elle lancé. Je n'ai jamais défait ma valise. J'y suis resté pourtant près de huit mois. J'avais à peine dix ans.

Je faisais le ménage, je tondais la pelouse. Ils se servaient de moi pour faire tout ce qu'ils voulaient. Et quand je dis tout, je veux dire tout.

La cruauté de cette femme n'avait pas de bornes. Un de ses fils avait imaginé un jeu qui consistait à tourner dans la cour sur ses patins et à me rentrer dedans, comme au *roller-derby*. J'avais un seul droit : celui de recevoir des coups. Un jour, j'en ai eu marre, je me suis esquivé et le garçon a fini sa course dans la clôture. J'ai ri en le regardant grimacer de douleur.

Le soir, en me dirigeant vers ma chambre, je n'ai pas vu arriver le coup. La claque m'a soulevé du sol et expédié quelques marches plus bas. La tête en compote et la vision complètement obscurcie.

— Je ne veux plus jamais t'entendre rire de mon fils !

Un autre soir, voulant m'apprendre à manger comme les gens civilisés, elle m'a fait asseoir à côté d'elle sur une banquette avec un couteau et une fourchette dans les mains. Et dès les premiers gestes, les coups se sont mis à pleuvoir. Vlan, ce n'est pas comme ça qu'on tient un couteau. Re-vlan, tu as ouvert la bouche trop vite. Re-re-vlan, on ne mâche pas la bouche ouverte.

— Tu es un fils de pute. Tu es un fils de pute, Marc. Est-ce que tu connais la définition d'une putain ? C'est ta mère. Je vais t'éduquer, moi !

Je me souviens aussi du réveillon de Noël. Tout le village s'y préparait fébrilement. Les guirlandes encombraient l'entrée de la maison. Le grand sapin étincelait au milieu du salon. Au pied de l'arbre, il y avait plein de cadeaux emballés dans du papier brillant.

Mon nom était inscrit sur une petite boîte. Une voix me disait que c'était une montre. Une Timex, j'en étais persuadé. Rien ne pouvait m'enlever cette certitude. Et, à ce moment-là, quand on a dix ans, on oublie tout, on pardonne tout. Les brimades, les coups, les insultes. On a le cœur en fête et les yeux rivés sur la boîte mystérieuse. Elle me paraissait du coup belle et humaine, Mme H…

La grande famille est arrivée. Je ne l'ai pas vue, car on m'avait caché. Le cocktail s'est tenu dans la rallonge derrière la maison. Devant le foyer. Moi, entre-temps, je montais les tables et j'arrangeais la grande salle pour le repas. Les convives ont rappliqué pour le gueuleton.

Mme H… m'a discrètement demandé de venir la retrouver dans la roulotte. Elle m'a dit, avec un air de conspiratrice, qu'elle avait une mission de la plus haute importance pour moi : veiller sur les braises du foyer.

— Les flammes vont bientôt s'éteindre, ensuite il restera la braise. Surveille-la bien pour qu'elle ne mette pas le feu à la maison. Quand elle sera complètement éteinte, viens nous rejoindre !

Je m'étais installé devant la grande baie vitrée. En face, je voyais tout le clan qui festoyait. La musique jouait fort, les gens dansaient. Et moi, j'étais dans ce coin déserté à surveiller les braises.

J'ai compris. Je m'étais fait avoir. Des envies de meurtre ou de pyromanie m'ont traversé l'esprit.

En fin de compte, je me suis endormi devant la fenêtre.

Le lendemain au réveil, il y avait une petite fumée qui

montait encore du foyer. J'ai remis mon manteau et je suis entré dans la salle de fête. Les papiers et les bouteilles vides jonchaient le sol. J'ai filé droit vers l'arbre et j'ai pris mon cadeau. De nouveau, j'ai tout oublié, tout à la joie de la montre que j'allais arborer.

Mme H… a entendu mes pas et elle est descendue. Nous étions donc seuls dans la pièce. Elle m'a adressé un sourire radieux.

— Joyeux Noël, mon Marc. Désolée que les braises aient pris tant de temps à s'éteindre. Mais tu as fait du bon travail ! Tu peux ouvrir ton cadeau.

Je ne me suis pas fait prier et j'ai déchiré le papier d'emballage. Ce n'était pas une montre. C'était un savon.

Elle a éclaté de rire :

— Tu vas pouvoir te laver, mon petit bâtard !

Quand j'ai eu vingt-deux ans, j'ai pensé aller la tuer, pour qu'elle cesse de hanter mes nuits. Un jour, j'ai pris ma Harley et suis descendu dans le Richelieu. Avec mon pistolet dans la poche arrière de mon pantalon. Je me suis arrêté devant la maison. La clôture qui entourait la cour dans laquelle elle parquait ses trisomiques n'y était plus ; j'en ai conclu qu'elle n'en avait plus à sa charge.

Je me suis vu frapper à la porte. Elle venait m'ouvrir. Je ne lui laissais pas le temps de dire un mot. Je lui vidais un chargeur entier de mon arme à bout portant. Je la voyais s'affaisser sans grâce, sans vie, sur le sol. Je l'enjambais, reprenais ma moto et rentrais en ville. J'en jouissais presque.

Le temps s'est arrêté. Le face-à-face entre ma Harley et cette porte qui me rappelait tant de souffrances a duré une éternité. Je ne suis pas descendu de moto. Je me suis dit que ça n'en valait plus la peine. Elle m'avait eu. Elle avait réussi à me détruire. Je n'avais pas besoin d'aller la descendre pour comprendre que l'éducation qu'elle m'avait donnée avait fait de moi la pourriture que j'étais devenu. Le pistolet à la main, je savais qu'elle avait gagné sur toute la ligne. Je ne lui offrirais pas en plus le privilège de foutre en l'air mes vingt-cinq prochaines années. J'ai fait démarrer ma moto et je suis reparti à Montréal. Je me suis débarrassé de l'arme dans un fossé au bord de la route.

2

Un ado à la dérive

À douze ans, malgré moi, j'étais déjà un dur. Je savais bien que j'étais un garçon pas comme les autres. Mes copains de classe se chargeaient de me le rappeler. À chaque changement de foyer, j'étais le nouveau venu, avec des habits usés. Avec l'argent reçu de l'aide sociale, les parents qui me recevaient achetaient des vêtements neufs à leur plus vieux et me laissaient ses vêtements devenus trop petits.

Puis, l'inévitable séance de présentation.

« Je m'appelle Marc Vachon. J'habite chez M. Untel. »

Il y en avait toujours un pour lancer : « Mais il est où, ton vrai père à toi ? » Et chaque fois le coup faisait mouche.

Ce n'est que plus tard seulement que j'ai appris à répondre à l'humiliation par la violence.

L'arrivée chez Mme Longpré a été un baume pour mon cœur et mon corps tuméfiés. L'homme qui m'hébergeait venait de tomber malade, mais, avant de me laisser aller, il avait dit que je pouvais revenir le voir à l'occasion. Ce que M. Paquin avait traduit à Mme Longpré par : « Marc a changé de foyer parce que son tuteur est malade. S'il le désire, et si ça ne vous dérange pas, vous pouvez le laisser aller voir sa famille le week-end. »

Le samedi suivant, Mme Longpré m'a remis de l'argent. J'ai pris l'autobus et je me suis rendu au… 2363, rue Bercy. J'ai frappé à la porte. C'est ma mère qui est venue ouvrir.

— Est-ce que vous me reconnaissez ?

Sans répondre, elle s'est mise à pleurer en m'étouffant dans ses bras. Ensuite, j'ai paradé dans le voisinage. Le retour de l'enfant prodigue.

Le lendemain, quand ma mère m'a reconduit chez Mme Longpré, j'ai été témoin de cette rencontre extraordinaire entre deux femmes de cœur. Deux femmes sans fortune qui avaient recueilli pendant vingt ans des enfants, en majorité des garçons à problèmes, abandonnés par leur famille. Des femmes d'une gigantesque humanité. Elles se sont reconnues tout de suite, au flair.

Cette semaine-là, Mme Longpré a appelé les bureaux de l'aide sociale pour tirer les choses au clair. Quand elle a raccroché, elle m'a tout simplement dit :

— Marc, quand tu voudras, tu iras passer les week-ends chez les Fortier.

— Mais pourquoi, madame Longpré ?

— Parce que ta mère est une honnête femme.

À partir de ce moment, je suis retourné régulièrement dans ma famille, rue Bercy. J'y passais une fin de semaine sur deux, les Noëls aussi. Puis, en été, je pouvais rester plus longtemps.

J'avais des manières de grands. Je fumais. Le grand Harold qui vivait chez Mme Longpré m'avait offert une cigarette dès mon arrivée. Mais je suis redevenu gamin dès que je me suis retrouvé dans cette ambiance chaleureuse, avec des frères, une compagnie. En tout, une quinzaine de garçons de l'aide sociale.

Je pouvais commencer à rêver d'avenir. Je me voyais bien pompier. Militaire, non. Un peu par coquetterie. J'étais entré chez les cadets. On avait dû se faire tondre les cheveux assez court. Et, dans les années 70, ça passait plutôt mal. Alors, quand le moniteur m'avait engueulé pour bavardage, j'avais sauté sur l'occasion pour claquer la porte. Précédé par ma réputation, j'avais été refusé chez les scouts.

Dans mes heures de loisirs, je jouais au base-ball ou au hockey. Je me souviens des parties de base-ball, rue Bercy, au milieu des voitures, avec mes amis.

Parfois j'allais à vélo. Jamais de lecture. Je n'allais pas non plus à l'église. J'avais compris que le bon Dieu ne faisait pas naître ses enfants libres et égaux. Et, depuis Mme H…, l'Église incarnait pour moi l'antre des fausses apparences et de l'hypocrisie des adultes.

J'avais appris à compter les jours qui passent et à ne jamais rien espérer d'une quelconque force supérieure. Jouir au maximum des heureux moments et vite oublier les mauvais. Ne jamais avoir à regretter d'occasions manquées.

Alors que j'allais vers mes quatorze ans, le drame est survenu : le beau-frère de Mme Longpré est mort. Rien de plus banal. À part que c'était à lui qu'appartenait la maison où nous habitions. Il l'a léguée à une des filles de Mme Longpré, et cette dernière nous mettait tous à la porte.

Mme Longpré a essayé de négocier avec le notaire. Tout ce qu'elle a obtenu, c'était de conserver le grenier, deux chiens, un chat et un enfant. C'est moi qu'elle a choisi.

La fille, Mireille, n'a pas attendu de terminer le deuil de son oncle pour emménager avec son mari et ses trois enfants.

Je suis resté un an avec eux. Une année presque normale. Je mangeais à ma faim, et le mari m'apprenait les techniques de construction et les métiers du bâtiment. Je partageais ma chambre avec leur fils, Martin. Mais ce n'était plus pareil. Je ne me sentais plus chez moi. Je savais fort bien que je dérangeais, que j'empêchais le clan de se sentir totalement chez lui.

J'ai changé d'école et je suis allé à la polyvalente Calixa-Lavallée, à Montréal-Nord. La plongée a été immédiate et brutale : le haschich…

Je m'étais inscrit en option construction. Une année perdue. Le professeur est venu une fois en début d'année, puis il est parti en congé de maladie. Un de ses remplaçants, un Anglais aux cheveux longs, devait en fumer plus que nous, car il commençait ses cours en nous parlant de l'Himalaya et de trekking au Népal. C'était l'époque : cheveux longs, Led Zeppelin, Rolling Stones…

Dans ma classe, une bande de déjantés, les fumeurs de joints du coin. Nous étions obsédés par le besoin de trouver de l'argent. Pour nous payer du pot et pour suivre la mode vestimentaire. C'était l'époque des pantalons Lois, des souliers de cuir avec une couture sur le dessus. Des chemises à carreaux et des petites vestes sans manches.

J'ai commencé à emprunter les chemins de traverse. Ma première cible : les magasins. Il fallait glisser deux pantalons sous le poncho, un autre autour de la taille. Garder un air dégagé et être prêt à détaler sans demander son reste dès que quelqu'un s'avancerait avec un œil soupçonneux.

Après, il suffisait de faire circuler l'information que je laissais à moitié prix des jeans vendus trente dollars dans les magasins. Je n'ai jamais manqué de clients. Personne ne m'a arrêté. Personne ne m'a averti que je glissais sur une pente dangereuse.

Pour les souliers, quand il était temps de les changer, j'entrais chez Yellow. J'essayais des chaussures neuves et, si elles me plaisaient, je les gardais. Les copains allaient faire diversion auprès du vendeur et j'en profitais pour m'éclipser.

J'ai commencé à prendre des commandes : tu veux un sac ? Tu demandes au bon Marc qui ira chez Zellers et t'en rapportera un au quart du prix.

L'argent récolté me permettait de me procurer des cigarettes et du haschich.

À quinze ans, j'étais *stone* une grande partie de mes journées.

Comme les enfants du malheur finissent toujours par se reconnaître, je passais mon temps avec des gamins de divorcés ou des orphelins. Après la drogue, ça a été l'alcool. Un flacon de brandy discrètement escamoté suffisait pour nous assommer tout l'après-midi.

Autour, aucun adulte pour nous retenir. C'était une période de grandes grèves dans les transports, dans les écoles. Les soixante-huitards se foutaient complètement de l'enfance, qui se perdait peu à peu.

J'ai essayé de me ranger et de distribuer des journaux. Quand il a été temps de collecter l'argent, je ne suis pas arrivé au bon compte et je me suis servi dans la collection de sous du grand Harold, roulés en étuis de 50 cents chacun. Comme il me manquait onze dollars, je lui ai volé vingt-deux rouleaux. Je me suis fait pincer, bien entendu, et ça a été un drame à la maison.

L'école allait à vau-l'eau, je me suis noyé. Du hasch, je suis passé à la mescaline. Je me souviens de mon premier trip d'acide avec mes « amis » de Montréal-Nord. J'avais avalé une pilule mauve dans le parc. Une demi-heure plus tard, je commençais à m'impatienter de ne pas ressentir d'effet. J'ai décidé de rentrer chez ma mère, rue Bercy. C'est sur le chemin du retour que ça a commencé à disjoncter dans ma tête. Je me rappelle avoir vu trois personnes monter dans l'autobus, mais le reste n'est que brouillard.

À la maison, mon père était assis sur le balcon. J'ai essayé de prendre une voix assurée pour lui lancer : « Salut, Papa ! »

Je suis monté directement chez ma sœur Huguette, qui habitait au premier étage. J'hallucinais. Je voyais des baleines. Mais j'ai aimé. Et je me suis enfoncé.

À Montréal, une nouvelle drogue faisait son entrée. C'était une pilule jaune appelée THC. Elle avait pour effet de vous rendre encore plus détraqué. Psychédélique. Elle coûtait cinq dollars l'unité, mais il y avait moyen d'en avoir trois pour dix dollars.

L'un amenant l'autre, j'ai acheté mon premier « quart d'once » de haschisch. Je le coupais en huit parts que je revendais. En m'en gardant une. Je ne me faisais pas une fortune, juste de quoi assurer ma consommation hebdomadaire. Le mot a vite circulé, je suis devenu le fournisseur des petits consommateurs.

On ne se rend pas compte qu'on est en train de glisser. On a l'impression d'avoir encore le contrôle. On se sent un peu caïd. On croit connaître les trucs pour ne pas se faire pincer par la police, et surtout pas par la famille. On pense bien connaître les gens qui sont dans le business parce qu'on se fait inviter à leurs soirées et on se fait payer des tournées dans les tavernes. À quinze ans, on fréquente des mecs qui portent la moustache, et ça suffit pour se donner l'illusion d'être grand soi-même.

Reste que je n'étais pas encore un grand distributeur, juste une petite pustule dans la cour de l'école. Une école laissée à elle-même. J'avais la panoplie complète : hasch, THC, mescaline. Et de l'alcool à ras bord. Je partageais mon temps entre la roulotte que m'avait laissée la fille de Mme Longpré dans la cour de sa maison et l'appartement de ma sœur Huguette, rue Bercy.

À la fin de cette année scolaire complètement ratée, il m'a fallu prendre des décisions. Ça n'a pas été les bonnes, bien au contraire. Après les magasins, je m'en suis pris aux maisons. J'y entrais pour me procurer une télé, une radio, une bicyclette, une mobylette. Je ne me rendais toujours pas compte de la gravité de mes actes, car le train de vie que je menais était doux pour mon cœur et flattait mon ego. Je fréquentais l'Évêché, le célèbre bar du Vieux-Montréal, lieu de rendez-vous des rockers. Tout le monde se ressemblait alors : hippies, pouilleux et fumeurs de pot. J'avais aussi les cheveux longs et je m'en sortais plutôt pas mal côté finances. Je n'avais pas l'impression d'avoir mal tourné. Je m'éclatais. C'était cool. J'avais profité de l'été pour découvrir toutes les autres sortes de drogue : morphine, héroïne, etc. Rien ne m'était plus inconnu.

L'année suivante, je suis officiellement entré en cinquième secondaire, mais techniquement j'étais en quatrième tant j'avais de matières à rattraper. En anglais, j'étais encore en troisième. J'achevais le cours de construction, mais j'étais encore trop jeune pour entrer sur le marché du travail. Je me suis inscrit aux cours de cuisine. Mes amis de la classe de construction m'ont suivi.

Et de nouveau, ça s'est très mal passé. Le professeur n'était jamais présent : il était en instance de divorce et il picolait. Je prenais des drogues fortes sans modération. Le matin en arrivant à l'école, j'étais souvent déjà défoncé au THC.

C'est con, car aujourd'hui je vois plein d'avenues que j'aurais pu explorer. Il y a eu des professeurs qui ont cru en moi. D'autres qui m'ont marqué. À la polyvalente, par exemple, il y avait ce professeur de français. Extraordinaire. C'était un grand échalas qui avait su aller chercher le meilleur de moi. Avec lui, je réussissais à écrire correctement. L'espace de quelques heures, j'appartenais au groupe des bons. Je me demande ce que je serais devenu si j'avais suivi ses conseils. Aujourd'hui, je serais peut-être reporter ou journaliste.

Mais c'était trop tard pour me sauver. Je ne faisais tourner la machine que pour m'enfoncer encore plus. Nous nous arrangions pour échouer même aux tests de QI qu'on nous faisait passer. Tout pour rester dans la classe des métiers.

Avec mon ami Daniel Marier, nous avons décidé de changer de vie. Inspirés par une chanson de Beau Dommage, nous avons voulu nous rendre en Floride. Comme dans la chanson, nous pensions partir, larguer les amarres, car au loin, là-bas, la vie était sûrement meilleure et, quand nous reviendrions à Montréal, nous serions attendus.

Nous avons mis dans nos sacs un jean, deux t-shirts, quelques bricoles et une carte des États-Unis avec un tracé qui reliait Plattsburgh à Miami. Nous avons pris un billet d'autobus aller simple jusqu'à la frontière américaine.

Et le gros douanier américain de nous accoster :

— *Where are you going ?*

— Plattsburgh.

— Qu'est-ce que vous allez y faire ?

— Voir un ami.

— Donnez-moi son adresse.

Oups ! Le mec a ouvert nos sacs et il est tout de suite tombé sur la carte. Le tracé au crayon indiquait clairement notre destination. Nous avons tenté de louvoyer.

— Combien d'argent avez-vous dans vos poches ?

J'avais cent quatre-vingts dollars et Daniel deux cent cinquante dollars.

Le douanier ne nous a pas laissés passer, il nous a renvoyés à Montréal. Nous avons traversé la route pour aller prendre l'autobus dans l'autre sens. Dans la chanson de Beau Dommage, l'aventure ne tournait pas aussi court.

C'était le retour à la case départ.

Daniel Marier, qui était plus jeune que moi, m'a tout de suite abandonné et est rentré chez ses parents. Mais moi, je ne pouvais plus retourner chez Mme Longpré, car j'avais prétendu, en partant, que j'avais trouvé un emploi et que j'allais vivre avec des collègues.

Rue Viger, il y avait un grand immeuble décrépit, où une chambre coûtait 35 dollars la semaine. J'en ai loué une. Il me restait cent vingt dollars. J'ai réservé pour deux semaines. J'avais une modeste chambre pleine de cafards.

Je suis allé chez ma mère. Ma sœur Micheline venait de perdre son mari dans un accident d'auto et elle était bourrée du fric des assurances. Elle m'a donné un coup de main en m'achetant ma première télévision en noir et blanc, ainsi que quelques ustensiles de première nécessité.

Pour subsister, j'ai repris le seul exercice auquel j'avais déjà excellé : le vol à l'étalage. Et la revente des produits volés. Beaucoup sur commande. Dans le cambriolage d'appartements, je n'avais pas d'égal. J'étais passé maître dans l'art d'entrer par effraction même dans les maisons les mieux protégées.

Il y a aussi eu des semaines de vaches maigres. J'étais de plus en plus connu. Dans les magasins, les gardiens m'avaient à l'œil. Les affaires périclitaient et, incapable de payer mon loyer, j'ai été mis à la porte de la chambrette. C'était en plein mois de février. Il faisait un froid sibérien. Avec les doigts gelés, impossible d'être preste pour voler. Impossible de me pointer à l'Armée du Salut ; j'étais encore mineur. La déchéance.

Dans ces circonstances, on perd peu à peu ses repères, sa dignité. On n'a plus que l'instinct de survie comme maître. On va derrière l'hôpital Saint-Luc fouiller dans les poubelles.

Puis, à un moment, on n'en peut plus. On est alors prêt à n'importe quelle folie.

On court, on arrache un sac à main. On a une sacrée chance, non seulement on ne se fait pas attraper, mais en plus, allez savoir pourquoi, la dame a sur elle près de six cents dollars en liquide. Énorme à l'époque.

Ça m'a permis de retourner à la chambre. Et de récupérer les affaires que le propriétaire m'avait confisquées.

Dans mon malheur, j'ai souvent eu de la chance ; je ne me suis jamais fait arrêter. Sauf une fois. Je volais un réveille-matin. Parce que je devais me lever tôt pour me rendre à un boulot que j'avais décroché. J'ai vu le gardien s'avancer vers moi. J'ai couru dans les toilettes pour cacher le réveil dans les poubelles. Il m'a mis la main sur l'épaule. J'ai voulu protester. Mais les caméras avaient tout enregistré. La police est arrivée. Le tribunal de West-mount m'a condamné à soixante-quinze dollars d'amende.

3

Caïd

Toutes ces années-là, j'ai vécu au jour le jour. Vingt-quatre heures de plaisir et de ventre plein étaient pour moi un immense succès.

Par hasard, je me suis retrouvé dans l'hôtellerie. J'avais menti sur mon âge pour décrocher un boulot de garçon de table au restaurant-bar Chez Queux. Là-bas, j'ai trouvé un nouveau groupe, un nouveau clan. Un club de durs, de costauds, mais des mecs cool. Dont j'aimais la compagnie.

Ma sœur Micheline a commencé à flamber dans les bars de danseurs nus le magot reçu des assurances à la mort de son mari. Elle entraînait dans ses sorties sa petite sœur Huguette. Les deux n'étaient pas particulièrement jolies, mais elles se rêvaient princesses dans les bras de tous ces beaux étalons.

Le gogo boy préféré de Micheline s'appelait Marco. Elle en était amoureuse à s'en crever les yeux. Elle lui laissait tous les soirs des fortunes. Par elle, j'ai appris que le club avait besoin d'un garçon de table. J'ai offert mes services.

J'ai découvert un nouvel univers, celui de la beauté et de la séduction, sordide, habité de femmes folles d'excitation à la vue du corps des hommes. J'ai rencontré pour la première fois de vrais homosexuels parmi les danseurs. Mais, surtout, j'ai connu l'argent facile. Celui qui tombe dans la poche sans que l'on doive machiner de mauvais coups.

Après ce bar, je suis entré dans la plus prestigieuse boîte de l'époque à Montréal : le Limelight. J'y ai rencontré une fille fabuleuse. Elle s'appelait Maria. Je ne le savais pas encore, mais elle avait un frère très célèbre qui présidait un groupe de motards criminalisé, auquel appartenait aussi son frère cadet. Maria n'avait rien à voir avec les activités de ses frères.

Quand Maria m'a offert d'habiter chez elle, j'ai dit oui. Elle vivait rue Versailles, dans l'ouest de Montréal.

Quelques semaines plus tard, son frère, qu'on appelait le Gros, est sorti de prison. En rentrant chez lui, il a trouvé un gars couché dans le lit de sa sœur. Il aurait pu me buter, là, sur-le-champ, sans poser de questions, avec cette manière toute italienne de défendre l'honneur de la famille. Il est plutôt devenu mon ami, présent dans ma vie jusqu'à mes vingt-cinq ans.

Je l'ai reconnu, je lisais les journaux comme tout le monde. Pendant son séjour en taule, on le soupçonnait d'avoir assassiné un gars en prison à coup de batte de base-ball. Me faisait-il peur ? Absolument. D'autant plus qu'il n'avait rien d'un Adonis. Et il était puissant.

À sa sortie de prison, la file des copains qui venaient lui jurer allégeance et lui souhaiter bon retour était longue. Une fratrie. Je m'y suis accroché. C'est simple, je m'agrippais à tout ce qui semblait incarner la famille.

Je savais que c'était une bande de pourris. Comme moi. Seuls des détails nous distinguaient encore : ils étaient plus vieux, et ils avaient tous des Harley-Davidson. Mais je ne pouvais vivre sous leur toit sans prendre part à leurs combines. Je les voyais agir, aller et venir. Le frère de Maria ne me faisait pas faire de sales boulots. J'étais encore trop jeune pour être dans le secret des Seigneurs.

Peu de temps après, j'ai quitté Maria. Sans violence. On avait tous les deux compris que ça ne marchait plus. Le Gros ne m'en a pas voulu.

On m'a appelé pour m'offrir de bosser chez Bud's, un club du village gay de Montréal. J'ai accepté, non sans frayeur. Pour me protéger des mains baladeuses, je tenais bien fort la caisse de bière devant moi. Je connaissais le gérant, et il savait que je n'étais pas gay. Il s'amusait de la situation.

Un client régulier m'a appris qu'il allait ouvrir un bar. Il m'a laissé sa carte. Sa boîte s'appelerait le KOX. Le lendemain, je suis allé le voir. C'était en fait un grand garage. Il y avait cinq ou six ouvriers sur le chantier. J'ai accepté un boulot dans la construction en attendant d'être le barman de l'établissement.

J'ai assuré la soirée d'ouverture du KOX, l'un des plus grands bars gay de Montréal. J'y suis resté trois mois. Trois mois de gros fric et de gros plaisir. J'arrivais tous les soirs attifé différemment : matelot un soir, pompier le lendemain. J'ai découvert les charmes de l'entretien de son corps. C'est à ce moment-là que je me suis fait faire mes premiers tatouages.

Mes collègues ont commencé à me jalouser et à prétendre que certains clients étaient gênés d'être servis par un straight. J'aurais pu me battre, mais on m'a offert de prendre le Saint-Sulpice, un bar mixte, un des plus fameux de la rue Saint-Denis. Encore aujourd'hui, quand on va au Saint-Sulpice, on remarque que les tablettes sont trop hautes pour la moyenne des barmans. Elles avaient été construites juste pour moi. J'avais une bonne clientèle, très diversifiée aussi. Les étudiants de l'Université du

Québec à Montréal toute proche et leurs professeurs discutant philosophie côtoyaient des punks. Un autre monde que celui des danseurs nus.

J'y ai connu des gens qui sont restés des proches. Mégot, la belle Chantal…

Et c'est au Saint-Sulpice que j'ai fait la rencontre d'Andrée. Elle avait vingt-quatre ans, soit deux de plus que moi. Elle était superbe, elle aurait fait craquer n'importe qui. Je n'ai jamais su ce qu'était exactement son boulot, en tout cas, elle semblait bien se démerder.

Elle était venue au bar. J'avais remarqué qu'elle me matait du coin de l'œil. Nous avons presque tout de suite décidé d'emménager ensemble. Je pouvais me le permettre. À son anniversaire, je lui ai même offert un scooter.

Avec Andrée, je me défonçais tous les soirs à la coke. J'étais alors plus consommateur que dealer. Je ne trempais plus vraiment dans les mauvais coups. J'avais cessé de fréquenter les frères de Maria. Je m'étais acheté à mon tour une grosse Harley-Davidson. Et nous pensions former le couple idéal, elle sur son scooter et moi sur ma Harley.

À seize ans, lorsque je bossais Chez Queux, j'avais fait la connaissance d'une jeune Française prénommée Sophie, dont le père cuisinier venait d'immigrer au Canada. J'avais couché avec elle trois ou quatre fois, puis elle était partie sans laisser d'adresse. Elle avait probablement un an de moins que moi. Je l'avais revue quelques mois plus tard, avec un ventre rond, et elle m'avait appris que j'en étais le responsable. J'étais encore presque dans la rue. J'étais allé la voir le lendemain. C'est son père qui avait ouvert.

— Est-ce que je peux voir Sophie ?
— Qui êtes-vous ?

— Un ami.

— Elle n'est pas là !

Et bam, il m'avait refermé la porte au nez.

Tout ça, ça s'était passé cinq ans plus tôt. Un soir, j'ai rencontré Sophie dans un bar. Elle m'a longuement fixé. Elle n'a rien dit, elle s'est levée et elle est sortie.

Je me suis renseigné et j'ai su que Sophie avait accouché d'une fille.

J'avais en fait deux vies : le soir dans les bars et le jour dans la construction. Un jour, j'en ai eu assez de cette existence, de ses incertitudes. J'ai décidé de retourner à l'école, parfaire une formation en mécanique d'entretien. Je me croyais bien résolu ; j'ignorais à quel point j'avais pris goût au vice.

Au Pipeline, encore un bar, j'ai connu celle par qui mon malheur est arrivé : Nathalie. Une danseuse au corps de péché. Nathalie venait de faire *Penthouse Magazine*. Elle avait la tête de Sandra Bullock, mais en plus jolie. Blonde, cheveux longs, la *babe* de luxe. Ça a été un stupide challenge de mec que de vouloir l'attraper.

J'ai eu une aventure avec elle. Andrée l'a su par je ne sais plus quelle magie, et plus rien n'a été comme avant entre nous. Elle ne m'a plus jamais fait confiance. Elle s'est enfoncée dans la drogue. Je n'étais pas complètement conscient de la gravité de notre état. Je me disais que, si je retournais à l'école, nous saurions nous sortir de ce bourbier.

J'ai trouvé un emploi dans une salle de machines à sous, la Boule d'Or, rue Ontario. En arrivant au comptoir, je suis tombé sur le Gros, mon ex-beau-frère, qui venait de racheter le commerce. Quand il m'a serré dans ses bras, tout content de me revoir, j'ai en même temps senti que mes rêves de salut venaient de s'envoler, que je ne retournerais pas à l'école.

Il m'a tout de suite offert de prendre le comptoir de la Boule d'Or. Une belle affaire.

Peu à peu, j'ai repris contact avec le milieu. J'ai commencé par faire du *stash*, c'est-à-dire cacher de la marchandise chez moi. D'abord une demi-livre de coke, après cinq livres de haschich. La bande se chargeait de payer mon loyer. Sans m'en rendre compte, je venais de réintégrer une famille que je connaissais déjà trop bien.

La glissade s'accélérait : ça devenait deux kilos de coke, des dizaines de boîtes de mescaline. Puis les premières armes à feu ont fait leur entrée dans mon appartement. J'avais bien conscience que je montais dans la hiérarchie des dealers, mais je me disais que, plus rapidement je deviendrais riche, plus vite je pourrais m'en sortir, aller finir mes études, retrouver Andrée, et avoir une vie tranquille.

Mais, chaque jour, je la perdais un peu plus. En décembre, elle a même fait une overdose et a dû subir une cure de désintoxication. Quand elle en est sortie, elle a choisi d'aller vivre chez une de ses copines plutôt que de revenir chez nous. Ce fut ma plus grosse peine d'amour.

Je la ressens encore.

Elle a été monumentale. Colossale. Dévastatrice.

Andrée est partie un jour de décembre et j'ai cru devenir fou. Onze mois plus tard, sa copine m'a appelé pour me demander si je l'avais vue récemment. J'ai dit que non. Je suis allé chez elle, et elle n'y était pas. Il y avait son portefeuille avec toutes ses cartes sur le lit. Mais point d'Andrée. Elle avait disparu. On ne l'a jamais revue. Encore aujourd'hui je me demande ce qui lui est arrivé. Est-elle morte ? Ou était-ce une astuce que sa bande a trouvée pour m'éloigner d'elle ?

Après le *stash*, on m'a offert un autre boulot facile : la livraison. Un demi de coke ici, un kilo de PCP là. Tant que l'on ne se fait pas pincer, la vie est belle. On fait attention à ne baiser aucun des clients, parce qu'ils ont tous la gâchette facile.

L'organisation qui m'employait alors était assez obscure. Je n'en connaissais pas le patron suprême, soit qu'il n'y en avait pas, soit qu'on me trouvait encore trop jeune pour me mettre au parfum.

À l'époque, le frère de Maria était proche des Hell's Angels. Les Hell's, gang fondé à Chicago, en 1959, étaient arrivés à Montréal en 1977. Huit ans plus tard, ils contrôlaient plus de 75 % de la distribution de la drogue dans la ville. Les potes du frère de Maria, et par ricochet les miens, s'appelaient Mom Boucher ou Beef Hamel. Mais j'étais différent des autres. Au début, cette bande ne faisait pas trop attention à moi, je n'étais que le minot, le protégé du Gros. Mais ils m'ont remarqué quand j'ai acheté ma Harley. Ils m'ont initié à la structure de l'organisation et aux fonctions de tous ces gens qui rôdaient autour d'eux : les strikers, les prospects, etc. J'avais la tête rasée et je roulais sur une Harley-Davidson toute noire. Je portais des Dr. Martens et un pantalon de l'armée, au lieu d'arborer des Levi's et des bottes avec des chaînes sur les côtés. Je me rendais aux réunions de motards avec les bretelles et le pyjama de mon père. J'avais conscience d'être membre de la famille des hors-la-loi. Cependant, plus antiskinheads que motard. J'étais en fait redskin. D'abord, je portais des lacets rouges à mes Dr. Martens. Ensuite, nous, les redskins, nous opposions au suprématisme blanc des skins. L'opprimé, le Noir, le Juif, c'est eux qu'on défendait. Pas de quartier pour leurs détracteurs, on fonçait. Notre devise : « Un pour tous, tous sur le même ! »

Déjà, il y avait une tension palpable dans les milieux de motards. En 1985, cinq Hell's Angels du chapitre de Laval étaient froidement exécutés par leurs compères de Montréal, qui les soupçonnaient de détourner les recettes communes. Le Gros a estimé que les Hell's avaient commis le crime suprême en assassinant des « frères d'armes ». Il a fondé en 1986 un nouveau mouvement, les Rock Machine, tandis que Mom Boucher prenait la tête des Hell's.

Une dizaine d'années plus tard éclatera la fameuse guerre des motards, entre les Hell's et les Rock Machine, qui fera quelque cent soixante morts en six ans et demi et qui durera jusqu'en 2001, quand la police arrêtera plus de cinq mille personnes. Je ne l'ai pas connue, cette guerre, car je suis parti avant. Mais si j'étais resté, je l'aurais livrée au côté du noyau fondateur des Rock Machine.

Cet été-là, je bossais pour un mec qui s'appelait Christian. C'était le roi de la coke. Il déguisait ses livraisons de came en une entreprise d'ameublement. Les livraisons de futons ou de fauteuils n'étaient donc jamais innocentes. Il jouait dans les ligues majeures. Il s'approvisionnait à New York. C'est d'ailleurs de là que sont arrivés les tueurs qui l'ont descendu à Outremont de cinq balles tirées à bout portant. J'ai été son chauffeur, livreur, *bodyguard* et homme à tout faire. Il me fallait surtout être à sa disposition vingt-quatre heures par jour. Et il en abusait. Car il n'était pas spécialement avantagé, côté physique : il était gros, petit, avec des cheveux frisés. Il allait tous les soirs aux danseuses nues. Il était cocaïnomane. Mais il me payait généreusement, mille dollars par semaine — une fortune à l'époque — et un sac de coke. De surcroît, il payait tout le temps les tournées d'alcool et de drogue.

Tout caïd qu'il était, Christian avait des goûts de seigneur. Il m'a notamment légué la passion de l'art, Van Gogh, Monet. Il n'était pas comme les autres motards dont les conversations étaient d'une affligeante prévisibilité. Je critique, mais à l'époque je ne valais pas mieux. Je lisais le *Journal de Montréal* en commençant par la fin, par les pages sportives. Je n'aurais pas été capable de trouver Paris sur une carte. Je n'avais jamais lu de livres. J'étais un illettré complet. C'est Christian qui a fait mon éducation.

Heureusement pour moi, je n'étais pas de service quand il a été abattu par une bande de Colombiens. Ça a été un choc. J'avais connu des gens qui étaient morts, mais lui, je lui parlais encore ce matin-là. Ce n'était plus un jeu.

Je n'ai jamais su exactement jusqu'à quel échelon je m'étais élevé dans les rangs des motards. Mais je savais que je devenais important. Comme je tenais un bar dans le centre-ville, je jouais le rôle de passeur de messages. Je n'en connaissais pas le contenu. J'étais ce qu'ils appellent dans leur jargon un *handman*, quelqu'un sans affiliation, donc pouvant être partout à la fois. Parce que j'avais d'abord vécu entre le frère de Maria et les Italiens, puis entre lui et les motards, j'avais des entrées dans les discothèques anglophones du centre et de l'ouest de Montréal. J'avais aussi accès au milieu underground des rues Saint-Denis et Saint-Laurent, que les rockers ne parvenaient pas à infiltrer. Surtout à cause de leur dégaine.

Ma bouille passe-partout m'ouvrait plus de portes qu'à eux. Ça me permettait de jouer les entremetteurs. Je gagnais en fin de compte autant d'argent en présentant un mec à un autre qu'en revendant de la drogue. Je prêtais l'oreille à tout et je connaissais les besoins des uns, puis les offres des autres. J'arrangeais les rendez-vous et je prenais ma commission.

Les choses ont progessé au point où ma vie s'est renversée : désormais, c'est à moi que les gamins apportaient les télévisions et les chaînes stéréo qu'ils avaient volées.

J'étais dans le circuit. Je me croyais bien. J'étais jeune. J'étais beau. J'avais des femmes. J'avais de l'argent. J'avais ma Harley. Et j'étais *stone* la plupart du temps.

Le problème, c'est que le circuit de la drogue avale vite son homme. On s'habitue ou on devient accro. On n'est plus capable de vivre autrement. Si on veut travailler dans la construction ou dans d'autres petits boulots, il faut se faire payer au noir, parce qu'on n'a pas de compte en banque. Et, pour vivre, il faut de l'argent. Il ne reste plus qu'à continuer à s'enfoncer. La nasse se tisse petit à petit, et le gibier, c'est toi. Tu n'as pas conscience que tu es foutu, ou du moins pas encore. Tu as juste l'impression que tu es un petit seigneur, un peu trop gâté.

De consommateur puis de receleur de came, je suis devenu revendeur. Je recevais de la mescaline ou d'autres produits que je coupais pour en tripler la quantité. Pour la mescaline, c'est du sucre glace que je rajoutais. Quand j'en avais beaucoup, je faisais le mélange dans la baignoire. Je coupais la came autant de fois que le souhaitaient les fournisseurs, mais, en plus, comme j'étais le premier de la chaîne, le produit était assez pur pour que je puisse me permettre d'en distraire quelques grammes pour mon marché parallèle.

Mais, dans ce monde de l'arnaque, les choses finissent rarement bien. J'avais perdu Andrée. De même, j'ai mis les pieds dans des conneries qui m'ont valu de perdre mes boulots dans les discothèques. Mes deals ne rapportaient plus. Mes besoins en coke, eux, demeuraient gigantesques.

C'était le début de la chute finale.

Je ne voyais plus mes parents ni ma famille, autant par désintérêt que par crainte de les décevoir.

J'avais aussi quelques ennemis supposés ou réels. J'avais été impliqué dans plein de bagarres. Quand je travaillais comme portier, j'ai été mêlé à d'innombrables rixes. De toute façon, c'est connu, si on veut tenir le marché de la drogue sur les grandes artères de Montréal, on a intérêt à savoir se servir de ses poings. C'est déjà mieux que son revolver. Car tous les dealers commencent dans la rue, avant d'accéder à ce que l'on appelle dans le milieu une basse-cour, c'est-à-dire les tavernes, les bars branchés. Et chaque coin de rue avait un patron qui y plantait son homme. Quand tu te pointais dans les parages, c'était pour prendre sa place. Surtout rue Saint-Denis, proche du marché lucratif de l'université. Évidemment, les premiers soirs, il y avait deux mecs qui t'accostaient rudement et t'intimaient d'aller faire tes affaires ailleurs. Tu avais le choix entre obtempérer ou leur brandir des arguments musclés, suffisamment convaincants pour qu'ils ne reviennent plus t'emmerder. Ça se résolvait généralement à coups de poing et de couteau, rien vraiment pour se faire de durables amitiés.

4

Profond sera l'abîme

Ma mère, Jeanne, est morte un mois après l'assassinat de Christian.

Je rentrais du bar, à trois heures du matin. J'ai trouvé cette note laconique glissée sous la porte par mon frère : « Appelle-moi demain, c'est de la plus grande urgence. Daniel »

J'ai compris tout de suite.

Un coffre à outils traînait sur une table ; je l'ai balancé sur la télévision. J'ai fait exploser l'aquarium.

Ma mère était morte. Elle ne m'avait pas porté, mais elle m'avait élevé. Et même quand j'avais mal tourné, elle avait gardé confiance en moi et disait pudiquement, à qui demandait de mes nouvelles : « Il se débrouille. » Peut-être avait-elle des remords de m'avoir envoyé en enfer au lieu du collège. Mais je ne lui avais jamais manqué de respect, ni gardé rancune. Je savais que je ne pourrais jamais la rouler ; elle était une vraie fille de Montréal. Elle savait que je frayais avec la crapule. Elle espérait juste ne pas trouver un matin à la une du *Journal de Montréal* ma face criblée de balles. Malgré l'image sombre que je donnais de moi, elle voulait croire que je m'en sortirais un jour. C'était ma mère.

Elle est morte comme elle avait toujours vécu, debout et serviable. Mon père avait des problèmes de santé qui l'obligeaient à marcher avec une canne. Et quand ma mère est descendue de la voiture pour relever la porte du garage, elle s'est effondrée. Infarctus.

Injustice totale ; c'était mon père qui avait été malade. Il se remettait. La famille vivait un rare moment de bonheur, dans une petite maison de Repentigny. Ils le méritaient. Vacherie de mort qui frappe sans rendez-vous.

Le lendemain, je n'ai pas attendu de dessaouler pour aller régler les funérailles. Je ne comprenais rien. J'avais reçu une violente claque et j'en étais encore groggy. Les cinq grammes de coke que je prenais en moyenne chaque jour n'aidaient pas.

J'ai commencé à tricher avec les stocks qui m'étaient confiés. Je prenais de plus en plus de risques, en vendant ce qui ne m'appartenait pas, en coupant encore plus la came. Sans Christian, mon parrain, j'ai repris contact avec les motards. Ils étaient devenus plus gros.

En fin de compte, ce n'est pas un choc unique qui m'a réveillé. Rien qu'une succession de petits drames qui ont fini par m'épuiser.

Mon père est mort en janvier. Ça a été trop. Je suis passé à sept ou huit grammes de coke par jour. Je ne touchais plus terre. Je m'endettais, je trichais. Je ne maîtrisais plus rien de ma vie.

Le rêve d'Andrée avait été de partir un jour pour la France. J'ai pensé le réaliser à sa place : pour elle, certes, mais aussi pour mes parents qui n'ont jamais pu se permettre un seul voyage, et pour Christian. Sortir un temps du Québec.

J'ai obtenu un passeport en moins de vingt-quatre heures

et j'ai aussitôt acheté un billet d'avion. Mes yeux rouges de drogué ont trompé autant le service des passeports que le consulat de France, qui m'ont cru quand je leur ai dit que je vivais un immense drame familial.

Deux jours après l'enterrement de mon père, le 14 janvier 1989, je suis monté dans un avion pour la France.

Paris.

À l'embarquement, j'étais tellement *stone* que je me disais que les détecteurs de drogue allaient s'affoler et que je serais refoulé aux douanes. Je suis arrivé à Paris le lendemain matin, après une nuit de sommeil réparateur.

J'y suis resté quatre jours, à Paris. Je suis allé trois jours à Amsterdam et encore trois jours à Paris avant de rentrer en Amérique. Je ne faisais strictement rien d'autre que marcher. Marcher, marcher. Quarante kilomètres par jour. À aspirer le monde et à cracher la pourriture qui coulait dans mes veines. Une semaine en France sans rouler un pétard ni sniffer une ligne de coke.

J'ai découvert la capitale française avec une carte comme tous les ploucs de touristes. Mais je marchais sans modération. Comme si j'avais peur que mes jambes refusent après de remarcher. Je marchais comme si c'était la dernière promenade d'un condamné à mort. Je marchais un peu comme si le bruit de mes pas allait relancer les battements de mon cœur. Je suis allé jusqu'à Versailles à pied. Je sentais le goudron et la drogue quitter mon sang et sortir par mes pores. Je marchais. Sans destination.

Je me sentais vraiment étranger. Moi, le motard, ex-redskin, cocaïnomane à l'accent à couper au couteau. À côté, tous ces gens bien mis discutant de politique et de football, des sujets très éloignés de ce que je connaissais. Je racontais que je bossais dans le domaine de la construction et que j'étais là juste comme ça, pour voir. On devait me prendre pour un débile.

Je m'extasiais devant l'architecture parisienne. J'avais l'impression d'être dans un musée à ciel ouvert, et Christian m'avait appris à adorer les musées.

À Amsterdam, ç'a été un autre genre de choc. J'y ai découvert cette liberté de pouvoir fumer un joint dans un coffee-shop sans être dans l'illégalité. Mais aussi le savoir-vivre qui allait avec : on ne roule pas un pétard devant une cour d'école, par exemple.

Quand je suis monté dans l'avion pour Montréal, c'était clair dans ma tête, c'était terminé, la coke. J'étais parvenu à m'en passer pendant dix jours, pourquoi alors m'arrêter en si bon chemin ? Je me disais qu'il me faudrait juste un mois à Montréal, le temps de régler mes comptes, de remplacer les cachets que j'avais dérobés dans les stocks, de tout remettre en place et de me tirer. J'avais vu qu'il y avait moyen de vivre ailleurs et autrement qu'à Montréal.

À l'aéroport, un ami m'attendait. J'ai replongé.

Toute la nuit, on s'est payé une tournée des bars. Juste à l'alcool, pas un gramme de coke. Puis, nous sommes allés faire un tour au Supersex. Et sur la scène ? Nathalie ! Au fond de moi, j'ai senti que ce cycle ne finirait pas bien.

Elle est venue me voir à ma table. Belle comme une diablesse. Elle a décidé de me ramener chez elle. Je n'ai pas dit non. Au passage, on a ramassé quelques grammes de coke chez son fournisseur.

Autre période de gloriole pour moi. Je coupais la drogue, les affaires tournaient assez bien, merci, j'avais un look d'enfer dans ma grosse Buick chromée aux vitres teintées, quand ce n'était pas sur ma Harley, la bimbo de *Penthouse* à mes côtés, l'argent qui débordait du porte-monnaie, le gros calibre négligemment glissé dans ma ceinture. J'avais sept armes à feu chez moi, dont un AK-47. Elles ne me servaient à rien, mais il me les fallait, pour le look.

Je n'étais pupille de personne. J'aimais vivre dans cet entre-deux, ascendant racaille. La rue Saint-Laurent m'appartenait. Dix ans que je l'arpentais. Ça fait beaucoup de hot-dogs avalés.

Dans mes rares moments de lucidité, je repensais à Paris. Et, surtout, à un événement extraordinaire qui m'était arrivé.

Dans un film noir et blanc sur d'Artagnan, j'avais appris l'existence de la Bastille. Je m'étais dit que ce serait amusant d'aller voir la prison, puisque j'allais finir par en habiter une à Montréal. J'étais allé voir la mère de Mégot qui habitait place de la République et je lui avais demandé où se trouvait le célèbre édifice. Elle m'avait dit de sortir, de suivre tout droit le boulevard : « Au bout, ce sera la Bastille. »

Je suis arrivé sur une place, avec une colonne au milieu et un petit génie au sommet. J'ai regardé à gauche et à droite, pas de prison. Il y avait juste l'Opéra.

— Je cherche la Bastille, ai-je demandé à un passant.

— Vous y êtes, monsieur, c'est juste en face.

Retour sur la place, la prison n'avait pas surgi de terre par magie. Je commençais à m'énerver. Il pleuvait comme vache qui pisse. Comme un mois de janvier à Paris.

J'ai regardé dans la direction de la rue de la Roquette qui menait dans le Vieux Paris. Logiquement, me suis-je dit, une vieille prison devrait se trouver dans la vieille partie de la ville. La rue de la Roquette fait angle avec la rue Saint-Sabin. Et dans cette dernière, les murs avaient de petites fenêtres, comme les soupiraux d'une prison.

Je me suis engouffré sous un porche, pour attendre que la pluie cesse. Derrière moi, il y avait des chaises, une machine à café et un logo qui me rappelait vaguement celui de la Croix-Rouge.

Il était presque 11 heures. J'étais mouillé, frigorifié. Je me suis dit qu'un café ne me ferait pas de mal. Je suis entré. Au moment où j'allais commencer à savourer mon café, une fille est arrivée derrière moi et m'a abordé avec naturel :

— Bonjour. Je m'appelle Catherine.

— Salut !

— Tu arrives ou tu pars ?

— Je pars, ai-je répondu, pensant qu'elle me mettait à la porte.

— Et où est-ce que tu vas ?

— Dehors.

— Non, mais où vas-tu ?

— J'arrive. Je suis du Canada. Je me suis arrêté pour prendre un café et laisser passer la pluie. Mais ne vous inquiétez pas, je vais repartir très vite. Je cherche la Bastille.

— C'est en sortant à gauche.

Un mec qui était là s'est mêlé de la conversation et m'a demandé ce que je faisais au Canada.

— Je travaille dans la construction.

— Est-ce que tu parles anglais ?

— Un peu, oui.

— Accorde-moi deux minutes. Nous cherchons un logisticien pour un programme de réhabilitation de dispensaires au Zimbabwe.

Là, je ne marchais plus. Je cherchais les caméras cachées. J'étais mal à l'aise : à Montréal, les gens avec une chemise comme la sienne ne m'adressaient pas la parole. Heureusement, j'étais d'humeur causante. J'ai demandé :

— C'est quoi un logisticien, c'est quoi un dispensaire et c'est quoi le Zimbabwe ?

Je lui ai avoué que j'étais juste de passage en France, que je rentrais à Montréal où j'avais une vie, un boulot et tout mon passé.

— Penses-y, a-t-il insisté. Et quand tu seras tenté, reviens nous voir, car on cherche des gens comme toi, qui ont bossé dans la construction, avec une expérience de gestion du personnel.

Avant de sortir de là, j'ai demandé à la fille qui ils étaient :

— Mais tu es chez Médecins sans frontières !

Je n'ai pas voulu savoir ce que ça signifiait.

La rêverie a vite été remplacée par la réalité. Ça allait de plus en plus mal avec Nathalie. Je ne savais pas comment ça allait finir. Une balle dans la tête ? Un braquage de banque peut-être pour payer toutes les dettes que j'avais accumulées ? Quand est-ce que mes partenaires allaient constater le trou dans les stocks ? Il ne me restait plus rien. Je n'avais presque plus rien à manger. Il ne me restait que ma Harley qui manquait souvent d'essence.

Jusqu'à ce 7 juillet 1989, quand je suis entré dans une pizzeria avec un miroir derrière le comptoir. Il y avait trois gamins de seize ans qui jouaient au billard. Quand ils m'ont vu, ils sont venus me taper dans le dos.

— Salut, Marc. Est-ce que ça va ?

Ils m'ont serré la main à la manière des rappeurs blacks.

— Ça va, tabarnak.

— Si on peut faire de l'argent avec toi, on aimerait bien.

— Je vous dirai si je vois des occasions.

— Merci, grand.

Ils sont retournés à leur jeu. Je suis resté avec mon hot-dog dans la main à les regarder et je me suis revu dix ans plus tôt, abordant de la même manière un adulte.

Je me suis regardé dans le miroir et les visions se sont bousculées dans ma tête : ma première chemise à fleurs, les Blacks avec leur afro, les putes en paillettes, les maquereaux au visage huilé, les premiers coups de couteau, les motards, la rue Saint-

Laurent. Ça s'est déclenché tellement vite que je n'ai pas pu arrêter le flot. Et c'est là, à cet instant précis que j'ai eu envie de changer. J'ai pensé que j'aimerais que des enfants m'abordent pour d'autres raisons que celles-là. J'ai voulu être différent.

J'ai encore regardé mon visage dans le miroir et je me suis fait peur.

J'ai payé l'addition, j'ai conduit Nathalie chez elle et je suis retourné dans mon appartement faire le ménage. Je me suis défait de mes armes à feu dans le fleuve. J'ai distribué la dope, ou le peu qu'il m'en restait, aux alentours. Je devais de l'argent à des potes, j'ai payé en grammes de coke.

Le 8 juillet au soir, je suis parti dans ma dernière soirée de *freebase*. Attention les dégâts. J'y ai passé toute la nuit. De toute façon, je ne ressentais plus rien ; la coke m'avait bousillé le nez.

Le lendemain à neuf heures, comme à mes quinze ans, j'ai pris un sac, un jean et deux t-shirts. À la gare Windsor, j'ai demandé un billet de train pour le plus loin possible à l'ouest. J'avais huit cents dollars en poche. Je pensais peut-être à la Californie. Le préposé m'a suggéré d'aller à Vancouver et de prendre un bus à partir de là. Mais il n'y avait pas non plus de ligne directe vers l'Extrême-Ouest canadien. Je devais aller jusqu'à Sudbury en Ontario et, de là, attendre un départ pour Vancouver.

Je ne pouvais plus reculer. Deux jours déjà que je n'avais pas donné signe de vie à Nathalie. Que je n'avais pas été vu dans un bar. Que je n'avais passé aucun coup de fil. C'était dangereux.

J'ai donc pris le train pour Sudbury. Je me rappelle avoir traversé la gare pour monter dans le dernier wagon. J'ai vu Montréal disparaître derrière moi. Et quand la ville n'a plus été visible, j'ai pris trois Valium et j'ai dormi comme une masse. Un sommeil sans rêves pour un enfant sans avenir.

5

Surtout ne pas se retourner

Je savais que ce que je faisais était grave. Que le retour ne me serait plus permis. Il me fallait désormais regarder devant, croire en un avenir possible. Ne pas flancher, car je ne laissais pas que des gens contents derrière moi.

Quinze heures de sommeil m'ont ramené les pieds sur terre.

Sudbury, ville plate comme des centaines d'autres au Canada. Je n'y connaissais personne. J'ai appris qu'il y avait un immense parc naturel à l'ouest. Je suis entré dans un magasin Canadian Tire. Je me suis acheté une tente orange, un sac de couchage, une petite casserole et de l'équipement de base pour faire du camping. Je suis allé à l'épicerie prendre des dizaines de boîtes de corned-beef et de saucisses.

L'entrée du parc coûtait trois dollars par jour, j'ai payé pour tout un mois.

J'ai marché des heures. J'ai enlevé mes Dr. Martens pour mettre des chaussures de sport. Dès les premiers pas, j'ai trébuché et me suis éclaté le gros orteil. Je me suis trouvé un joli ruisseau, dans un coin isolé. L'eau paraissait claire, le bois avenant. J'ai monté ma tente et je me suis assis. J'ai sorti de mon sac les derniers grammes de haschich qui me restaient.

C'est au troisième jour que c'est devenu laid. Je ne pouvais plus dormir. Une douleur atroce me déchirait le corps et la tête, qui réclamaient leur ration quotidienne de drogue. Je me suis pissé et chié dessus. Combien de jours suis-je resté ainsi, dans ma tente qui empestait la merde et le vomi ? Je ne saurais le dire. Ç'a été l'enfer. Les hallucinations ont été telles que j'ai pensé en finir en m'ouvrant les veines.

J'étais à des kilomètres de la sortie du parc. Avec un orteil en sang qui m'aurait obligé à mettre des heures pour me rendre à Sudbury. Là-bas, je ne connaissais personne qui m'aurait donné de la coke. Je n'allais tout de même pas demander à la police de me refiler un peu du stock qu'elle avait saisi. Il n'y avait rien à faire.

Dans ma tête, je revivais les funérailles de ma mère. J'ai enfin pleuré, pour la première fois depuis l'âge de dix ans. J'ai pleuré et ri en même temps, car je trouvais très drôle le chatouillement des larmes sur mon nez.

Le septième jour, je suis enfin sorti de la tente. Je sentais plus mauvais que le dépotoir municipal. Il m'a fallu tout laver dans le ruisseau. Et j'avais pensé à tout sauf au savon. Les habits n'ont pas séché tout de suite et j'ai dû dormir nu sur le plastique. Je gelais.

Je suis resté quatorze jours de plus dans le parc. À ne rien faire d'autre que boire de l'eau et pisser. C'était mon grand passe-temps. J'ai eu aussi une grosse diarrhée. Mon corps s'est défait des impuretés amassées.

Je restais sur mes gardes. J'avais disposé ma tente de manière à surveiller la piste de randonnée, au cas où les motards auraient décidé de m'envoyer une expédition punitive. Je redoutais également que, parce que j'étais parti, un appel anonyme atterrisse au standard de la police et ne m'accuse de tous les meurtres commis à Montréal durant la dernière année. Dans le milieu, c'était une pratique courante contre les fugitifs.

J'avais trahi. Le code d'honneur stipulait clairement que nous étions frères à vie. On ne fichait pas le camp à mon âge. On pouvait peut-être penser à une sorte de retraite dans la cinquantaine, mais, à mon âge, la seule sortie permise, c'était les pieds devant.

Je connaissais trop de monde, trop de choses. Les chefs ne pouvaient pas se permettre de laisser courir dans la nature un informateur potentiel comme moi.

Il ne s'est rien passé. Personne ne m'a dénoncé. Ils m'ont pourtant cherché longtemps. Ils ont même obligé Mégot à leur ouvrir mon appartement dans l'espoir de retrouver leur stock de coke. Il leur a dit qu'il doutait que je revienne jamais. Ils lui ont fiché la paix.

Quand mon orteil s'est dégonflé, j'étais prêt à repartir. Mon nez était à nouveau sensible aux odeurs et aux stimulations.

À la sortie du parc, je suis resté deux heures à réfléchir. Je pouvais traverser la route, prendre l'autobus et rentrer à Montréal. Malgré tout. Malgré les dettes, malgré le silence, malgré l'absence. Malgré ma nouvelle gueule de désintoxiqué. Je serais allé voir mes ex-collègues et je leur aurais parlé en ami. Chez les *bikers,* on était certes tous des pourris, mais ça ne nous empêchait pas d'avoir un peu d'affection les uns pour les autres. Je leur aurais demandé d'étaler mes remboursements. Ils auraient accepté. Il valait mieux courir ce risque que d'avoir toute la police canadienne à mes trousses, avec de multiples accusations de meurtres que je n'avais pas commis. J'aurais pu. Je le savais.

J'ai pris la direction ouest.

De Winnipeg, j'ai envoyé une lettre au Gros. Je lui ai expliqué que je devais partir. Que j'en avais marre de cette vie-là. Que je m'étais rendu compte que je me dirigeais droit vers la mort et que je ne voulais pas me laisser faire. Qu'il ne fallait pas m'en vouloir, car je savais qu'il n'avait pas toujours été régulier avec moi. N'avait-il pas essayé de sauter ma copine alors que j'avais, moi, défendu la vertu de la sienne quand il était en prison ? Entre frères, on s'était peut-être fait du mal, mais je lui demandais de me pardonner, ou du moins d'oublier. J'ai mis dans l'enveloppe les papiers de ma Harley-Davidson ainsi qu'une lettre reconnaissant qu'elle était à lui désormais. Je considérais que nous étions quittes.

À la gare d'autobus de Winnipeg, quelqu'un qui était à côté de moi m'a conseillé d'essayer Banff, qu'il y avait plein d'hôtels et de restaurants en quête de serveurs. Je suis allé au bureau d'emploi. Trois jours plus tard, j'avais un travail dans un restaurant. Marc Vachon, ancien caïd de Montréal, est devenu laveur de vaisselle au Banff Centre for Continuing Education.

La nature était belle. Les montagnes imposantes. Et le Banff Centre était un lieu de rencontre pour les peintres, les écrivains et les artistes de tous horizons. L'atmosphère était très cool. Et reposante.

J'avais dit au mec qui m'avait interviewé que je sortais juste d'une désintoxication et que je voulais reprendre ma vie en main.

— J'aime ton honnêteté, m'avait-il répondu, je t'engage !

En plus du boulot, le Banff Centre m'accordait une chambre. Ma première paye n'a pas duré une soirée. Je suis entré dans un bar, et après une première bière, je me suis pensé riche comme à Montréal, j'ai offert une tournée générale. L'addition s'est élevée à cent quarante dollars, alors que j'en gagnais cent quatre-vingt-deux. Mais cela m'importait peu. J'étais en bonne santé. Je respirais de l'air pur. Je n'ai plus repris de coke.

À Banff, j'ai amélioré mon anglais. J'ai appris à causer avec des gens de différentes classes sociales. Les filles étaient avenantes et délicieuses.

Je me souviens de mon vingt-sixième anniversaire. En octobre, il gelait déjà. Je suis remonté sur une patinoire, onze ans après avoir chaussé mes derniers patins. Quand j'ai posé le pied sur la glace, dans ma tête a résonné la célèbre musique d'ouverture de *La Soirée du Hockey* de Radio-Canada. Comme un gosse. Je n'étais pas rapide, et la glace était moins terrifiante que dans mes souvenirs d'enfance, mais j'avais vraiment l'impression de recommencer ma vie, en mieux.

Je découvrais le monde des auberges de jeunesse. Les gamins m'émerveillaient quand ils m'apprenaient qu'ils s'en allaient avec leur sac à dos passer un mois en Thaïlande, ou en Europe. J'étais devenu motard pour ça, pour prendre le large ; j'avais juste emprunté la mauvaise direction.

Au fond de moi, je sentais que je n'étais pas au bout de ma route. Et le passé n'était pas si éloigné. J'avais tout le temps peur. Chaque autobus qui arrivait avec sa cargaison de touristes provoquait une terrible angoisse chez moi. Je descendais rarement en ville de peur de tomber sur deux moustachus en mission. Quand j'ai reçu ma paye de décembre, j'ai décidé de tenter ma chance dans le nord de la Colombie-Britannique, comme *skiders*. Un métier qui consistait à passer des chaînes sous des arbres coupés, puis à les faire glisser sur les pentes, jusqu'aux points de ramassage des camions. Au moindre faux mouvement, on pouvait être broyé par les troncs d'arbres. C'était dangereux, mais bien payé.

À Vancouver, j'ai appris que j'arrivais un mois trop tard. Le recrutement était terminé. J'ai choisi de rester en ville.

J'avais un peu d'argent, je me suis loué une chambre. Je pouvais tenir encore trois semaines. J'ai fait le tour de dizaines de chantiers pour demander du boulot, mais j'ai partout reçu la même réponse : « Désolés, on ferme le 15 décembre. » Vacances de Noël. Retour au boulot en janvier.

Ça allait mal. J'en ai chié, cet hiver-là. Pour la deuxième fois de ma vie, je me suis retrouvé dans la rue. Une semaine dans Pacific Avenue, la semaine de Noël et du Nouvel An. Sous le pont.

J'avais vingt-six ans, et je pointais à la soupe populaire.

Quand j'entrais dans la cantine de l'Armée du Salut, rouge de honte, je baissais la tête. Il y avait toutes ces jeunes filles avec leurs enfants, des caricatures de la misère, qui ne pouvaient offrir à leur bébé que la chaleur de leur corps chétif. Elles avaient des larmes plein les yeux. Elles mesuraient, j'imagine, leur déchéance. Je les regardais en refrénant une envie de pleurer avec elles.

J'avais la haine. Ça m'aurait été facile d'assommer un vendeur dans la rue et de lui voler son argent. J'aurais même pu me faire une banque. Pour survivre. Vite fait.

Je ne louais la chambre d'hôtel qu'une fois tous les quatre jours, pour prendre une douche et sentir le temps d'une nuit la volupté d'un lit normal.

Le lendemain de Noël, je suis entré par hasard dans un café. Un Québécois assis à la table d'à côté m'a entendu dire que je cherchais un boulot dans la construction. Il s'est présenté, Denis, il m'a appris qu'il posait des cloisons métalliques dans de grands buildings et qu'il avait besoin d'un employé.

— Quand ?

— Demain.

— Ah bon, tout n'est pas fermé ?

— J'ai des contrats en retard…

— O.K., je suis ton homme.

Le lendemain, j'ai commencé à bosser pour lui à dix dollars l'heure ; payé *cash*.

Le 29 décembre, j'ai reçu ma première paye.

Sur ce chantier, j'ai rencontré Laurent, un autre Québécois. Nous sommes tout de suite devenus potes.

Denis n'était jamais là. Quand il venait, il était saoul comme un marin. Il se fichait totalement de ses chantiers. L'entrepreneur a perdu patience et nous a offert, à Laurent et à moi, de reprendre le contrat.

Du jour au lendemain, je me suis mis à faire plus de mille cinq cents dollars par semaine. Trop beau. Je bossais de six heures du matin à la tombée du jour, et cela treize jours par quinzaine ; la paye tombait toutes les deux semaines. Nous avons décroché de nouveaux contrats. Nous avons recruté des employés. Que nous payions à notre tour dix dollars l'heure, au noir.

À l'époque, j'habitais encore à l'hôtel, et Laurent vivait avec deux amis. Nous avons pensé emménager dans notre propre appartement. Nous avions désormais assez d'argent pour nous le permettre. Laurent m'a demandé quel coin de la ville me branchait le plus. Je n'ai pas hésité une seconde :

— Pacific Avenue !

Pour exorciser le souvenir de ces jours d'hiver où j'arpentais ce boulevard sans un sou en poche. Nous avons loué un immense appartement au quatrième étage avec vue imprenable sur le pont. C'est là-bas que j'avais dormi, quelques semaines plus tôt. Nous travaillions beaucoup. Et une fois toutes les deux semaines, nous nous autorisions une virée en ville, pour flamber le fric qui débordait de nos poches.

J'avais meilleure mine : plus de bagarres, plus de drogues dures, un travail physique et une bonne alimentation avaient réussi à me retaper.

Un soir de février, nous sommes allés au Lover's, un night-club. C'était l'anniversaire d'une amie. J'ai tout de suite remarqué une belle petite blonde au milieu de la piste. Mais à peine allais-je tenter une approche qu'une grande brune s'est placée entre nous.

— Hello, je parle français.

— Tant mieux pour toi, merci. Mais si tu veux te déplacer, tu me caches la vue.

La fille ne s'est pas démontée.

— Je m'appelle Karen.

— Ravi de te connaître, Karen, je m'appelle Marc. Mais là, je suis un peu occupé, on se parlera un autre jour.

La petite blonde me souriait. On se zyeutait, et je sentais que ça allait marcher. La brune est revenue à la charge.

— J'ai appris le français au Centre culturel…

J'ai compris qu'elle ne me ficherait pas la paix tant que je ne lui aurais pas parlé crûment. Mais, quand j'ai eu fini mon sermon, la jolie blonde avait disparu. De dépit, je me suis résigné à passer la soirée avec la brune.

En la regardant de plus près, j'ai réalisé qu'elle était aussi, dans son genre, un sacré canon. Vingt-neuf ans, un mètre quatre-vingt, ex-mannequin devenue gérante de boutique. De la prestance.

Ensuite, l'alcool a commencé à me brouiller la vue. Je me vois me lever, héler un taxi et la ramener chez moi. Nous n'avons pas beaucoup dormi. Après tout, je n'ai rien contre les anglophones.

J'ai revu Karen. Elle m'a demandé si je pensais que nous pourrions emménager ensemble, je lui ai répondu que non. Je sentais qu'il manquait quelque chose entre nous. Voulant dire la flamme, je l'ai traduit en anglais par le mot *lightning*, qui signifie « éclair ». Elle ne comprenait pas. Moi non plus. Elle avait pourtant tout pour elle : la beauté, la santé, la joie de vivre. Tout ce qui, normalement, m'aurait attiré.

— Ça ne marchera pas, Karen. Je ne suis pas ici pour rester. Dans quelques mois, j'irai en Europe, en Afrique. Et si tu venais avec moi, ton monde de vedettes, de mannequins, de mode te manquerait et tu m'en voudrais. Je ne suis qu'un gars de la construction. Il te faut mieux que moi !

Dans l'espoir de me faire changer d'avis, Karen m'a proposé un marché :

— D'accord, pars quand tu voudras. Mais tant que tu restes à Vancouver, laisse-moi être ta maîtresse. Je n'exigerai rien. On se donnera du plaisir. Simplement.

Elle avait pour elle des arguments irrésistibles : la minijupe noire, le chemisier ouvert sur une paire de seins lourds, un regard revolver et un sourire assassin. Le jury a été convaincu. Notre marché a duré les quatre mois que je suis resté à Vancouver.

Karen a failli réussir. Un week-end, je me suis surpris en train de visiter un appartement spacieux. J'ai compris que je devais vite me tirer de là.

Le même jour, je suis entré dans une agence de voyages et j'ai acheté un aller simple Seattle-Londres. Sur le chantier, j'ai été accueilli froidement par mes employés. Mais ils savaient. Je leur avais toujours dit qu'aucune fortune ne me retiendrait dans cette ville. Que j'avais envie d'aller voir ailleurs, comme naguère, quand je prenais ma Harley et fonçais vers l'inconnu.

Laurent l'a très mal pris. J'étais devenu un grand frère pour lui. Lui aussi, il avait connu une enfance difficile. Le soir, il a attendu de caler trois whiskys avant de laisser échapper :

— Est-ce que je peux venir avec toi ?

Je ne voyais pas de raison de l'en empêcher.

Quelques jours plus tard, nous abandonnions entreprise, outils et employés et nous montions dans le bus pour Seattle. Nous avions quelques milliers de dollars en poche.

Karen m'a accompagné à la gare. Quand on a appelé les passagers pour Seattle, je l'ai étreinte avec émotion. Conscient que, à force de vouloir toujours aller vers l'inconnu, je laissais derrière moi des trésors.

J'allais disparaître dans le bus quand j'ai entendu la voix de Karen :

— *I forgot to tell you something, Marc!*

— Quoi, ma chère ?

— Je suis enceinte de deux mois.

— Quoi ?

Mon cri était plutôt un croassement. Je ne savais plus quoi faire. D'un côté le Greyhound qui s'apprêtait à fermer ses portes, de l'autre une vie que j'avais engendrée et qui battait déjà dans le corps de cette femme que je n'aimais pas, mais que j'admirais de tout cœur. Et puis, au milieu, mon enfance, faite de parents qui abandonnent leur enfant, de peur et d'inconnu.

C'est Karen qui est venue à mon secours :

— Je ne veux pas que ça affecte ta décision. Va et sois heureux. Je vais m'occuper de l'enfant avec amour et passion. Je ne te demande qu'une chose : l'autorisation de lui donner ton nom. C'est avec un mec comme toi que j'ai toujours rêvé d'avoir un enfant. Dommage que tu aies d'autres missions dans la vie. Mais je veux garder l'enfant en souvenir des moments de bonheur que nous avons partagés.

Je ne pouvais rien dire.

Ce jour-là, dans le bus, les yeux me piquaient. Comme s'ils avaient envie de se mouiller.

Une fille est venue au monde sept mois plus tard. Karen lui a donné le nom de Jacqueline, comme ma mère biologique. Elle s'était souvenue.

6

La maison des French doctors

Nous sommes restés quelques heures à Londres, puis à Amsterdam. En arrivant à Paris, nous n'étions déjà plus riches. Laurent est allé rejoindre ses grands-parents à Bordeaux. Je suis allé en Normandie faire de menus travaux de rénovation pour un ami de la mère de Mégot. Un mois plus tard, je suis retourné à Londres avec trois mille francs en poche : vivement un boulot.

Entre-temps, j'étais retourné chez Médecins sans frontières à Paris. Un mardi sur deux, c'était la journée des entrevues et de présentation de l'organisation.

La première fois, nous étions une vingtaine de candidats. On nous a projeté un film sur MSF en mission. À la fin, la dame chargée du recrutement a décidé de voir d'abord ceux qui venaient de loin. C'était mon cas, au propre comme au figuré.

La dame a mis du temps avant de se faire à mon accent.

— Passez-moi votre CV, m'a-t-elle demandé, je vais étudier votre cas tout de suite.

— Mon quoi ?

— Votre curriculum vitæ.

Je n'en avais pas. Je ne savais même pas ce que ça signifiait. Je lui ai résumé en quelques mots ma courte carrière, en insistant sur le fait que j'avais comme atout une force d'adaptation unique.

La recruteuse a promis de me rappeler à Londres dès qu'il y aurait une ouverture.

En Grande-Bretagne, j'ai été embauché par une entreprise de construction allemande pour passer le balai. J'étais payé cinq livres l'heure. Trois semaines plus tard, j'avais abandonné le balai et j'en gagnais quatre fois plus, dont la moitié au noir. J'étais devenu le chouchou du patron parce que je facturais à la tâche plutôt qu'à l'heure. Mes collègues devaient me prendre pour un lèche-cul.

Le patron m'a demandé si je connaissais quelqu'un d'aussi efficace que moi.

Ce soir-là, j'ai appelé à Bordeaux : « Salut, Laurent, j'ai du boulot pour toi ! »

Nous bâtissions le toit de la Canon Street Station, une construction tout en verre, soutenue par une structure de fer.

L'argent rentrait. C'était l'été. Un bel été comme Londres en connaît rarement.

J'habitais dans une maison collective, administrée par une Suédoise et pleine de gens de différentes origines. Pour ce qui est du melting-pot, New York pouvait aller se rhabiller.

Deux mois plus tard, le téléphone a sonné.

De Londres, je suis allé à Lézignan dans les Corbières où se trouvait le centre de formation en logistique de MSF. Je devais y rester deux semaines en stage. Ensuite, je remonterais à Paris attendre mon affectation.

Nous avons vu des documentaires sur MSF en action et nous avons effectué des exercices pratiques qui me paraissaient d'une facilité ridicule : changer des pneus, coller des étiquettes de l'organisme sur les voitures… Mais, à notre insu, nous étions observés. Il s'agissait d'évaluer nos aptitudes à travailler en équipe, à cohabiter avec différents partenaires. Deux semaines plus tard, j'étais déclaré apte au départ.

À Paris, je m'attendais à être expédié directement sur le continent noir, mais il semble que mon évaluation n'était pas encore terminée. On m'a plutôt assigné le dossier du saturnisme à Paris, maladie grave causée par une intoxication aiguë au plomb. J'étais logisticien, tandis que François Callas, qui rentrait du Mozambique, était chef du projet.

Le saturnisme était surtout présent dans les quartiers pauvres, les quartiers d'immigrés : les immeubles refaits dans les années 1940 avaient été recouverts de peinture riche en plomb. Il se dégageait des murs une poussière qui s'infiltrait dans les poumons. La maladie n'est pas mortelle, mais elle peut provoquer la cécité ou de sérieux troubles du foie.

MSF intervenait dans cette crise en collaboration avec les responsables des centres de santé avoisinants. Lorsqu'un médecin décelait la maladie chez un enfant venu se faire vacciner, il nous contactait. Nous proposions à la famille de repeindre son appartement. Nous disposions de trois résidences en banlieue dans lesquelles les familles étaient hébergées. On décapait les murs, on réparait les portes, on arrangeait les toilettes défectueuses et, à l'occasion, on dératisait ces taudis remplis de bestioles dégoûtantes. Quand les matelas étaient pourris par l'urine des gamins, on leur en offrait des neufs. Ensuite, la famille reprenait ses quartiers.

Mon rôle consistait à m'assurer que tout le travail s'accomplisse dans les délais, que les ouvriers ne manquent d'aucun outil, que les entrepôts où on stockait les meubles des locataires soient bien gardés. Et comme il y avait trois chantiers, je ne chômais pas.

Je n'avais pas encore conscience de travailler dans l'humanitaire. D'ailleurs, je ne savais toujours pas ce que ça voulait dire. Mais je sentais l'Afrique de plus en plus proche.

J'habitais chez la mère de Mégot qui me réclamait un loyer symbolique. MSF m'avait confié une vieille voiture des postes françaises, une 4L jaune, avec de grands autocollants « Médecins sans frontières » sur les côtés.

Découvrir Paris dans une 4L, quand on est un Canadien habitué à frimer sur une Harley-Davidson, c'est tout simplement incroyable. J'apprenais à conduire à la parisienne. Le coude sorti et le juron rapide quand un « connard d'enculé » me bloquait la voie.

Au besoin, je faisais le coursier pour MSF, le livreur de courrier, le ramasseur de visas aux ambassades. Parfois, je rencontrais des humanitaires de retour de mission, ou bien qui partaient. Ils m'intriguaient. Il émanait d'eux une telle aura que je me voyais déjà annoncer à mon tour un départ prochain.

Dans la boîte, j'étais l'étranger charmant à l'accent lourd. Il n'y avait qu'un seul autre Canadien, Sylvain Charbonneau, dont je ne ferais la connaissance que des années plus tard.

À Lézignan, j'ai connu Guy Jacquier. Il était en formation avec nous, même s'il avait déjà effectué une mission au Cambodge. Ancien horloger en Suisse, il était devenu le Monsieur Moustique de la maison. Il était amical et protecteur à mon endroit. Il me faisait des récits de là-bas, sur le terrain, agrémentés de force anecdotes. Il me faisait rêver.

C'est en partie à cause de ça que j'ai refusé de prolonger mon contrat sur le saturnisme. Je n'étais pas entré dans la boîte pour faire à Paris le même boulot qu'à Montréal, à Londres et à Vancouver. Pour un salaire quatre fois moindre.

La fille des ressources humaines a compris que j'allais claquer la porte. Elle s'est empressée de me demander :

— Est-ce que le Malawi te brancherait davantage? Un camp de réfugiés mozambicains. Il y en a près d'un million dans tout le pays.

Le choc. Le bonheur. Enfin, le terrain. Je ne comprenais pas l'expression *réfugié*. Par contre, Malawi sonnait à mes oreilles comme Hawaï. Je voyais une île. Des palmiers et des filles nues. J'ai hurlé : oui !

Je n'en revenais pas. J'allais partir en Afrique, alors qu'à peine un an plus tôt j'étais encore sur ma Harley-Davidson sur les routes du crime à Montréal. Je partais pour le Malawi. Avec MSF. Une nouvelle famille. Une appartenance dont je me sentais déjà tellement fier. Des gens bien. Des infirmières. Des analystes politiques.

Je bombais le torse en me rendant au Centre Louis-Pasteur pour mes vaccins. Je répétais à tout le monde que je partais au Malawi. En espérant que personne n'ait l'idée de me demander où c'était. Le soir, il m'a fallu une heure pour trouver le petit pays sur une très grande carte de l'Afrique.

L'Afrique me passionnait. Elle avait nourri mon imaginaire d'enfant. C'était Tarzan, Daktari. Je fantasmais cette Afrique-là. Celle des belles filles aux dents blanches et au galbe parfait.

Les jours ont passé très vite. Juste le temps d'être briefé sur ma mission. Reste que, pour moi, tout était nouveau. C'était l'école. Grandeur nature. J'ai compris que les réfugiés fuyaient la très meurtrière guerre civile au Mozambique entre les marxistes du Front de libération du Mozambique (FRELIMO), qui avaient arraché leur indépendance au Portugal en 1974, et l'aile droite de la Résistance nationale du Mozambique (RENAMO), armée et soutenue par l'Afrique du Sud, avec les USA en arrière-plan.

J'allais remplacer Jérôme, qui y était depuis deux ans. J'aurais la charge de la logistique et de la comptabilité. Je devrais gérer la construction de latrines, de douches, la restauration des dispensaires, l'installation des frigidaires solaires. Un genre de concierge. D'un immense appartement, étalé sur cent quarante kilomètres. La logistique, c'est cela, l'art de coordonner des détails qui décident du succès ou de l'échec d'une mission. J'allais travailler avec deux infirmières.

Nous avons volé avec la très imprévisible Air Afrique. L'appareil s'est arrêté au beau milieu de la piste, et il nous a fallu marcher sur le tarmac. À notre départ de Paris, il pleuvait ; à Lilongwe, il faisait déjà 35 °C. Ciel bleu et soleil incandescent. C'était fantastique. C'était l'Afrique. Je n'y croyais pas. Le contrôle, le tampon des douanes. Tout se déroulait comme dans un rêve.

Le chauffeur qui nous attendait a voulu prendre mon sac. Je l'ai repoussé avec brusquerie. Je n'étais pas encore habitué à ce qu'on porte mes valises.

Nous nous sommes entassés dans la voiture. Direction Blantyre, à deux cent quarante kilomètres.

Nous avons été accueillis par la nouvelle de l'explosion d'une épidémie de choléra dans le camp de Niaminthutu, au sud. C'était là que se jouait le drame, plus qu'à N'tcheu. On mourait comme des mouches. Et on annonçait encore un gros afflux de réfugiés. L'opération était sur le point de devenir la plus grosse mission de MSF. Au plus fort de la tragédie, il y aura plus de cinquante expatriés.

Nous roulions depuis une demi-heure. J'avais sorti la tête pour aspirer cette odeur d'Afrique. Le chauffeur m'a indiqué le village de Dedza près de la frontière mozambicaine. C'était là et sur les soixante-dix kilomètres suivants qu'allait s'étendre mon champ d'action. Sur un côté de la route, rien. Absolument rien. Comme le Nevada, sec, dégarni. Puis de l'autre côté, une multitude de maisonnées africaines. Les réfugiés établis depuis des années.

Nous avons mis moins de deux minutes pour traverser

N'tcheu, minuscule chef-lieu. Nous sommes arrivés à Blantyre. Dans les grandes maisons blanches de MSF, on courait dans tous les sens sans prendre le temps de dire bonsoir. Comme dans les films de Lézignan. Je me suis soudain senti gauche avec mes Dr. Martens.

Je suis tombé sur Guy Jacquier qui était le « watsan » (*Water Sanitation*, responsable de l'assainissement de l'eau). Il m'a appris qu'il partait le lendemain pour Niaminthutu. Là-bas, il y avait déjà 40 000 réfugiés, et 20 000 nouveaux arrivaient chaque mois, soit en moyenne 800 personnes par jour. Je ne comprenais pas exactement ce que cela représentait. Mais je sentais confusément que c'était là que se déroulait le grand show.

Le même soir, le mec que je remplaçais est arrivé. Il avait prévu que nous passions ensemble le week-end pour me briefer et me faire faire le tour de la ville. J'avais plutôt hâte de voir de l'action.

La patronne de la mission, Geneviève Begkoyian, est entrée dans le bureau. C'était une femme énergique, qui allait sur ses trente ans. Malgré sa petite taille, elle était belle et d'une force communicative. Elle a vite pris la situation en main.

Quand elle a eu fini de donner ses ordres, j'ai timidement demandé si je pouvais accompagner Guy à Niaminthutu. Je pourrais sans doute me rendre utile et je promettais de rentrer avant lundi. Elle m'a jaugé pendant quelques instants. Puis elle a tapé sur la table et s'est levée : « C'est vendu ! »

Nous avons décidé de partir sur-le-champ, même s'il était déjà 19 heures. Première escale : Nsanje, trois heures et demie plus loin. Nous roulions depuis une heure quand une tempête tropicale s'est abattue sur nous. Nous avons dû descendre et marcher devant l'auto pour guider le chauffeur. Il y avait enfin de l'action. Ça me plaisait.

À Nsanje, j'ai rencontré une deuxième équipe de MSF, de *bush* celle-là. Des vrais. Des durs. Il suffisait de regarder autour pour comprendre pourquoi. Nsanje, c'était l'enfer. Trente-huit degrés la nuit. Au milieu des marécages. La chaleur aurait suffi à détremper nos vêtements. C'était la vision qu'on se fait de l'Afrique quand on en chie. Il faisait chaud et humide. Les criquets volaient bas. Dans la rivière à côté, les hippopotames grognaient. Dans la nuit, les chiens ne cessaient de japper comme s'ils se racontaient des histoires d'horreur.

C'était aussi la dernière ville du Malawi avant le Mozambique, avant la guerre civile. Les expatriés que je rencontrais étaient tous claqués, épuisés. Il y avait surtout beaucoup de ressentiment. À cause de toute l'attention portée sur Niaminthutu ; comme si dans les autres camps on ne mourait pas pour de vrai. L'humanitaire ne roulait pas encore sur l'or. L'aide arrivait au compte-gouttes. On travaillait au pic et à la pelle. Il fallait faire des choix déchirants. L'équipe était dégoûtée. Leurs yeux cernés trahissaient des nuits sans sommeil.

Puis, sans transition, dans la pièce d'à côté qui embaumait le vaporisateur antimoustiques, il y avait une radio qui crachait du Bob Marley. Des bouteilles d'alcool jonchaient le sol et on se passait un pétard. C'était l'humanitaire en train de décompresser, d'essayer d'oublier je ne savais encore trop quelles scènes d'apocalypse. Je comprendrais plus tard qu'ils sont précieux, ces moments d'excès, de folie, de gaminerie et d'indiscipline, pour se ressourcer, pour faire contrepoids aux visions d'enfer.

Les gens se fichaient pas mal de moi. On me trouvait amusant les dix premières minutes, à cause de mon accent, mais pas au-delà. Avec en toile de fond un peu de dégoût que ce ne soit pas avec eux que je venais travailler.

Même si j'avais passé plus de vingt-quatre heures sans sommeil, j'ai mis une heure avant de m'endormir.

C'est le lendemain que ça a fait mal.

J'ai rencontré un homme extraordinaire : Luc Legrand. Quarante ans, infirmier, il était le spécialiste choléra de MSF depuis une quinzaine d'années. Il avait fait tous les coins pourris de la géopolitique humanitaire. Il avait une manière de rudoyer les infirmières qui me faisait peur.

Quand arrivait un cas critique, aucune infirmière ne s'aventurait. C'était Luc qui devait faire la piqûre. Et il se battait de toute son énergie avec les modestes armes dont il disposait. Quand il y avait un mort, c'était un mort de trop. Impressionnant, le mec : il était tout petit, tout maigre, mais il dégageait une force incroyable. Il ne quittait jamais ses bottes de ranger et son pantalon muni de grosses poches sur les côtés. Non plus que son filet antipoussière, aussi vieux probablement que sa première guerre au Tchad. Son front un peu dégarni laissait entrevoir une couenne burinée par les soleils de l'enfer. Il en avait vu d'autres.

Le matin, quand je me suis levé, il prenait son café. Tandis que j'attendais Guy, il m'a à peine adressé la parole. Et m'a lancé en partant :

— Peut-être qu'on se voit tout à l'heure au camp !

Je devais suivre Guy toute la journée pour voir comment il se préparait à coordonner la construction des toilettes dans le camp de Niaminthutu. Le principe est simple : le choléra, c'est de la merde. En saison des pluies, cette merde s'écoule dans les rivières et contamine l'eau et la population qui la boit.

Donc, construire des toilettes est la seule façon de briser ce cycle.

Nous sommes descendus sur le terrain dès que Guy a eu fini d'avaler son café. Le camp m'a paru immense. Il l'était, en effet : 50 000 personnes y étaient parquées. Cinquante mille Noirs d'un seul coup ; je n'en avais jamais vu autant.

J'ai tout de suite reconnu les images que j'avais vues à la télé. Les mêmes regards hagards. Les mêmes yeux désespérés qui vous dardent avec espoir. Le dénuement qui choque. Pour toute demeure et fortune, les tentes en plastique du Haut-Commissariat aux réfugiés.

La route traversait le camp jusqu'à une maison au sommet de la colline, le bureau de MSF. Et de là-haut, on avait une belle vue d'ensemble : le camp de nutrition, le camp choléra, l'infirmerie. Mais aussi une bonne idée de l'ampleur de la tâche. L'horreur. La poussière. Tous ces gens marchant pieds nus. Derrière, la rivière. Et plus loin, le Mozambique, le responsable de tout ce drame. D'autres arrivants à l'horizon. J'ai vu une ville se former. Et j'ai compris que la logistique, c'était mathématique : de la construction et beaucoup de logique. J'assimilais.

Puis, surtout, il y avait l'odeur. À la télé, elle est absente. C'est elle qui change tout. Cette odeur qui vous saisit à la gorge et au corps, et qui ne vous lâchera plus.

Là, pour la première fois, j'ai été ébranlé. Je me suis senti petit. Presque un imposteur de croire que j'allais contribuer à résoudre cette crise. Mais je comprenais que la débrouillardise serait ma meilleure arme. Ça me convenait parfaitement, je n'avais fait que cela depuis mon départ de l'école. Ce qui me foutait la frousse, c'était de me rendre compte que tous ces gens comptaient sur moi. Dans ma vie de bohème, il n'y avait jamais eu qu'une seule personne à ma charge : moi-même. Et là, j'avais 50 000 paires d'yeux qui fixaient les tentes blanches de MSF avec la conviction d'être arrivées au bout du tunnel. J'avais presque envie de fuir à N'tcheu, qui m'avait parue plus sereine.

De retour à la maison MSF, nous avons retrouvé Luc Legrand qui faisait le bilan de sa tournée en sirotant un café. Il ne semblait pas particulièrement énervé, mais à son regard on comprenait que ce n'était pas le moment de prendre des nouvelles de son coup droit au tennis. C'est là qu'il m'a serré la main pour la première fois.

— Alors, le Canadien, qu'est-ce que tu viens faire dans le coin ?

— Je suis affecté à N'tcheu. Guy m'a demandé de venir lui donner un coup de main ici et je me suis dit pourquoi pas ?

— C'est bon…

— Est-ce que ça t'embêterait que je vienne voir à quoi ressemble un camp choléra ?

Il m'a considéré pendant quelques secondes puis m'a donné son O.K.

C'est ce jour-là, au moment précis où j'ai mis les pieds dans le camp choléra de Niaminthutu au Malawi, en ce mois de novembre 1990, que ma vie a basculé. La vue qui s'offrait à moi était hallucinante. La mort si proche, avec son souffle fétide. D'autant plus que le logisticien qui avait construit ce camp s'était trompé et avait mal placé l'incinérateur : le vent rabattait la fumée vers les tentes. Et quand le vent tombait, un nuage gris et malodorant flottait au-dessus du camp.

Il y avait plus d'une centaine de patients. Sur des lits de camp pourris. Ces Noirs tout maigres. Avec une monstrueuse aiguille plantée dans le bras. C'était le choléra, donc sous le lit il y avait des seaux. Les patients se vidaient à une vitesse folle. Il y en avait qui perdaient plus de quarante kilos en quelques heures. La mort est certaine à 99 % s'il n'y a pas traitement.

Ces scènes, je les avais déjà vues à la télévision. Et comme tout le monde, j'avais choisi de changer de chaîne.

La première fois, on a même honte de regarder à l'intérieur des tentes. Et encore ces yeux qui se remplissaient d'espoir quand le *Muzungu* (le Blanc) que j'étais leur accordait un regard. Personne ne m'avait appris quoi dire ou quoi faire quand ce moment viendrait pour moi. Fallait-il tendre la main et dire bonjour ? Un peu d'humour ? Pourquoi pas une blague. Et puis ces centaines de patients avaient aussi leurs accompagnateurs.

À ce moment-là, je ne connaissais pas encore les enjeux politiques qui avaient conduit à cette catastrophe. Je n'en voyais que le résultat. Des individus entre vie et trépas. Ainsi que leurs regards implorants tournés vers les médecins et vers moi.

J'étais assommé debout. Je sentais mes bras pendre le long de mon corps, lourds et gauches.

Au fond du camp, selon la tradition, les pleureuses s'époumonaient pour les cinq morts de la veille. Il y en aura vingt-quatre heures par jour ; tous les jours de la semaine, elles crieront la mort d'un fils, d'un mari, d'un frère. Ces lamentations, couplées aux râles des malades, sont terrifiantes.

Les morts étaient roulés dans des sacs en plastique pour qu'ils ne continuent pas à se vider et à répandre le virus.

Sous la tente, la température était montée à 45 °C. J'avais envie de vomir. Mais j'avais surtout la haine. Du Canada, de notre confort égoïste. De ne pas avoir vu ou su.

Je suis allé au fond du camp, me suis accroché à la clôture et me suis employé à respirer profondément. Cela m'a permis de reprendre pied. Mais quand j'ai baissé les yeux, je me suis rendu compte que je surplombais un petit cimetière de fortune. La terre avait été fraîchement retournée et les 300 petites croix rappelaient que les Mozambicains étaient majoritairement des chrétiens.

On va travailler, me suis-je dit en retroussant mes manches. On va arrêter cette saleté.

7

Défonce humanitaire

Je suis retourné voir Luc qui a continué à me faire faire le tour du propriétaire. Il m'a expliqué les trois phases de la prise en charge des malades. La phase 1 est celle de l'observation : on s'assure que les symptômes observés sont bien ceux du choléra. Si c'est le cas, on passe à la phase 2. Celle-ci consiste à approvisionner le corps en liquide par voie de perfusion. Cette irrigation d'eau et d'antibiotiques dure trois jours. Jusqu'à ce que le mal lève le siège et abdique. En fait, c'est le corps du patient qui doit se soigner. L'hydratation et les antibiotiques sont des supports pour laisser le système reconstituer ses anticorps.

La dernière phase est celle du débranchement des intraveineuses, mais la réhydratation se poursuit. Trois jours plus tard, le patient peut retourner vivre avec sa famille.

Sous la tente de la phase 3 donc, l'ambiance est déjà tout autre. Les malades ont repris du poids et des « couleurs ». Les gamins redeviennent des enfants et courent partout. Les plus grands éclatent de rire. Ils viennent de passer quatre jours avec des Blancs. Ils se sont habitués. Il n'y a plus de larmes. Et l'Afrique en eux refait surface. Car l'Afrique, c'est d'abord le sourire. Les dents blanches sur fond brun, c'est beau.

— *Bom dia, doctor Luca !*

Et les voix qui revivaient. Les infirmières locales taquinaient Luc. Mais avec respect, c'était le magicien de la seringue. J'ai vu des enfants de deux semaines réduits à 450 grammes, qu'on pouvait tenir dans la main. Et il fallait les piquer avec une aiguille presque aussi grosse que leur bras. Il fallait trouver cette putain de veine. Et il n'y avait que Luc pour la dénicher. Il était phénoménal. C'était le sorcier blanc. Je le reverrai encore à l'œuvre des années plus tard. Ce mec-là sauve des vies humaines.

Il en a perdu parfois. Le patient était arrivé trop tard. Les tissus étaient si désséchés que le brusque apport d'eau les déchirait. Le liquide pénétrait dans les poumons, et le malade mourait étouffé.

J'avais de la chance car, ce matin-là, Luc avait du temps à me consacrer. Il m'expliquait le traitement même, l'eau, le système d'évacuation. Je devais tout assimiler à une vitesse folle. Même les détails : comme le seau à côté du lit pour vomir et celui en dessous pour l'évacuation des excréments.

Luc m'a laissé entendre qu'il y avait un problème avec les fils de nylon qui fondaient sous la chaleur et ne pouvaient plus supporter les sacs de sérum. Ceux-ci se retrouvaient à la même hauteur que le bras des malades et le soluté ne s'écoulait plus dans leur corps. Les accompagnateurs étaient obligés de tenir des flacons à bout de bras pendant des heures.

Quand je l'ai quitté, j'avais la certitude que je serais utile. Je serais mieux là que dans un pénitencier de Montréal. J'étais plus proche de l'enfer sur terre, mais je me sentais assez fort pour le combattre.

J'ignorais que le camp choléra n'était qu'un apéritif.

Luc m'a ensuite conduit au camp de nutrition. À l'entrée,

il m'a présenté une jolie infirmière, Christine. Elle avait installé ses bureaux, si on peut dire, sous un baobab. Toutes les heures, elle recevait quarante patients.

Nouveau choc. Cette fois-ci, les gens qui arrivaient crevaient de faim.

Dans la file d'attente, les patients de la veille. Ils étaient maigres. Et j'étais là, avec mes joues rosies par Monsieur Big Mac. Mes jambes en tremblaient. Je n'étais pas devant la télé. J'étais condamné à voir. À entendre les mouches bourdonner. À sentir la chaleur étouffante. L'odeur saisissante. Les gamins incapables de lutter contre les insectes qui s'insinuaient dans leur bouche, leurs oreilles, leurs narines.

J'ai dû me pincer pour me dire que je n'étais pas dans un cauchemar, que c'était bien réel, tout ça. J'ai eu beau me retourner, je me suis rendu compte qu'il n'y avait absolument rien sur quoi m'appuyer. Blantyre était à quatre heures. Lilongwe à deux heures de plus. Rentrer? Il n'en était pas question. Et aller où? La France? L'Angleterre? J'avais voulu être là, j'étais servi.

J'essayais de voir dans les yeux de Luc et de Christine ce qui leur permettait de tenir. Ils avaient une assurance lumineuse qui les rendait si beaux tous les deux. Christine était craquante à mourir. Avec ses longs cheveux châtains cascadant sur ses épaules. Comme le président Kamuzu Banda du Malawi avait interdit aux femmes de porter le pantalon, elle était en robe. Elle qui venait de Nice, du soleil, elle était la plus belle avec ses petites jupes coquettes des années 50. Et elle dégageait un mélange d'assurance et de beauté. Il n'y avait rien de sexuel ni de trivial dans ma fascination. C'est juste frappant ce contraste qu'offre une robe verte au milieu de quelques Noirs qui ingurgitent avec peine une pâte énergisante. Je la trouvais si fragile, si seule, mais pourtant si forte. Puis son visage hâlé de fille qui est au front depuis plusieurs jours déjà.

Quand elle s'est retournée pour me dire bonjour, elle n'a pas cessé de travailler. Elle tenait un gamin d'une main et de l'autre approchait le pèse-personne. Elle a demandé à son assistant de la relever pendant quelques minutes. Elle s'est accordé une pause cigarette en notre compagnie. Soudain, elle a plissé les yeux, foncé vers la file d'attente et crié sans cesser de fumer : « Antonio, une priorité ici ! »

Je l'ai entendue demander à Guy Jacquier où il en était avec ses boîtes. J'ai compris dans un brouillard que cela signifiait des cercueils.

— Elles sont arrivées, tes boîtes, Christine.

— Alors envoie-m'en dix…

Ils ne banalisaient pas les morts, c'était leur façon à eux de s'empêcher de sombrer dans la démence.

Samedi soir, c'était jour de repos à Nsanje. Certains expatriés décompressaient en s'enfermant dans leur chambre pour lire. D'autres au contraire avaient besoin de s'exploser la tête jusqu'à trois heures du matin, pour évacuer la rage accumulée. Je me suis joint au deuxième groupe. L'arrivée avait été un choc et j'avais besoin de m'éclater. Déjà, en vingt-quatre heures, j'en avais assez vu pour me sentir différent.

Après une douche, tout le monde s'est rassemblé dans la pièce centrale. La première bouteille de whisky a surgi. Puis une deuxième. À la troisième, les groupes se formaient : de un, ceux qui disparaissaient dans les chambres pour trouver un peu de solitude, de deux, ceux qui se préparaient à aller danser en ville et, enfin, de trois, ceux qui devaient rédiger les rapports de la semaine.

Luc était un technique, pas un administratif. Donc, les rapports, il n'y touchait pas. Le samedi soir, il se laissait aller et se donnait le droit de souffler. Il a été plus attentif à mes origines.

Et il m'a aussi appris qu'il avait connu au Tchad un autre Canadien du nom de Sylvain Charbonneau. Décidément, il fallait que je le rencontre, celui-là.

J'écoutais les conversations en essayant d'en retenir le plus possible. À l'autre bout de la salle, quelqu'un parlait de l'Éthiopie. Éthiopie. *We Are the World.* Quelqu'un de cette épopée-là, *live,* devant moi ? J'étais impressionné. Puis un autre qui faisait des comparaisons avec le Sud-Soudan. Ah tiens, s'il y a un Sud, c'est qu'il doit bien exister un Nord-Soudan.

Ils ne parlaient pas de l'humanitaire, ils racontaient la vie. La leur. Ce n'étaient pas d'oiseuses explications d'intellos, ce n'étaient que des récits de vie, des gens qui racontaient leur boulot. Et leur quotidien. Comme le jour où Sylvain s'est payé une cuite au Kenya. Ou alors quand Thierry a eu la chiasse de sa vie en Afrique de l'Ouest. Tout le monde riait. C'était cela, l'humanitaire. L'humain.

Ce soir-là, j'ai connu ma première boîte de nuit africaine. À 38 °C. À danser le *kisumbu.* À l'africaine, en serrant bien la fille contre soi. Chez nous, on croit danser, mais on gigote. En Afrique, c'est du vrai. Dans un bled paumé, avec des moustiques qui arrachent des steaks du corps. Le bar était une cahute en bois vermoulu. Et pour toute déco, un frigo rempli de bières fraîches, une aubaine dans cette fournaise.

Ce sera également ma première rencontre avec des Africains normaux. Je n'avais jusqu'alors vu que des expatriés de MSF et des Africains qui mouraient de faim ou du choléra. Mais des Africains dansants, jouisseurs, je n'en avais pas encore rencontré. J'ingurgitais des tonnes de Carlsberg et du whisky. À forcer la dose. À souffler dans le fond des bouteilles ma rage de vaincre. Personne ne m'avait demandé de raconter le bilan de ma journée. C'est comme cela, l'humanitaire. Chacun porte son fardeau, et on a peur de laisser l'autre s'épancher, des fois qu'il rajouterait le poids de sa détresse à la nôtre. Dans la jungle, sauve qui peut.

J'ai revu Christine cette nuit-là. Elle semblait si loin de son camp de nutrition. Elle était là, amoureuse et abandonnée dans les bras d'un autre logisticien français. Elle vivait.

Cette nuit-là, j'ai senti que je reverrais très vite certaines personnes. Luc Legrand, Christine et quelques autres. Je savais que nos chemins se croiseraient de nouveau un jour. Et je m'impatientais déjà. Car c'est toujours agréable d'être avec les meilleurs.

Le lendemain, je me suis réveillé sans gueule de bois. Je suis reparti à Blantyre et ensuite à N'tcheu. Et là, agréable surprise, mes infirmières étaient toutes deux blondes aux yeux bleus.

N'tcheu, ville frontière, à cheval entre le Mozambique et le Malawi, comptait près de 4 000 âmes. La montagne appelée N'tcheu était le chef-lieu du district. Le village était situé au pied de la montagne, des deux côtés de la route.

On m'a vite expliqué les codes : les Malawites habitaient dans les maisons carrées, tandis que les réfugiés mozambicains logeaient dans les rondes. Parfois, une hutte carrée était entourée de quelques cases rondes. Traduction : le propriétaire terrien hébergeait des réfugiés qu'il employait comme domestiques.

Et des réfugiés, il y en avait près de 150 000. Mais répartis sur cent quarante kilomètres, ça faisait moins impressionnant qu'à Niaminthutu. Ils étaient arrivés dans la région depuis deux ans ; ils étaient donc déjà assez bien installés. L'urgence était passée. J'étais même le troisième logisticien de MSF à tourner dans le coin.

La structure de base était déjà établie. Il y avait une comptable, trois voitures, trois chauffeurs, un magasin, une petite caisse, une quinzaine d'employés, des maçons, des manœuvres.

Nous avions deux maisons. Celle des filles, où se trouvait aussi la cuisine commune. Puis la mienne, qui faisait également office de bureau et de dépôt.

Les filles avaient pour seule exigence que la voiture soit prête le matin lorsqu'elles devaient partir faire leur tournée des dispensaires. C'était mon devoir de m'en assurer. Quand les frigidaires du centre de santé tombaient en panne, il fallait les réparer sans tarder, car c'est là qu'on conservait les vaccins. Notre entente était d'autant plus cordiale que le mec qui m'avait précédé n'était pas un as des relations humaines. Il ne pensait qu'à une chose, que sa comptabilité soit en ordre. Mon tempérament était plus orienté vers le résultat concret et les rapports humains. J'aimais l'action et j'apprenais vite.

La fille qui coordonnait le bureau était française et venait du Massif central. Elle en était à sa troisième mission avec MSF. Une vraie battante, mariée à un vétérinaire enrôlé dans Vétérinaires sans frontières. Elle venait de suivre le PSP, pour Population en situation précaire, la phase supérieure de formation en urgence de MSF. L'autre infirmière en était à sa deuxième sortie ; elle revenait du Yémen. Elle était le portrait-robot d'une bonne catholique, arborant ostensiblement une croix sur la poitrine, gentille.

Le mardi suivant, un Malawite est venu me voir pour me demander du boulot. Je ne savais pas quoi lui dire, puisque je ne savais pas moi-même ce que je devais faire. Je n'ai rien trouvé de mieux que de lui remettre un livre sur l'assainissement coiffé d'un titre barbare, genre *Where there is no water*. Je lui ai dit d'aller le lire et de revenir dans deux semaines. Il est parti avec le bouquin.

Trois semaines ont passé à une vitesse éclair. Rien ne me manquait. Je dévorais des oreilles, des yeux et des narines mon nouveau terrain d'action. Mon prédécesseur m'avait remis les clefs de la voiture. Marc Vachon, première mission, était aux commandes. Ayant de plus en plus confiance en moi, j'ai offert de descendre tous les week-ends à Niaminthutu, où il y avait urgence, et de rentrer à N'tcheu les lundis matin. Geneviève Begkoyian n'y a pas vu d'inconvénient, tant que la mission de N'tcheu n'en pâtissait pas.

Peu de temps après, j'ai eu mon premier « mort terrain ». J'avais déjà vu des cadavres auparavant : les corps de mes parents et les sacs de plastique dans le camp choléra de Niaminthutu, notamment. Mais jamais une vie qui se défaisait devant moi. Je revenais des courses avec mon chauffeur quand un gamin s'est mis en travers de la route en nous faisant de grands signes. Nous nous sommes arrêtés à la hauteur d'un adulte qui était en train de mourir de déshydratation. Nous l'avons lancé dans notre pick-up pour le conduire au camp choléra. Je suis monté avec lui pour lui tenir la main et pour l'empêcher d'être éjecté par les cahots. Au camp, j'ai fait venir une civière. J'étais dans tous mes états. Je voulais que cette histoire se termine bien. Mais il est mort avant même d'arriver sous la tente. Et dans les yeux des infirmiers, j'ai lu comme un reproche de leur avoir amené un cas perdu d'avance.

En me lavant les mains au savon, je me suis rendu compte que je m'éraflais presque la peau. Je ne l'avais pas connu, cet homme. Mais sa mort m'enrageait. J'avais envie de remonter dans la voiture et d'aller les ramasser, tous les condamnés, cette fois, avant qu'il ne soit trop tard. J'avais la haine. Mais on apprend que l'on ne peut pas toujours arriver à temps. Que lorsqu'on arrive trop tard, il ne reste plus qu'à remonter dans la voiture et à faire jouer la musique très fort. Puis se défouler en chargeant soi-même le bois dans le pick-up. Les dents serrées. En silence. Le chauffeur vous aide. Deux ou trois voyages vous vident et vous calment.

On ne se fait jamais à la mort. En même temps, on réalise que le premier cadavre n'est qu'un grain dans le sablier qui n'arrêtera plus jamais de couler. Et l'Afrique est tout sauf avare de scènes d'horreur : des plaies infectes, des corps déchiquetés, on en a eu à profusion.

À ce moment précis, je m'en suis voulu d'avoir abandonné mes études. Car, me disais-je, j'aurais pu devenir infirmier et être vachement plus utile. Chienne de vie !

Les six premiers mois, j'étais une éponge insatiable. Je passais mes week-ends à Niaminthutu, soit dans les camps choléra, soit occupé à creuser des latrines. En fait, à gérer les équipes d'employés locaux qui les creusaient. Car la présence d'un expatrié incitait les travailleurs à bouger. Sinon, la chaleur accablante les aurait tous poussés aux abris.

Je me suis souvenu du problème des sacs de sérum dont m'avait parlé Luc. J'ai suggéré de remplacer le nylon par du fil électrique, plus résistant aux changements de température.

J'ai ratissé tout Nsanje à la recherche de fil électrique. En vain. Je suis revenu faire mon rapport à Luc. Il m'a regardé comme si j'étais un demeuré.

— Est-ce que tu veux dire que, dans tout Blantyre, il n'y a plus de fil électrique, nulle part ?

Oups ! Je n'avais pas compris que dans l'humanitaire, la fin justifie les moyens. Quitte à faire trois heures et demie de route. À pied s'il le fallait.

À Blantyre, le quincaillier m'a demandé de quelle longueur de fil j'avais besoin. Merde, j'avais oublié de mesurer. J'ai fait un rapide calcul mental et je lui en ai commandé trois cents mètres.

À 15 heures, j'étais de retour à Niaminthutu, heureux comme un Papou d'avoir réussi ma mission. J'ai voulu l'annoncer à Luc, mais il m'a jeté un regard éloquent : « Hé, la grande gueule, semblait-il dire, tu veux une médaille pour cela ? Ferme-la et installe-moi cette affaire dans les plus brefs délais. »

Il était 16 heures et je me suis rendu compte que je n'avais eu pour tout repas que deux canettes de coca le long de la route. Et dans cette tente, c'était la fournaise. Il me fallait travailler à bout de bras, couper, faire des nœuds. Ensuite remonter les bouteilles. On s'activait entre deux lits étroits sur lesquels deux mecs étaient en train de se vider. Le seul bruit qu'on entendait en plus des râles, c'était le flouch, flouch des seaux glissés sous les lits. Six nœuds plus tard, mes bras ont commencé à se faire ciment. À 18 heures, je n'en pouvais plus. C'est mon corps entier qui me lâchait.

J'ai reçu de Luc une petite tape dans le dos :

— Beau travail, le Canadien. Demain tu arriveras plus tôt pour me finir tout ça !

Karen a accouché en janvier 1991. Malgré la correspondance que nous entretenions, je l'ai sentie très loin de ma vie. Quand je l'ai eue au téléphone, je savais qu'elle ne pouvait guère venir me retrouver. Que ce serait suicidaire de la faire venir là, dans ce coin perdu, avec un nourrisson dans les bras. Je ne gagnais pas assez d'argent pour entretenir une famille. Nous avons d'un commun accord convenu de cesser de rêver de retrouvailles. On garderait des relations épistolaires. Mais il fallait qu'elle se libère et se refasse une vie. J'avais le cœur noué en prenant cette décision. J'avais reçu des photos de ma fille. Je savais à quel point la mère était adorable. Mais je savais aussi que je n'avais pas vraiment ma place à Vancouver. Je savais surtout que jamais plus je n'aurais été capable de retourner vivre au Canada en faisant mine de n'avoir rien vu en Afrique. J'en avais trop vu au Malawi pour redevenir un banal citoyen d'une société occidentale. J'avais trouvé mon chemin, je devais le suivre, coûte que coûte. Je connaissais déjà la satisfaction du travail bien fait, cette jouissance qui t'étreint quand tu termines le plancher du deuxième étage et que tu t'apprêtes à monter jusqu'au dix-huitième. Mais la drogue de l'humanitaire, elle, je la découvrais. Et je voulais la consommer sans retenue. Je savais que Karen serait capable de s'en sortir sans moi. J'étais sûr qu'elle allait rencontrer un mec bien qui allait lui donner le bonheur et la stabilité dont elle et la gamine auraient besoin.

Je n'avais pas l'impression d'abandonner mon enfant comme mes parents l'avaient fait. Au contraire, j'étais armé des meilleures intentions du monde. Quand j'avais eu l'enfant avec Sophie, j'étais un gamin perdu, en passe de devenir un adulte pourri. Là, par contre, je prenais le chemin inverse. Je m'achetais une crédibilité, une dignité, dont mes filles seraient un jour fières. Pour elles, leur père ne serait pas un salaud. Je ne pouvais pas leur offrir la vie que j'aurais voulu leur donner, parce que je n'en avais pas les moyens, mais je leur apportais un présent encore plus précieux : l'honneur, la fierté.

À force de descendre les week-ends à Niaminthutu, j'avais fini par me mettre en couple avec Christine, la belle Niçoise du camp nutrition. Le dernier mois de mon séjour à N'tcheu fut cependant moins joyeux. La responsable de la mission avait été remplacée par une nouvelle avec qui je ne suis pas parvenu à établir de relations amicales. Elle se la jouait trop patronne, exigeant qu'on lui obéisse au doigt et à l'œil. Je le vivais d'autant plus mal que je venais de passer six mois à N'tcheu, six mois de plus qu'elle.

De plus, j'avais connu ma première vraie urgence. Ça s'était passé à Mulange. Des pluies torrentielles avaient provoqué des glissements de terrain. Il y avait eu des morts et des blessés. Et c'était à moi qu'on avait demandé d'assurer la logistique d'urgence. Ça a été ma première mission solo, avec tout l'argent dans mes poches. Le village avait été anéanti. Je devais bâtir des abris et m'assurer qu'il n'y avait pas de catastrophe secondaire, comme une épidémie de choléra.

Un hélicoptère de l'armée m'avait largué en plein milieu de la zone sinistrée et nous travaillions dans la boue jusqu'aux genoux.

Nous nous en sommes assez bien sortis. Ce succès, additionné à mes descentes de fin de semaine à Niaminthutu, avait sensiblement fait monter ma cote auprès de MSF.

En ce même mois de janvier 1991, la guerre éclatait en Irak. Bush père venait de lancer l'opération Tempête du désert devant le refus de Saddam Hussein de se retirer du Koweït. Comme tout le monde, j'étais bien excité à l'idée que je pourrais être envoyé en Turquie ou en Iran, où MSF prévoyait un afflux de réfugiés irakiens. J'ai imploré Geneviève Begkoyian de me recommander auprès des patrons.

Elle a refusé net ; mais du même coup, elle m'a fait un compliment dont je lui suis encore reconnaissant. Elle a décidé d'envoyer trois personnes en Irak et m'a demandé de combler seul les trois postes laissés vacants au Malawi, en plus de mon bureau de N'tcheu. Deux mois de délire complet. J'ai dû me découvrir très vite le don d'ubiquité pour être à la fois au nord et au sud.

Pour me récompenser, Geneviève m'a désigné pour aller à Lézignan au cours de logistique en situation précaire que MSF allait donner. Après, je reviendrais au Malawi pour encore six mois. Christine, qui achevait son contrat, devait aller à Madagascar voir sa sœur avant de me retrouver en France.

Le week-end de mon arrivée à Lézignan, je me suis fait voler ma veste avec tout ce qu'il y avait dedans : passeport, portefeuille. Forcément par quelqu'un de la maison. La maison MSF.

Le mardi, j'ai commencé à transpirer. J'avais chaud. Je ne comprenais pas ce qui m'arrivait. À la pause du midi, je me suis dit que c'était probablement la fatigue des derniers mois et qu'un petit somme allait me remettre sur pied. Je me suis réveillé quatre jours plus tard à l'hôpital de Carcassonne. J'ai su que j'avais fait un coma dû à une violente crise de paludisme cérébral. J'avais failli y passer, car personne n'avait fait grand cas de mon absence. On pensait que je cuvais ma cuite de la veille. Durant ces trois jours de fièvre, j'avais perdu quinze kilos. En plus d'avoir loupé la première semaine de formation.

Je ne voulais plus qu'une chose : que ma copine arrive. Je l'ai appelée une dizaine de fois, sans réponse. Et quand elle a enfin décroché, ça a été pour me dire qu'elle avait repris avec son ancien copain à Nice.

Une crise de malaria, mes affaires volées, des cours manqués et une peine d'amour, même pour le plus robuste des aventuriers, ça faisait trop à la fois.

Je suis retourné au Malawi, j'ai été affecté au poste lourd de Niaminthutu. En trois mois, j'ai réussi à faire bâtir 12 000 latrines et 10 000 douches individuelles. L'opération roulait sans anicroches.

J'habitais à Chiromo au bord de la rivière Mulange. J'avais une maisonnette en bambou dont une partie avançait sur le fleuve. Le soir, les hippopotames venaient se frotter contre les pilotis. Une grande moustiquaire recouvrait l'ensemble. J'avais appris à ne plus faire de blagues avec le paludisme. Je me sentais vraiment Docteur Daktari.

Célibataire, j'ai été ravi lorsque Heike, une copine canadienne que j'avais connue à Banff et que j'avais revue à Paris, m'a appelé pour me dire qu'elle était à Lilongwe. J'ai passé deux semaines avec elle au Malawi. Après elle, il y a eu Rachel, une Israélienne ; l'une des plus belles femmes que j'aie rencontrées. Elle est venue passer dix jours avec moi à Chiromo. Nous regardions ensemble les merveilleux couchers de soleil que l'Afrique offre si généreusement. C'était le bonheur.

Puis j'ai vu une petite Mozambicaine qui jouait dans une troupe de théâtre à Blantyre. Elle s'appelait Lucrecia. Belle comme un ange noir. Même si je ne l'avais aperçue que trois fois à peine, je n'allais pas l'oublier de sitôt.

Geneviève Begkoyian terminait sa mission. Quand elle est partie, j'avoue que j'ai eu un pincement au cœur. Cette fille m'avait fait confiance, elle m'avait donné ma chance. J'étais devenu son homme de confiance, celui des missions impossibles. Et un peu son ami. Car, dans les missions, tout le monde a l'habitude d'en vouloir au supérieur hiérarchique : le terrain blâme toujours la direction pour le manque de moyens, tandis que la capitale est en colère contre le siège à Paris. La coordination est, pour une bonne part, un boulot solitaire. Et, au Malawi, il y avait une cinquantaine d'expatriés dont elle avait la charge, en plus de près d'un million de réfugiés mozambicains. Cela aurait pu être trop pour les épaules d'une jeune femme dans la trentaine. Elle avait ses craintes, ses doutes. Je l'ai aidée à briser un peu sa solitude. On se retrouvait tous les deux sur la terrasse et elle se confiait à moi. Elle parlait de tout, et de rien. De sa mère, de la Bretagne. Elle avait aussi besoin de décompresser. Geneviève est restée mon amie.

8

Le chevalier blanc

J'ai lu l'annonce dans le bulletin interne de MSF : « Cherchons logisticien coordinateur pour Bagdad. Contrat de six mois. »

Bagdad, tout ce que cela évoquait, c'était la série télé sur la blonde Jinny. Pour moi, Bagdad, c'était ça : les chameaux, les danseuses du ventre. Et la guerre ? D'accord, il y en avait une. Mais je venais de passer un an dans une zone dite « de guerre » et je n'avais entendu que peu de fois des coups de feu ou vu de maisons brûlées. On était loin d'*Apocalypse Now*. Comme le Malawi était un pays sans télévision, je n'avais pas été gavé des images de l'Irak comme le reste de la planète. J'étais à l'hôtel à Blantyre quand Bush avait déclaré la guerre à Saddam Hussein. Je me souviens d'avoir allumé la télé. CNN affichait *Breaking News* et racontait le début des frappes. Je n'y avais rien compris. J'avais éteint la télé et j'étais allé prendre ma douche.

Rien ne m'effrayait. Je me suis dit, en lisant l'annonce de MSF : « Pourquoi pas ? »

Jusqu'au jour de mon départ pour Amman, en Jordanie,

j'étais encore le seul à ne pas faire grand cas de mon affectation. Mais les collègues, qui avaient vu la guerre en direct sur CNN, me regardaient avec dans les yeux un mélange de crainte, de jalousie et d'admiration.

À Amman, j'ai à peine eu le temps d'aller chercher un visa pour l'Irak. Douze heures plus tard, je rentrais dans Bagdad. Je devais loger à l'hôtel Palestine au cœur de la ville, tandis que nos bureaux se trouvaient juste derrière, à l'hôtel Bagdad. À l'époque, il n'y avait presque pas d'expatriés. À peine quelques représentants des Nations unies et deux ou trois ONG. La plupart des organisations opéraient surtout dans le nord de l'Irak, au Kurdistan. Bagdad n'avait encore retrouvé ni eau courante ni électricité, même si la guerre était finie depuis six mois.

Le lendemain matin, j'étais attablé avec Luca, l'administrateur du bureau de Bagdad, le chef de la mission et la comptable. Luca s'en allait la semaine suivante, son remplaçant arriverait quelques jours plus tard.

Joël, le logisticien coordonnateur que je venais remplacer, s'est présenté à moi. Il était épuisé. Il avait fait la Turquie, avant de se retrouver à Bagdad. Il ne voulait pas faire la capitale. C'était un job sale, la capitale. Nous avons eu deux jours de briefing à peine. Il m'a montré les entrepôts, les camions pour les transports, la commande de pharmacie à passer à Bruxelles, l'ordinateur central et le système radio. Ensuite, ce fut : « Bonne chance, salut, je pars ! »

La guerre du Golfe a constitué un tournant. Pour les médias, d'abord, avec la couverture en direct de CNN, qui a connu son heure de gloire. Pour l'humanitaire, ensuite, qui a alors donné dans l'hypercommercialisation. Avant, l'action humanitaire était peuplée de héros de l'ombre, de forçats qui n'attendaient pas de médailles ni de couverture dans les journaux. C'était la planète de Luc Legrand, de Christine, de

Geneviève. Avec l'Irak, tout est devenu politique et médiatique. Il était désormais plus important de déclarer être arrivé premier que d'exercer une action efficace auprès des sinistrés. Le citoyen occidental a apprécié ce nouveau spectacle de la guerre et il a mis la main à la poche. Du coup, l'humanitaire ne regardait plus à la dépense.

En Irak, par exemple, MSF accusait sept accidents graves survenus en l'espace de quatre mois. Les voitures : perte totale. Des Toyota flambant neuves, à 30 000 dollars l'unité. Pas grave. Un logisticien avait scié le toit du break pour le transformer en décapotable ; ne vous gênez surtout pas ! J'étais d'autant plus indigné que j'arrivais du Malawi où l'argent avait été rare.

Les deux jours que j'ai passés avec Joël ont été trop courts pour que je comprenne vraiment le fonctionnement de la machine. Le matin de son départ, je me suis assis à son bureau et je me suis rendu compte qu'il avait oublié de me dire sur quel bouton appuyer pour faire démarrer l'ordinateur. Je ne connaissais rien à l'informatique, je n'avais jamais touché à un clavier.

Ensuite, au Malawi, nous n'avions pas de walkies-talkies. La seule fois que j'en avais vu, ça avait été durant les cours de LSP à Lézignan. Mais j'étais tombé malade la semaine où nous devions en apprendre l'usage. Et là, je ne devais pas seulement savoir m'en servir, j'étais carrément responsable du parc radio de la mission. Donc, vingt-cinq radios se baladaient dans le pays et je devais en assurer la coordination, alors que j'étais incapable de faire fonctionner la mienne. Dès le lendemain matin, je devais faire un appel à tous les postes régionaux pour m'assurer que tout le monde allait bien.

Seulement à Bagdad, j'avais sept voitures neuves. Les entrepôts étaient grands comme deux terrains de football et étaient remplis de produits d'urgence. J'étais un nouveau riche, mais je trouvais mes habits de nabab trop amples.

Autre luxe fou : j'avais des secrétaires. L'une, Libanaise d'origine, était mariée à un vendeur de tapis iranien. Elle avait été la secrétaire particulière de l'ex-patron de Thomson France en Irak. Elle parlait français et anglais sans accent, en plus de l'arabe. L'autre, d'origine chiite, n'est pas restée longtemps, car elle a épousé le comptable belge que Françoise avait remplacé. Elle est allée le retrouver à Bruxelles.

Un seul chauffeur, Walid, était arabe ; tous les autres étaient soudanais : ils étaient les seuls à pouvoir se rendre dans le Nord, du côté des Kurdes. Même mon assistant était Soudanais.

On avait installé les bureaux dans des chambres d'hôtel, six en tout. J'avais presque envie de pleurer devant tant de confort : la douche, la piscine dont on ne pouvait pas encore se servir parce que l'eau était verte, la télévision irakienne qui diffusait à longueur de journée la propagande de Saddam Hussein, mais des draps propres, la climatisation. Le buffet du restaurant était à rendre fou. Après avoir vécu dans des maisons en bambou et mangé des morceaux de chèvre grillée en bordure de routes pouilleuses, j'avais l'impression de rêver.

Bien entendu, au bout de trois semaines, on s'y fait et on finit par le vomir, ce putain de buffet.

Les traces de la guerre étaient encore visibles du haut de ma chambre au dix-septième étage. Les ponts qui avaient été atteints par les raids américains n'avaient pas encore été reconstruits. Les bureaux bombardés n'avaient pas été réparés. Les façades des maisons portaient encore des traces de balles. Mais, curieusement, il n'y avait pas de forte présence militaire dans les rues. Des années plus tard, on en apprendra la raison : c'est que l'armée de Saddam était en train de massacrer les Chiites du Sud, qui avaient voulu se soulever. Bilan, quelque 300 000 morts.

À peine arrivé, je devais faire la tournée des bureaux régionaux. Il y en avait quatre au Kurdistan et un au sud, à Bassorah.

Nous avons appris qu'il y avait des inondations dans le camp de réfugiés de Saïd Sadik au Kurdistan. J'ai assuré la coordination de cette urgence sans tarder. Ma première mission au Kurdistan. Et Saïd Sadik avait été construite et détruite par le même Saddam Hussein. C'était en 1988, à l'époque où le dictateur irakien avait réprimé la rébellion kurde en usant d'armes chimiques. Saïd Sadik était devenue une ville de béton et de brique avec des toits de plastique. Plus rien de sa splendeur passée. C'était rempli d'humanitaires et d'onusiens. Et près de 60 000 réfugiés arrivaient de toutes les villes kurdes, fuyant l'ire de Saddam après sa déroute koweïtienne. Il y avait trop de monde, et ce n'est pas toujours garant d'efficacité.

C'est à Saïd Sadik que j'ai revu Laurent. C'est moi qui l'avais recommandé à MSF quand on cherchait un logisticien qui devait d'abord faire l'Iran, ensuite la Turquie et enfin l'Irak. Il avait grandi. Il se la jouait dorénavant grand garçon. Il s'était fait tatouer comme moi un scorpion sur le bras. Il avait pris de l'assurance. Malgré l'émotion des retrouvailles, comme de bons Canadiens, on s'est tendus la main à distance. Je le sentais un peu réservé, mais je comprenais que l'arrivée d'un autre Canadien, plus haut gradé que lui dans l'organisation, lui faisait de l'ombre. Je n'ai pas fait grand cas de sa froideur.

De retour à Bagdad, j'ai eu la joie de retrouver Geneviève Begkoyian. Elle venait d'être nommée chef de la mission irakienne. Avec moi à la coordination logistique, le duo d'enfer du Malawi était de nouveau réuni. Pour les six mois suivants.

Le contact avec les Irakiens a d'emblée été agréable. Aucune animosité à mon égard. Et quand ils apprenaient que j'arrivais du Canada, les sourires se faisaient encore plus francs : ils avaient tous un cousin ou un neveu au Canada.

Dans les souks, les affaires allaient bon train. La guerre paraissait très loin derrière. Ils en avaient vu, de toute façon, bien d'autres. Une de plus ou de moins…

Même contre l'Amérique, il n'y avait pas encore de haine noire. Et ce, ironiquement, grâce à… Saddam Hussein lui-même. En effet, le dictateur, dans sa propagande quotidienne, leur avait fait croire qu'ils avaient gagné la guerre. Il leur disait que la mission au Koweït s'était bien passée, que l'Irak avait récupéré tout ce dont le pays avait besoin et qu'il n'y avait pas eu de raison d'y rester plus longtemps. Donc, selon eux, ils avaient remporté la bataille, en avaient profité pour corriger les Koweïtiens, ces impies, et Saddam était un très grand homme. *Khalass!* C'est tout !

Début janvier, Geneviève a tapé sur la table. Elle aussi avait connu la frugalité imposée à la mission de MSF au Malawi. Elle m'a convoqué dans son bureau.

— Marc, j'en ai marre de ces accidents de voiture, c'est du gaspillage. Je veux que tu te rendes dans le Nord dire à tout le monde que le prochain qui fait un accident va être mis dans le premier avion retour pour l'Europe !

J'ai rédigé un règlement sommaire, insistant pour qu'aucun expatrié ne prenne le volant. Je suis parti transmettre le message de la patronne et en profiter pour me présenter à tous les logisticiens des bureaux régionaux. Je devais leur remettre un formulaire pour leur permettre de mieux définir leurs besoins. J'ai remis à chacun d'entre eux une disquette avec une grille type qu'il leur suffisait de remplir. Et pour les voitures, chacun avait un chauffeur qui allait en être directement responsable.

Une semaine plus tard, on m'a appelé à la radio :

— Il y a un problème.

— Et c'est quoi, le problème ?

— Accident.

Geneviève m'a demandé d'aller voir sur place. C'était un pick-up de Saïd Sadik. Une voiture de la logistique. J'ai demandé au chauffeur ce qui s'était passé. Il m'a répondu qu'il avait été coincé au milieu d'un carambolage et qu'il avait fait deux tonneaux. Mais pas une seule fois, durant son explication, il n'a soutenu mon regard. Il avait tout le temps les yeux baissés. Ça puait le mensonge. Je lui ai sorti le grand jeu, que j'avais vu à la télé, dans une série policière. Quand une voiture fait des tonneaux, le volant laisse des marques bleues sur les cuisses du chauffeur.

— Baisse ton froc !

Laurent, qui était dans la pièce, s'est écrié :

— Marc, en vérité, le responsable, c'est moi.

Il avait tenté de s'arranger avec le chauffeur pour qu'il prenne sur lui l'accident en échange de cinq cents dollars. J'avais la gorge nouée quand j'ai appelé Geneviève pour lui dire qu'un expatrié était au volant. Elle ne m'a même pas demandé qui c'était :

— Tu le ramènes à Bagdad, il rentre !

Le retour dans la capitale avec Laurent s'est fait dans un lourd silence. J'ai essayé de le rassurer pendant les deux jours d'attente de son vol retour. La bonne nouvelle, c'était qu'il n'était pas viré de MSF. Paris comprenait qu'il était épuisé après huit mois de vie dans des conditions précaires. On ne lui demandait en fin de compte que de prendre une pause de quelques semaines avant de repartir pour une autre mission.

Quelques semaines plus tard, il m'a écrit de Paris pour me dire qu'il allait partir au Liberia. L'incident irakien semblait totalement oublié. Mais il a été recalé aux vaccins quand on lui a découvert le gros scorpion dessiné sur le bras : au Liberia, c'était le signe de reconnaissance des partisans de Charles Taylor, un chef de guerre qui deviendra quelques années plus tard président du pays. Il a très mal pris cette décision. J'ai tenté de le calmer en lui proposant de nous installer en Afrique, au Kenya, dès que mon contrat serait terminé, pour fonder une entreprise de construction.

Quelque temps plus tard, quand je suis revenu à Paris, il avait choisi de rentrer au Canada. Recommencer sa vie à Vancouver. Je l'ai relancé sur notre projet d'Afrique, sans succès. Mais je le comprenais. Il avait le droit d'en avoir marre.

Avant de raccrocher, je lui ai demandé s'il avait vu Karen. Il m'a répondu que oui, mais qu'elle ne voulait plus me parler. Elle lui aurait dit que j'étais un salaud de l'avoir laissée quand elle était enceinte. Elle avait trouvé un nouveau mec.

Ce sera ma dernière conversation avec Laurent.

Ironie du sort, les Nations unies étaient indirectement à l'origine de la crise humanitaire qui justifiait notre intervention en Irak. En effet, en réponse à l'embargo qu'elles avaient voté contre l'Irak, Saddam Hussein avait décidé d'étrangler la région kurde par un blocus de son cru : il avait décrété à son tour l'instauration d'une frontière terrestre au niveau du même 35e parallèle qu'une résolution de l'ONU lui interdisait de dépasser. Or, l'hiver approchait. Comme les champs avaient été minés par l'armée irakienne, les Kurdes ne pouvaient plus aller couper du bois. La seule solution qui leur restait pour se chauffer, c'était le réchaud à huile.

Outre le chauffage, il y avait la question de l'approvisionnement en médicaments.

Sans intervention extérieure, la crise pouvait se muer en immense catastrophe humanitaire. D'autant plus que l'éclatement de l'ex-Yougoslavie qui s'amorçait allait accaparer l'Europe et ses ressources au détriment des Kurdes. Déjà, nous commencions à dégraisser le parc automobile pour envoyer quelques voitures en Europe.

Malgré tout, je trouvais du temps pour vivre. Je me trouvais en Irak depuis trois semaines à peine quand j'avais vu dans la rue un vieil homme qui roulait sur une Triumph. Mon côté *biker* s'était instantanément réveillé. J'ai arrêté l'homme pour le complimenter sur sa moto. Il m'a demandé si je voulais l'acheter.

— Combien me la vendez-vous ?

— Cinquante dollars.

Je les ai immédiatement sortis de ma poche avant qu'il ne réalise quelle offre insensée il me faisait. Il est descendu de la moto et m'en a remis les clefs.

Quelques jours plus tard, j'étais arrêté au coin d'une rue quand un taxi a stoppé à côté de moi. Le chauffeur a baissé la vitre :

— Mister, je vois que vous aimez les motos.

— En effet.

— Mon cousin a plein de motos américaines dans sa cour et il veut les vendre. Venez avec moi, Mister. Je vais vous montrer.

J'ai commis l'incroyable folie de le suivre. Ça aurait pu être un traquenard. Il m'a conduit à Saddam City, dans le quartier chiite. Nous sommes arrivés devant une cour arabe traditionnelle. Et le cousin Rashid est sorti nous accueillir.

Quand il a ouvert la porte de la cour, j'ai failli faire une crise d'apoplexie. Il y avait plus d'une vingtaine de Harley-Davidson rutilantes alignées côte à côte. Elles portaient encore sur le réservoir le drapeau du Koweït, où il les avait dérobées à un émir. Il n'était pas question que je reparte sans en avoir acheté une.

Les négociations ont débuté à deux mille dollars par moto et se sont conclues à cinq cents dollars pour deux.

Au bureau, je me suis fait inscrire aux abonnés absents afin de ramener les motos à l'entrepôt pour les trafiquer. J'ai échangé les transmissions de l'une et de l'autre afin de brouiller les numéros d'identification. Je les ai fait peindre en blanc. Au finish, elles ressemblaient aux grosses motos de la police nord-américaine, avec un pare-brise, des clignotants jaunes et bleus, les coffres à l'arrière, le drapeau MSF sur les côtés.

Durant mon séjour à Bagdad, on me verra toujours rouler sur une 1340 FLHT, cheveux au vent. Celui qui n'a jamais pris la route de Bagdad à Bassorah via El Qod par un chaud après-midi, sur une imposante Harley-Davidson, ne peut imaginer la sensation de volupté que cela procure. C'était grisant. Je me revoyais des années plus tôt quand je roulais sur ma moto dans les montagnes du Vermont ou du New Hampshire aux États-Unis. La même sensation de liberté. Avec du Jim Morrison dans les oreilles. Et je ne pouvais m'empêcher de penser à mes anciennes connaissances : tous ceux que j'avais laissés au Canada et qui se pensaient *bikers*. Mais je peux dire qu'être vraiment *biker*, c'était rouler sur les magnifiques routes d'Irak en Harley-Davidson, le tatouage à l'air libre. Quand j'arrivais devant les barrages, j'enclenchais la sirène et les barrières se levaient avec déférence. « C'est ça, espèces de barrières en bois, levez-vous et rendez hommage au roi des *bikers*. »

Le soir à Bagdad, je circulais partout. J'allais voir les défilés militaires sur le grand boulevard. Je montais parfois sur le périphérique et je faisais le tour de la ville. J'étais bien.

En Irak, MSF a commis une erreur que répéteront certaines ONG quinze ans plus tard. Voulant centraliser ses activités, MSF a concentré la coordination à Bagdad. On pariait alors sur l'unité du pays après la guerre du Koweït. Tous les médicaments avaient ainsi été acheminés dans les entrepôts de Bagdad. Toute la nourriture, l'essence et les médicaments devaient transiter par la capitale avant de remonter au Kurdistan. C'était comme si on demandait aux communistes de laisser passer des munitions et des vivres pour aller requinquer leurs adversaires.

Mon défi était donc d'essayer de faire passer des médicaments et de l'essence au-delà de la frontière gardée par les hommes de Saddam. Le Programme alimentaire mondial se chargeait d'acheminer la nourriture. Ma mission ne serait pas de tout repos. Les Irakiens se sont méticuleusement employés à me le faire comprendre.

Nous n'avons pas eu trop de problèmes pour les médicaments. Il nous suffisait de chercher les autorisations au ministère de la Santé, qui exigeait uniquement que nous lui communiquions le nombre précis de nos convois et leur contenu. J'ai compris plus tard que ces données leur permettaient de chiffrer approximativement la population kurde. Mais nous n'avions pas d'autre choix. Même en sachant que ce couteau-là avait deux tranchants, que ce cadeau était empoisonné. Il était impossible de tricher. Il y avait en tout plus de vingt et un check-points entre Bagdad et le no man's land précédant le territoire kurde.

Pour l'essence par contre, ça a été une autre paire de manches.

Geneviève Begkoyian est venue me voir un matin :

— Marc, j'ai un problème.

— J'écoute.

— Je suis médecin, je soigne les gens. Et aujourd'hui, j'ai des patients qui meurent au Kurdistan. La cause de leur souffrance : le froid. Je ne connais qu'un seul médicament pour les sauver : il faut les réchauffer. Je t'écoute…

Il me fallait réfléchir très vite. Je me suis souvenu que, en tant qu'organisation, nous avions signé des ententes avec le gouvernement irakien qui nous donnaient droit à quelque 5 000 litres d'essence par semaine, destinés à nos véhicules. C'était un début. Il fallait trouver un moyen d'en amener du côté kurde, parce que les Nations unies avaient distribué à la population des réchauds à pétrole, mais pas de pétrole.

En territoire kurde, l'essence commençait à se vendre des fortunes sur le marché noir. Ceux qui n'avaient pas les moyens d'en acheter étaient tout simplement condamnés à mourir frigorifiés.

Pour la première fois, mon passé de hors-la-loi montréalais est venu à mon secours. J'ai commencé à fabriquer de faux papiers et de faux projets. De faux tampons de l'ONU étaient aussi faciles à trouver. Suffisait de me rendre dans leurs bureaux et de distraire un fonctionnaire pendant que je subtilisais une dizaine de feuilles avec l'en-tête des Nations unies. Ensuite, je trouvais des artistes irakiens de la contrefaçon. Je leur montrais la marque du tampon que je souhaitais avoir et je leur laissais un morceau de savon. Quelques heures plus tard, ils me remettaient le savon gravé de la forme du cachet désiré.

Le faux projet que j'ai inventé, c'était la construction d'un aqueduc reliant le Nord kurde à Bagdad. J'avais donc besoin d'un grand nombre de camions et d'excavateurs. Pour donner le change de façon convaincante, j'ai loué à un prix ridicule une trentaine de camions, des dizaines de niveleuses, des sableuses. En tête de mon gigantesque convoi, je suis allé au ministère du Pétrole. M'attendait un ingénieur chargé d'évaluer mes besoins en essence pour faire fonctionner tout cet attirail tous les jours, de 6 heures à 20 heures. On a estimé que chaque camion consommait près de 120 litres l'heure. Quand on faisait le calcul, les chiffres croissaient à une vitesse folle. Ainsi, j'ai pu décrocher un document officiel du ministère du Pétrole m'accordant plus de 50 000 litres d'essence par semaine, au prix ridicule de 0,0001 dinar le litre. Un dollar valant 100 dinars, j'avais 15 000 litres d'essence pour 15,80 $.

Je savais que mes démarches étaient illégales. Je reprenais vite mes habitudes de l'ancienne époque. Mais au lieu d'être un chevalier noir sur une Harley noire à Montréal, j'étais un chevalier blanc sur une Harley blanche en Irak, tel Robin des Bois en train de voler aux riches Irakiens pour donner aux pauvres Kurdes.

Dire que nous étions rassurés pendant ces opérations serait un grossier mensonge. Car, après tout, c'était bien Saddam Hussein que nous défiions. L'homme aux services de renseignements de sinistre réputation. Sur le même étage que nos bureaux à Bagdad, des moustachus taciturnes, aussi voyants que les Dupont et Dupond dans *Tintin*, avaient une chambre pour les écoutes. Nous savions que nos bureaux étaient régulièrement fouillés. Nous nous employions donc à parler très fort de ce chantier imaginaire au Kurdistan. Si nous étions sur écoute, Saddam et ses hommes devaient se dire que nous allions réaliser un boulot grandiose.

Le document m'autorisant à augmenter la consommation d'essence était valable pour une durée de huit mois.

Il fallait maintenant acheminer cette essence vers le Kurdistan. Ce n'était pas gagné d'avance. Car nous savions que, plus nous nous éloignions de Bagdad, plus les check-points étaient dangereux. Chacun des chefs se prenait pour un seigneur et reconnaissait avec difficulté les autorisations écrites de Bagdad. Surtout le dernier, qui, lui, était carrément un sauvage ; c'était celui qui faisait face à l'ennemi kurde, qui ne faisait pas dans le sentimental.

Le no man's land était une ligne de front très nerveuse. Il y avait les Iraniens qui pointaient leurs canons sur l'Irak et sur les

Kurdes, les Irakiens qui braquaient les leurs sur les Kurdes et sur les Iraniens, et les Kurdes qui avaient des fusils d'assaut prêts à mugir également. Et moi, qui me baladais au milieu avec trois camions-citernes blancs surmontés du drapeau de MSF, je sentais des picotements désagréables me parcourir le bas du dos.

En outre, si on empruntait trop souvent le même chemin, on allait éveiller les soupçons des militaires, et ça pouvait devenir très dangereux autant pour l'opération que pour les chauffeurs. Il me fallait donc trouver deux ou trois portes de sortie différentes pour remonter au Kurdistan.

Et, une fois là-bas, je devais m'atteler à la distribution équitable du précieux liquide de chauffage. Sachant très bien que les groupes rebelles kurdes allaient exiger de se tailler la part du lion. L'enjeu devenait donc aussi moral : n'étions-nous pas en train de soutenir indirectement un groupe armé, partie prenante du conflit en cours ?

C'était trop pour MSF. On a alors laissé à l'ONG allemande Medico International la partie distribution au Kurdistan. Elle y était établie depuis plus longtemps que nous et y disposait d'un bon réseau de distribution de vivres. Avec elle, malgré les rations que prélevaient les *peshmergas,* ces combattants des montagnes, nous savions que la population kurde aurait de l'essence pour se chauffer.

9

Docteur Marc Vachon

Un mois plus tard, comme tout fonctionnait à merveille, nous avons eu des tentations de gourmandise. Nous avons commencé à trafiquer les planchers des camions Scania pour y glisser six à huit tonnes d'essence additionnelles et faire passer aux check-points un engin vide en apparence. Parce que, outre les Kurdes, toutes les ONG installées dans le Nord s'étaient retrouvées également en besoin d'essence : les françaises comme Action contre la faim, Équilibre, les américaines, comme International Rescue Committee, les allemandes, les espagnoles, et même les Nations unies. Nous alimentions tout ce joli monde.

Je ne laissais jamais les convois d'essence partir sans moi. J'étais toujours à bord du premier camion. J'avais fini par connaître chacun des gardes de chacun des postes de contrôle. Je connaissais par cœur les six points d'entrée que j'empruntais alternativement.

J'avais même mis au point un service de livraison de courrier et de journaux aux gardiens des postes les plus éloignés de la capitale. J'étais connu des chefs de ces unités. J'échangeais des plaisanteries avec le colonel Ali ou le major Sahib.

Au total, nous avons fait passer en fraude plus d'un million de litres d'essence. Les Kurdes pourraient tenir tout l'hiver.

Les choses ont commencé à se gâter en janvier quand Saddam Hussein a décidé qu'aucun visa supplémentaire n'allait être émis pour les humanitaires. Ne devaient rester sur le terrain que ceux qui détenaient des permis valides; les autres n'avaient aucun espoir de renouvellement. Tous les jours, une ONG fermait boutique. Aucune pression politique ne parvenait à infléchir la décision du dictateur. Aux barrages routiers, les gardes étaient de moins en moins coopératifs. Et, à Bagdad même, la présence militaire était de plus en plus perceptible : les commandos, ayant terminé leur campagne de massacres de Chiites dans le Sud, remontaient dans la capitale pour faire ripaille.

Pour MSF, cela posait un gros problème; surtout, pour la mission du Sud dont le visa arrivait à expiration. Nous avions le choix entre fermer tout simplement ce bureau-là, ou alors transférer la direction des opérations à des équipes locales.

Quelqu'un avait fini par se poser des questions sur mon pseudo-projet de construction d'aqueduc. Comment se faisait-il qu'après des mois Bagdad n'ait pas encore reçu une demi-goutte d'eau?

Pour ne pas perdre la face, et surtout de peur que Saddam ne le leur fasse payer, les fonctionnaires ont décidé de se taire et de fermer les yeux sur l'arnaque tout en se jurant néanmoins de me baiser à leur tour, un jour.

Il a commencé à faire très chaud à bord des convois.

Geneviève Begkoyian a câblé à Paris pour suggérer qu'on ferme le bureau de Bagdad si on ne renouvelait pas mon visa, car il ne servait à rien de rester sur place si nous n'étions pas opérationnels. La seule chose intéressante à Bagdad, c'était la capacité d'achat. Et si on la perdait, il serait inutile de s'accrocher.

Paris nous a ordonné de prendre avec nous un maximum de médicaments, de les remonter vers le nord et de fermer la mission.

J'ai augmenté la cadence des convois pour vider les gigantesques entrepôts. Comme les chauffeurs étaient très souvent des Kurdes irakiens, ils profitaient de ces traversées pour disparaître avec leur camion après déchargement au Kurdistan. Jamais ils ne se sont tirés avec les médicaments. Ensuite, ils allaient vendre les véhicules en Iran. De là, ils revenaient en Irak via le Sud chiite. Pour recommencer le manège. C'était assez chiant de perdre ainsi un ou deux camions à chaque voyage.

D'autant plus que ça énervait les soldats des check-points de me voir revenir chaque fois avec des véhicules en moins. À ce rythme, j'allais finir par vider le pays entier de ses camions.

Un jour, j'ai décidé d'organiser un gros convoi, avec une douzaine de camions. Dès le premier barrage, le commandant m'a fait le coup habituel. Il a placé un bidon près du réservoir d'un camion et l'a vidé. Il ne m'a laissé qu'une vingtaine de litres pour que je me rende à destination. Il ne voulait pas, disait-il, que je vende les surplus au marché noir.

Quelques check-points plus loin, un autre arrêt au cours duquel le commandant, que je connaissais pourtant, m'a paru plus pointilleux que d'habitude. Normalement, il prenait la feuille de route, s'assurait que les noms des chauffeurs correspondaient aux cartes d'identité en leur possession et me laissait ensuite passer. Il avait sa tête des mauvais jours. Parvenu au troisième camion, il s'est mis à couiner quelque chose en arabe. L'assistant du chauffeur a accouru. Dans chaque camion, il y avait un chauffeur et un assistant.

Je me rappelle encore ses yeux. C'était un homme dans la quarantaine, au visage buriné par des années de dur labeur et aux cheveux poivre et sel. Je ne comprenais pas ce qui se passait, mais au regard terrifié de l'assistant, je me suis dit que quelque chose clochait. Le commandant lui a parlé pendant quelques minutes en arabe.

Puis, tout s'est passé trop vite. Je n'ai pas vu le début du geste. J'ai juste aperçu le bras du commandant tendu dans les airs. Au bout, dans sa main, un objet noir que j'ai reconnu. Un pistolet, un Makarov. Et le bruit a été assourdissant. J'ai vu la tête de l'assistant reculer sous l'impact de la balle tirée à bout portant. Il s'est écroulé entre moi et le camion. Quelques secondes d'agonie, le sang qui se vidait par à-coups.

Tout s'est brouillé dans ma tête. Assommé, j'étais. Mes oreilles bourdonnaient. L'odeur de la poudre me piquait le nez. Le sang n'atteignait plus mon cerveau, je ne pouvais plus réfléchir. J'étais sûr d'être le prochain. Je n'avais même pas peur. Seulement, je trouvais cette fin absurde et injuste pour mes chauffeurs.

Le commandant s'est retourné vers moi, le pistolet encore dans les mains, et m'a souri. Il a remis les papiers au chauffeur qui était plus blanc que neige. Puis il a recommencé à me parler sur un ton badin en se dirigeant vers le camion suivant :

— Je vous jure, Mister Marc, j'aimerais bien venir un jour au Canada !

J'ai enjambé le corps de l'assistant, qui avait cessé de tressauter, et j'ai suivi le militaire, le cerveau toujours creux, les jambes insensibles. Le commandant parlait sans cesse. Il me disait qu'il avait un cousin à Toronto et qu'un jour il voudrait que je l'aide à aller lui rendre visite. « *Toronto is very beautiful. Canada is very beautiful. Niagara is very beautiful.* Mon frère est un crack de ping-pong, il pourrait devenir une star au Canada ! »

Il a contrôlé tous les camions, puis nous avons remonté la colonne dans l'autre sens. Camion 7, 6, 5… Au troisième, le corps de l'assistant toujours couché par terre. Nous l'avons de nouveau enjambé. Deux, 1. « *Have a good day, Mister Marc !* »

Le bruit des moteurs est venu rompre l'assourdissant silence qui s'était installé depuis le coup de feu. J'ai regardé les mains de Clément, mon chauffeur soudanais, agrippées sur le volant, et j'ai vu que ses jointures étaient blanches. Et quand je me suis assis à côté de lui, mes jambes se sont mises à trembler et ont refusé tout effort supplémentaire. Je sentais en même temps que, si je ne me faisais pas violence, j'allais pisser là, tout de suite, dans mon froc.

Cette scène me hantera encore des années. J'ai connu par la suite bien des théâtres de conflits, mais cet incident-là ne m'est jamais sorti de la tête. Je n'ai jamais compris pourquoi il avait fait cela.

J'étais le patron du convoi, je ne pouvais m'empêcher de culpabiliser. Je n'avais jamais vu cet homme auparavant, car chauffeurs et assistants m'étaient fournis par les compagnies qui me louaient les camions. Bien entendu, avant de démarrer, je serrais la main à tout le monde, mais je ne retenais jamais ni les noms ni les visages. Ils remettaient leur sécurité entre mes mains. J'étais le chef, ils me faisaient confiance.

Quand le convoi s'est remis en branle, j'ai vu dans le rétroviseur le corps du mec encore couché sur ce bout de terre pourri par le fioul. Les militaires irakiens tiraient des rafales en l'air en guise de salut. J'avais une furieuse envie de pleurer. Mais j'étais le chef de l'équipée, je ne pouvais pas me le permettre.

Nous avons traversé le no man's land sans nous arrêter. Puis, en territoire kurde, nous avons encore et encore roulé. Comme si les roues qui tournaient et les camions qui faisaient un bruit infernal allaient nous empêcher de penser. J'ai décidé de stopper le convoi au bord de la route. Tout le monde est descendu, et j'ai vu vingt-deux mains se tendre vers moi. Ils me remerciaient ; pour eux, il ne s'agissait plus d'en avoir perdu un, mais plutôt d'en avoir sauvé vingt-deux. Savaient-ils alors pourquoi le mec avait buté cet homme et épargné le reste du groupe ? Ils ne me le diront jamais. Je ne sais pas non plus ce que j'ai fait pour empêcher le carnage. Je me rappelais uniquement la sensation de flotter hors de mon corps quand la détonation avait retenti. Je me souviens de m'être demandé s'il n'aurait pas plutôt fallu que je me jette à terre et que j'implore le commandant. Je ne pouvais pas me mettre à courir. Je ne pouvais rien faire d'autre que le suivre comme un automate. Cela avait passé pour du sang-froid, mais c'était juste un corps vidé qui suivait le commandant. J'avais perdu un homme. Un homme qui avait cru en moi. J'avais perdu un homme. Innocent. J'avais perdu un homme sous mes yeux. Je me le répétais en ingurgitant une kyrielle de bouteilles de bière à Sulaymaniyah. J'avais perdu un homme, pensais-je encore le lendemain en essayant de rassembler les camions pour le retour à Bagdad. Personne n'a accepté de revenir, sauf Clément.

Je ne leur en ai pas voulu. Nous sommes donc rentrés seuls par le même chemin. Le commandant n'a même pas levé la tête quand nous sommes passés. Il avait gagné, le salaud. Et j'avais perdu un homme.

À l'époque, la notion de stress post-traumatique n'était pas encore bien connue ou prise au sérieux par les dirigeants des organisations humanitaires. Le principe de survie dans ce milieu consistait à rester fort, à tenir, et surtout à ne pas montrer de signes de faiblesse. De l'incident du check-point, je n'ai presque pas parlé.

Cette mission en Irak n'a jamais cessé d'être surprenante. Un mois après le rapatriement de Laurent, je me rappelle avoir été dans le Nord, à Diana, pour une série de rencontres.

Le matin, au réveil, il y avait près de cinq centimètres de neige. Mon chauffeur, qui n'en avait jamais vu, était saisi d'étonnement. Je l'avais envoyé mettre des chaînes aux roues de la voiture. Vingt minutes plus tard, comme je ne le voyais pas revenir, j'étais allé le chercher. Il ne savait pas comment s'y prendre. Il n'avait jamais roulé sur la glace. Je lui avais offert de prendre le volant à sa place. Et ce qui devait arriver arriva. Une plaque de glace, la voiture était partie en toupie, et je m'étais retrouvé en contrebas de la falaise au terme de deux ou trois tonneaux. Heureusement, personne n'était blessé. Mais le temps de retourner la voiture et de la ramener sur la route, nous étions quittes pour une hypothermie. À Soulaymaniah, ils avaient dû nous administrer des tranquillisants. Les manuels de conduite automobile en Irak que j'avais lus omettaient de parler de la neige dans les montagnes du Kurdistan.

Des bêtises, j'en ai fait bien d'autres au cours de cette mission en Irak. Une d'entre elles devrait être répertoriée dans la série des bêtises à la Marc Vachon de Montréal. Un truc à ne conseiller à personne.

Un soir, j'étais à Rania, encore au Kurdistan, en train de partager une bière avec Ralf, l'Allemand qui dirigeait Medico international. Ralf était un géant, plus de 1 mètre 95 pour 110 kilos. Depuis des mois que je travaillais avec lui, nous avions appris à nous apprécier et il m'impressionnait avec ses méthodes. Il se baladait toujours avec un pistolet 9 mm glissé dans sa ceinture. Rien à voir avec nous, les gentils de MSF. Il me disait qu'il attendait depuis des jours une livraison de riz pour les Kurdes, mais qu'elle était bloquée de l'autre côté, en Turquie. La frontière turque était fermée.

Ralf m'a présenté un logisticien allemand vachement anti-pathique et lui a vanté les prouesses que je réalisais en traversant les lignes de Saddam Hussein. L'autre l'a mal pris.

— Je suis un pro. Je n'ai besoin de personne pour me dire comment travailler !

Il ne répondait pas en anglais, pour faire comprendre qu'il ne s'adressait pas à moi. Il a piqué mon orgueil, et je me suis promis de le lui faire payer.

À ce moment, j'ai eu un appel radio.

— Marc, ici Geneviève, nous avons un problème.

— J'écoute.

— Les Belges ont envoyé deux camions remorques conte-nant 80 mètres cubes de médicaments il y a deux jours et ils arrivent par la frontière irako-turque.

— Mais pourquoi ? Ils sont belges ou quoi ? (Elle n'a pas ri.) Ne savent-ils pas que la frontière est fermée ?

— Je leur ai dit, mais ils n'ont pas compris. C'est trop tard pour les rappeler. Débrouille-toi pour aller les chercher.

— Geneviève, c'est impossible. Tu sais très bien que tout est fermé. Même la Croix-Rouge ne passe plus.

— À chacun son problème, Marc. J'attends les camions le plus vite possible.

Le logisticien allemand ricanait et assurait que c'était peine perdue.

J'ai décidé de me rendre dès le lendemain matin à Zacko, en partie pour prouver à ce mangeur de choucroute que j'étais le Marc à qui rien ne résistait.

Plus j'approchais de la frontière, moins je trouvais de stra-tagèmes pour la franchir.

Puis, peu à peu, quelque chose de complètement débile a commencé à germer dans ma tête. Et quand Zacko est apparu à l'horizon, il était environ midi, j'ai dit à Clément, mon chauffeur : « Si je ne suis pas revenu vers 18 heures, ne m'attends pas. Repars à Sulaymaniyah et dis à Bagdad par radio que ça va très mal pour moi en Turquie ! »

Le Soudanais a compris et s'est mis à bégayer :

— *Boss, boss, don't do that ! Mushkila, Mushkila, Marc !*

Mushkila, ça veut dire « problèmes ». Mais je me sentais étrangement calme. La sérénité de celui qui n'a rien à perdre.

Clément a arrêté la voiture au poste-frontière irakien, désert, et a coupé le moteur. Il est descendu et m'a laissé seul dans la voiture. J'ai enfilé une blouse de médecin MSF, j'ai glissé un thermomètre dans ma poche, je me suis enroulé un stéthoscope autour du cou, j'ai ajusté mes lunettes de soleil et j'ai roulé vers la frontière turque. Une petite cloche tintait dans ma tête, me criant que j'étais devenu fou. Je faisais celui qui ne l'entendait pas.

Le poste-frontière turc était une cabane en ciment avec une fenêtre donnant sur les barrières. Il y avait un officier turc à la fenêtre. Il devait avoir dans la quarantaine. Taille moyenne, légèrement grassouillet, une bonne bedaine rebondie. Il avait sa casquette vissée sur la tête.

J'ai garé la voiture et me suis avancé vers le guichet. Le bonhomme plissait les yeux, prêt à me renvoyer illico vers l'Irak. À deux mètres, je me suis arrêté, la lippe pendante et le regard figé comme s'il avait été bleu. J'ai étouffé un cri d'étonnement et son regard m'a laissé comprendre que je l'intriguais.

Bien, la phase d'approche était réussie. Il a commencé à se regarder, à scruter sa bedaine, puis de nouveau moi, encore sa bedaine et ses flancs. Le manège a duré une bonne minute. J'ai sorti de ma poche ma carte MSF et mon passeport, je les ai déposés sur son comptoir du bout des doigts et j'ai aussitôt reculé de deux mètres. Il a jeté un regard rapide sur mes papiers, puis m'a demandé en anglais :

— *Mister, what's problem, Mister ?*

— Rien, rien. Ça va !

— Mais alors pourquoi vous éloignez-vous de moi ?

— *Well,* ce n'est vraiment pas important. Remettez-moi mon passeport, je rentre au Canada, je suis trop épuisé.

— *Mister, no, tell me. What's wrong ?*

J'ai sorti ma carte de travail irakienne sur laquelle j'étais inscrit comme médecin. Il a considéré le carton, a regardé la voiture de MSF ; bien, je faisais illusion.

— *What's the problem, mister ?*

— Bon, je ne suis pas sûr. Je crois que vous avez une maladie. Mais je préfère ne rien dire, car je ne peux rien faire pour les gens comme vous. Je ne peux rien pour personne, d'ailleurs. Je n'ai plus de médicaments, je quitte le pays, je quitte la Turquie, je retourne chez moi au Canada et je vous souhaite à tous bonne chance.

— Doktorrr, doktoor, dites-moi, c'est quoi cette maladie ?

— *Please,* quel est votre nom ?

— Je suis le capitaine Mamahmut (ou quelque chose du genre).

— Capitaine, accordez-moi une minute, je vous reviens.

Je suis retourné à la voiture prendre la trousse d'urgence de MSF. À ce moment, je pouvais encore arrêter mon délire, remonter dans la voiture et rentrer au Kurdistan. Je le pouvais et je le devais. Mais quand je suis envahi par ce grain de folie, rien ne peut plus me retenir.

Je suis revenu dans la cabine, j'ai contourné le guichet et j'ai commencé par prendre la tension du capitaine. Je lui ai ensuite glissé un bâton dans la bouche pour voir sa langue et ses amygdales. Je lui ai ausculté les oreilles. Retour à la bouche. Examen des articulations. Puis, le grand test :

— Est-ce que vous urinez normalement ?

— Oui.

— Quand vous mangez, avez-vous toujours le même appétit ?

— Oui.

— Tout porte à croire que vous aurez la maladie. Mais attendez une seconde.

Je fais semblant de consulter le guide de MSF pour les initiés. Quelques secondes plus tard, je confirme le diagnostic.

— Je pense que vous l'avez. Mais vous n'êtes pas encore en phase terminale. Vous auriez une petite chance de vous en sortir.

— *Thank you, doktorr.*

Du coup, il se sentait malade. J'ai pris une feuille avec l'entête de MSF et je l'ai datée.

Dear Doctor Abdallah,

Je vous recommande mon ami le capitaine Mamahmut qui m'a été d'une précieuse aide quand je sortais d'Irak. Je crois qu'il a contracté la fameuse maladie. Faites tout ce qui est en votre pouvoir pour lui donner un coup de main. J'espère vous revoir l'année prochaine.

Vous me manquez, cher ami.

Avec toute ma reconnaissance,

Docteur Marc Vachon, MPP, STT, LTLT.

J'étais allé trop loin, je ne pouvais plus reculer. J'ai enfoncé le clou :

— Capitaine, cette maladie vous fera perdre vos deux testicules. L'épidémie provient d'Afghanistan...

Un gros crachat par terre, car il faut cracher quand on parle de l'Afghanistan à un Turc.

— Les Afghans (re-crachat) l'ont attrapée en abusant

d'opium et autres drogues. Ils l'ont ensuite exportée en Iran (un gros crachat pour l'Iran) dans leur fuite pendant la guerre contre les Soviets. Et, de là, ils sont entrés en Irak. À part les testicules, rien d'autre ne vous arrivera.

Mais pour un Turc, les testicules, c'était le plus fâcheux. J'étais conscient de mon effet. Je lui ai donné le coup de grâce :

— Vos couilles commencent par rapetisser jusqu'à ce qu'elles aient la taille d'un haricot. Ensuite, elles s'assèchent. Et un jour, elles tombent. Les gens qui vous regarderont ne vous trouveront rien d'anormal en apparence. Mais j'espère que vous avez des enfants, car désormais il ne vous reste plus aucun espoir d'en faire.

L'expérience du Malawi et les quelques mois passés en Irak me donnaient assez confiance pour m'enhardir à ce jeu ; mais cela pouvait très mal finir.

— Je vous ai écrit une lettre pour mon copain le Docteur Abdallah qui est au Centre hospitalier de l'Université d'Istanbul. Si vous y allez à temps, il vous aidera…

Je ne savais même pas s'il y avait une faculté de médecine à l'Université d'Istanbul. Ma comédie aurait tourné court. Le commandant aurait pu décrocher le téléphone et vérifier auprès du premier médecin venu. Mais je n'y pensais pas trop. Je ne parvenais tout simplement plus à arrêter le flot de paroles qui sortait de ma bouche.

L'officier turc a mordu à l'hameçon et m'a répondu, des larmes dans la voix :

— Je n'aurai jamais de permission pour aller à Istanbul…

— Dans ce cas, je ne peux rien pour vous. C'est pour cela que je quitte l'Irak, j'en ai marre de ne plus pouvoir soigner les gens. Juste parce que vous retenez nos camions bourrés de médicaments dans la ville d'à côté.

— Un moment, a-t-il rugi.

Il a sauté sur le téléphone. Il a éructé dans l'appareil pendant dix bonnes minutes avant de raccrocher.

Quelques instants plus tard, j'ai vu arriver une voiture blindée et deux jeeps de la glorieuse armée turque. Nous sommes partis en convoi à Batman, la ville frontalière. Près de trois cents camions étaient parqués là. Il m'a fallu une bonne demi-heure pour retrouver les deux qui appartenaient à MSF.

Le capitaine a fait dégager la voie et nous avons ramené les deux monstres au poste-frontière.

Et là, je me suis rendu compte que j'avais tout prévu sauf que le gag fonctionne. Que fallait-il faire maintenant ? Je suis resté une dizaine de minutes dans le premier camion à farfouiller. Je suis tombé sur des capsules de H_2O, de l'eau. Je me souvenais comment Geneviève m'avait appris à donner des vaccins. Il suffisait de faire une croix en haut à gauche sur la fesse et de taper juste.

J'ai préparé une injection d'eau puis suis revenu dans la cabine du capitaine. J'ai pris le ton d'un médecin consciencieux.

— Capitaine, n'est-ce pas que l'alcool brûle quand vous en mettez sur une plaie ouverte ?

— Certainement.

— La brûlure signifie que le médicament agit. L'antibiotique que je vais vous injecter produira le même effet. Vous sentirez une forte douleur vous traverser. L'intensité de cette douleur sera l'indicateur de votre niveau de contamination. Le médicament agira directement sur vos testicules. Et vous m'en direz des nouvelles dans quelques jours.

Le capitaine ne s'est pas fait prier pour tomber le pantalon et me tendre sa grosse fesse gauche. J'ai enfoncé l'aiguille d'un coup. Puis je lui ai injecté 10 cc d'eau.

Le capitaine s'est tourné vers moi, les yeux remplis de

larmes. Il n'essayait même pas de garder un semblant de fierté. J'ai retiré mes gants et je lui ai dit de s'asseoir. J'imaginais la douleur qui lui parcourait le corps.

— Capitaine, qu'est-ce que je fais de mes camions maintenant ?

— Apportez-moi les papiers, je vous arrange ça.

Sa voix était à peine audible. Son visage rouge. Il a tamponné tous les documents. Il m'a dit au revoir.

Je suis parti en lui promettant de revenir bientôt prendre de ses nouvelles. J'ai retrouvé Clément au poste irakien. Son regard exprimait un drôle de mélange d'incrédulité et d'effroi.

J'ai été accueilli en héros à Bagdad. Geneviève a fait quelque chose qui ne lui ressemblait pas : malgré son tailleur strict, elle est montée à l'arrière de ma Harley. Derrière nous, les deux camions. Nous avons fait le tour des Nations unies, de l'UNICEF, et de toutes les ONG, paradant avec nos camions, symboles d'une brèche dans l'embargo.

Deux jours plus tard, il fallait ramener les camions en Turquie. Le jeu devenait encore plus dangereux. Je ne pouvais pas laisser les chauffeurs partir seuls.

Au poste frontière turc, il n'y avait âme qui vive. Juste mon capitaine encore assis derrière son comptoir. Mais, dans la pénombre, je ne voyais pas encore l'expression de son visage. Puis, il s'est écrié :

— *Mister Marrrk. Doktoorrr Mark. My brother. My friend… Come, come.* Venez !

J'avais l'impression que tout allait bien. En deux temps trois mouvements, il avait tamponné les papiers pour laisser rentrer les camions.

— *Mister Mark. My best friend.* Vous m'avez sauvé la vie… Un moment.

Il a décroché le téléphone et a lancé des ordres en turc.

Mon sang n'a fait qu'un tour et j'ai cru comprendre le topo : « Ça y est, le mec se moque de moi. Il vient d'appeler la garde. Le peloton d'exécution est en train d'armer les fusils. J'ai eu tort de sous-estimer son intelligence. Je vais payer pour mon orgueil. »

Là, j'étais véritablement saisi de panique. C'était une version absurde de *Midnight Express* qui jouait, et j'étais l'acteur dans la moins confortable des positions. Je m'accrochais au mince espoir que ma carte MSF et ma citoyenneté canadienne feraient en sorte que je sois passible d'une simple expulsion, précédée peut-être de quelques jours d'emprisonnement. C'était le scénario le plus optimiste. Le pire, c'était que le capitaine ait de son côté un accès d'orgueil et se fasse lui-même justice.

Rien de tout cela ne s'est produit.

J'ai vu au loin arriver une jeep. En sont descendus deux militaires suivis d'une femme, l'épouse turque typique dotée de bons jarrets, témoins qu'elle ne souffrait pas de malnutrition. Le foulard sur la tête. Elle est entrée dans le poste.

D'un geste de la main, le capitaine lui a intimé de s'asseoir. Elle s'est exécutée. L'officier est revenu vers moi.

— *Mister Mark. I am okay now. Very okay.* Tout est bon. Demandez à ma femme…

Il a ordonné à la femme de me le confirmer. La pauvre, elle était morte de honte et me regardait avec un sourire qui voulait dire : « Il performe magnifiquement au lit, *Al Hamdulla* ! »

Par conscience professionnelle, j'ai tout de même insisté pour l'évaluer de nouveau ainsi que, tant qu'à faire, les deux gardes qui avaient amené sa femme. Résultat : ils étaient tous en parfaite santé.

— *Mister Mark,* je vous serai toujours reconnaissant pour ce que vous avez fait. Demandez-moi tout ce que vous voudrez, je ferai tout ce qui est en mon pouvoir. Vous avez sauvé mon mariage. Dis-lui, ma femme, qu'il a sauvé notre mariage !

— Justement, j'avais un service à vous demander. J'ai un ami qui a une dizaine de camions de riz retenus à Batman. C'est un Allemand qui, ô hasard, a souffert lui aussi de la maladie. Lui rapporter ses camions, ce serait lui mettre un baume sur le cœur…

— Allez-y, vous pouvez les récupérer.

Une voiture militaire m'a accompagné dans le village turc. Nous avons rassemblé les onze camions de Medico International et je les ai ramenés à Rania.

L'entrée dans le compound de Medico à Rania n'est pas passée inaperçue. Clément, mon chauffeur, prenait un malin plaisir à faire voler le gravier sous les pneus.

Ralf est sorti voir. Je lui ai montré ses onze camions. Le lendemain, le logisticien était renvoyé en Allemagne.

10

Rencontre sur un toit
à Sulaymaniyah

Je n'aurai pas connu tant d'Irakiens que ça. Il y a bien eu ce vieux
mécanicien de MSF qui, comme tous les bricoleurs du monde,
avait un sens de l'humour corrosif. Je me souviens bien entendu
de tous les gardes des check-points qui ont fini par m'être sympathiques, même les plus méchants. À chaque passage, je leur
distribuais une vingtaine de journaux. Ça créait des liens. Peu à
peu, je suis devenu le facteur de ces messieurs auprès de leurs
familles restées à Bagdad.

Une fois, j'ai même ramené un garçon à Geneviève, le fils
d'un commandant. Il avait un gros abcès à la main. Geneviève
l'a opéré et soigné jusqu'à ce que nous soyons sûrs que la plaie
ne s'infecterait pas. Le garçon et l'oncle qui l'accompagnait sont
restés deux jours à l'hôtel. Je l'ai reconduit chez son père, et
Geneviève est allée lui changer ses pansements quelques jours
plus tard. Les Irakiens n'en revenaient pas qu'un médecin français se tape cent quatre-vingt kilomètres pour aller soigner

un seul malade. Nous n'avons plus jamais été embêtés sur cette route-là.

Le peuple irakien avait appris à vivre sous une dictature. Le parti Baas et les services de renseignements qui imposaient la terreur dans le pays avaient l'œil sur tout. Les Irakiens ne discutaient plus politique avec personne.

Combien de fois me suis-je rendu à notre bureau de Bassorah sans jamais entendre parler du massacre des Chiites que Saddam était en train de perpétrer ? Personne n'en soufflait mot. On ne nous faisait pas assez confiance, à nous comme à quiconque d'ailleurs. Ce n'est que des mois plus tard que le monde a enfin su. Le monde ordinaire ; les dirigeants, eux, faisaient depuis longtemps mine d'ignorer ce qui se passait pour ne pas avoir à intervenir.

Aucun des Irakiens ou des chauffeurs soudanais ne voulait parler ouvertement, nous en étions quittes pour entendre répéter à longueur de journée dans un mauvais anglais : « *Saddam Hussein is the big man of this country...* » Walid, l'Irakien de notre bureau, était plus ouvert, mais même avec lui, nous ne franchissions guère la ligne rouge de la politique. C'était un ancien héros de l'armée de l'air irakienne. Il avait par deux fois frôlé la mort et s'en était miraculeusement sorti. On l'avait alors affecté à Bagdad, au service d'entretien de l'avion personnel du dictateur-président. Il avait accompagné le raïs en Chine, en Libye et dans bien d'autres pays.

L'ordre de fermeture du bureau de Bagdad est arrivé. Cela signifiait également la fin de notre présence à Bassorah. Je devais organiser l'évacuation de nos sept expatriés. Paris avait un temps pensé me laisser continuer à bosser sans visa. Jusqu'à ce qu'on m'arrête et qu'on m'expulse. Trop risqué. Une campagne médiatique et diplomatique pour exiger de l'Irak qu'il reconsidère sa politique de refus de visas aux humanitaires ? L'histoire récente avait montré que Saddam Hussein se fichait royalement des pressions internationales.

On n'y pouvait donc rien, il fallait partir.

J'avais encore des tonnes de matériel dans les entrepôts. J'ai dû louer plus d'une trentaine de camions pour en rapporter le plus possible au Kurdistan. Pour le reste, Geneviève m'a fait une liste d'organismes publics et privés à qui j'allais le distribuer à Bagdad : les couvents de religieuses, les groupes protestants, l'assistance sociale, etc. Il nous restait encore beaucoup de nourriture enrichie ; nous l'avons livrée aux hôpitaux pédiatriques.

Dans un des camions qui rapportaient des médicaments au Kurdistan, j'ai glissé ma Harley-Davidson. Ça m'aurait fait chier de la laisser à Bagdad.

La fermeture de Bassorah s'est déroulée rapidement, presque sans pincement au cœur, car de toute évidence la malnutrition commençait à être jugulée dans la région. En distribuant des quantités importantes de produits alimentaires aux hôpitaux pédiatriques, nous étions convaincus qu'ils achèveraient le boulot.

Les deux expatriés de Bassorah ont très vite fait leurs valises et sont remontés avec moi à Bagdad, comme s'ils se rendaient à la réunion mensuelle.

À l'époque, nous ne comprenions pas pourquoi Saddam Hussein tenait tant à se défaire des humanitaires. Alors que nous lui rendions service en soignant son peuple et en lui évitant des soulèvements. Une fois de plus, ce n'est que plus tard que nous avons compris que, pour accomplir sa sale besogne dans le Sud, il ne voulait pas avoir de témoins de la communauté occidentale.

Pour un humanitaire, rien n'est aussi déchirant que la fermeture d'une mission. Le départ. La mise au chômage du staff local. C'est dur. Mais, en Irak, je ne me suis pas fait prier. J'étais épuisé. J'en avais assez vu. Je ne parvenais plus à faire le vide. Je voyais trop d'armes et trop de violence gratuite. J'étais de plus en plus à cran. Il fallait partir.

Nous avons évacué les papiers confidentiels de l'organisation dans de grosses malles bleues pour les emporter vers les entrepôts, où nous avons commencé à les brûler, page par page. Nous voulions bien faire les choses, pour que les employés locaux que nous laissions derrière n'aient pas d'ennuis après notre départ.

Le dernier jour, j'ai organisé la sortie des convois par différentes issues. Geneviève dans le premier, Éric dans un autre, et moi à bord de la voiture qui ramenait le gros matériel : le téléphone satellite, la radio, etc. Tout ce qui était sensible. Tout ce que les Irakiens étaient susceptibles de nous empêcher d'emporter ; surtout si c'était pour que nous le remettions aux « sauvages » de Kurdes.

Les six mois de fréquentation et les liens de confiance que j'avais patiemment tissés sur les check-points ont servi. J'ai emprunté la route que je pensais la plus sûre.

Je suis arrivé bon dernier, mais avec l'équipement complet. À Sulaymaniyah, toute l'équipe de MSF m'attendait devant les bureaux et m'a fait une haie d'honneur. Ce fut ma minute de gloire. On ne s'y fait jamais : les applaudissements, les filles qui vous embrassent, les mains qui se tendent, les tapes dans le dos. J'étais fier de moi.

Je grimpais les marches du bureau de MSF. En haut, il y avait un homme que je n'avais jamais vu auparavant. Il me regardait me pavaner en tirant doucement sur sa pipe. De taille imposante, il paraissait la quarantaine.

Il m'a tendu la main.

— Salut, je m'appelle Jean-Christophe.

— Bonjour, moi, c'est Marc Vachon.

— Comme ça, c'est toi le logisticien qui a organisé cette évacuation ?

— Oui !

— Bravo, bon boulot. Par contre, il est 11 heures 20 et à midi je dois accorder une entrevue à Radio France Internationale. Monte-moi le satellite.

Vlan. Il venait de casser ma fête. Aucun respect pour mon bain de foule. Son ordre m'a vraiment pris au dépourvu. Ce n'était pas une façon de parler à un héros. Ce devait être le moment de la ripaille et des réjouissances. Pas de retourner au boulot.

Mais c'était tellement bien dit — « Tu as fait un bon boulot, merci, mais maintenant monte-moi cette putain de radio » — qu'il m'a cloué le bec. Je n'ai pu que balbutier quelque chose d'inaudible et je suis retourné à la voiture en bougonnant : « Cet enculé de merde, pour qui il se prend ! »

Sur le toit de la maison MSF, j'ai déployé l'antenne parabolique sans cesser de maugréer entre mes dents. J'avais envie de lui en coller une, à ce journaliste à la con qui me prenait ainsi de haut. J'ai testé le lien :

— Allô Paris, ici Sulaymaniyah. Bagdad est fermée. Dans cinq minutes, vous allez recevoir un appel d'un certain Jean-Christophe. Ciao !

Parlant du diable, justement, le Jean-Christophe est revenu me voir. Toujours avec sa pipe et une feuille sur laquelle il avait griffonné les grandes lignes de son allocution à la radio. Il a voulu engager la conversation, mais je n'étais plus d'humeur.

— Puis, comment ça s'est passé en gros ?

— Bien !

— Pas de problèmes ?

— Pfft.

— Et si tu devais recommencer, ferais-tu les choses autrement ?

— Qu'est-ce que tu veux dire ?

— On se calme, c'était juste une question.

Le téléphone est venu interrompre cette conversation mal engagée. Je suis redescendu dans la cuisine rejoindre le reste de l'équipe qui avait débouché des bières et qui écoutait en direct RFI. Je suis arrivé à temps pour entendre le début de l'entrevue : « Docteur Jean-Christophe Rufin, vice-président de Médecins sans frontières, vous nous appelez en direct de Sulaymaniyah en Irak… »

Merde, c'était le vice-président. Et aucun de ces connards n'avait cru bon de me le dire. J'étais impressionné, moi qui n'avais jamais rencontré de vice-président de rien du tout, encore moins d'une organisation internationale. Je l'ai écouté plus attentivement quand il a expliqué que MSF venait de fermer ses bureaux de Bagdad et de Bassorah, d'abord pour des raisons de sécurité et ensuite pour des raisons politiques. Il m'est devenu sympa quand il a dit : « Les opérations de fermeture des bureaux sont toujours dangereuses, mais notre coordination logistique de Bagdad a mené ce dossier de main de maître… »

Il n'a pas eu besoin de prononcer mon nom, il venait de me donner la plus belle poignée de main qui soit. En direct sur RFI.

Quand il est venu nous retrouver dans la cuisine, il a dû remarquer que ma voix s'était faite plus aimable.

Parmi notre personnel local, chacun a connu un destin intéressant. La secrétaire d'origine libanaise nous a assuré qu'elle se sentait en sécurité avec son mari et qu'elle n'avait pas l'intention de partir. Les Soudanais, eux, vivaient en clans et ils n'auraient pas de difficulté à se trouver de nouveaux postes de chauffeurs. Le mécanicien m'a rassuré en me disant que personne n'oserait s'en prendre à un vieux comme lui. Le premier enfant de Walid est né juste à ce moment-là. Il s'inquiétait pour la sécurité de sa femme et de son fils. Les déclarations de Jean-Christophe auraient pu lui causer des ennuis. Mais il était déjà en Jordanie avec sa petite famille. MSF lui avait remis un document officiel selon lequel son bébé avait besoin d'un traitement médical d'urgence à Amman. Geneviève Begkoyian l'a recommandé à l'un de ses amis qui bossait au Haut-Commissariat aux réfugiés. C'est ainsi que Walid et sa famille ont pu émigrer en Australie. Quant à mon chauffeur, Clément, il m'a suivi avec sa valise dans le Nord. Il ne savait pas quoi faire de ses vingt-huit ans. Il est resté au service de MSF au Kurdistan.

Nous avons commencé à redéployer nos activités au Kurdistan. Nous avons enterré en différents endroits des containers remplis de médicaments. Ce geste était le fruit d'une longue étude géopolitique et géostratégique. On se disait que Saddam Hussein n'allait pas accepter que le Kurdistan continue à lui tenir tête et que, très bientôt, les hostilités reprendraient. Les frontières turques et iraniennes étant minées, la population ne pourrait fuir dans cette direction, mais allait plutôt se rabattre vers les montagnes du nord de l'Irak ou d'autres poches de résistance. Il fallait donc garder les médicaments et les outils qui nous permettraient de mettre rapidement sur pied des unités d'intervention dans le périmètre. Rien n'a été négligé.

J'avais accepté de rester avec tout le monde au Kurdistan. Mais, un matin au réveil, j'ai craqué. Là soudain, j'étais submergé par des flashes-back de ma mission. Je me trouvais à Sulaymaniyah, entouré de montagnes paisibles en apparence, mais je savais que rien n'était normal dans ce pays de tous les malheurs. Bagdad n'était pas contente de la façon dont se déroulaient les événements, et moi je ne faisais pas confiance aux Kurdes. Je savais aussi qu'il y avait plein d'espions de Saddam dans les parages. Je n'étais pas tranquille en marchant dans la rue. Je ne me sentais rassuré nulle part. À Bagdad, avec mon stress permanent, des antennes avaient fini par me pousser pour détecter les agents de renseignements. Mais, à Sulaymaniyah, tous les Peshmergas se ressemblaient. Parce que nous avions bossé à Bagdad, les gens du Nord se méfiaient de nous. Même ceux de MSF. Quand j'arrivais, les conversations s'arrêtaient brusquement, ou on changeait maladroitement de sujet. Je ne pensais pas mériter ce traitement.

J'avais froid, au propre comme au figuré. Bagdad était une ville où il y avait des spectacles, des concerts de musique classique. Et Sulaymaniyah, un bled paumé. Le zoo, le vieux marché de Bagdad, c'était beau, c'était riche. Je me sentais moins libre ici. De toute façon, le gros du boulot était accompli. Et il n'y avait pas de place pour deux logisticiens à Sulaymaniyah.

Lorsque j'avais mis Laurent à la porte, le véhicule qu'il avait accidenté avait été déclaré perte totale par MSF. Mais je ne l'avais pas envoyé à la casse.

Un jour à Bagdad, j'étais dans un restaurant avec Walid quand j'ai vu un pick-up semblable garé devant. Il était beau, presque neuf. Walid a engagé la conversation avec le propriétaire, qui nous a appris que la Garde républicaine en avait reçu une quarantaine. J'ai dit à Walid de lui demander combien coûtait un camion comme ça. Les deux mecs ont tenu conciliabule et ont promis de se renseigner.

Deux jours plus tard, ils m'ont appris par l'entremise de Walid que je pourrais acheter un des pick-ups pour 2 500 dollars. Je n'en revenais pas.

— Comment ça se fait que l'on puisse acheter 2 500 dollars une Toyota neuve aux couleurs de la Garde républicaine ?

— C'est simple, m'avait expliqué Walid, le chauffeur te remet les clefs et te laisse quarante-huit heures pour changer les marques d'identification. Après cela, il fait une déclaration de perte.

Immanquablement, devant un *deal* juteux, l'ancien Marc Vachon se réveillait. J'avais acheté la voiture à l'armée irakienne, sans l'aval de Paris. J'avais simplement dit au siège que j'avais eu besoin de 2 500 dollars pour acheter des pièces détachées. J'ai ramené l'auto à l'entrepôt, je l'ai repeinte en blanc, j'y ai mis le moteur et la transmission de la voiture que Laurent avait accidentée et j'ai balancé dans le désert les pièces de la voiture irakienne. Je venais de doter MSF d'une voiture neuve, aux frais et à la barbe de Saddam Hussein. Ensuite, ça n'a été qu'un jeu d'enfant de ressusciter la plaque de la voiture de Laurent que l'on avait déclarée morte. Le mec qui m'avait vendu la Harley m'avait également prêté sa carte d'identité pour que je fasse immatriculer la moto. Comme en Irak on avait le droit de choisir son numéro de plaque, j'avais opté pour FSH91 : Fuck Saddam Hussein 91.

C'est ainsi que, quand j'ai quitté le Kurdistan, j'avais avec moi non seulement la Harley, mais aussi une Toyota volée à l'armée irakienne. J'ai embarqué la Harley dans la Toyota, ainsi que deux tapis de Geneviève et quelques babioles de collègues, puis je me suis mis en route. Étrange équipée : une moto volée au Koweït, une voiture piquée à l'armée irakienne, des tapis turcs, des souvenirs d'Iran et d'Irak, et j'allais vers l'Europe, en direction de Paris.

Tout a été trop facile : je suis entré en Turquie grâce aux papiers bénis par mon frère douanier turc malade imaginaire. Je suis resté deux jours à Istanbul. De là, je suis remonté vers la Grèce où j'ai pris un bateau pour Ancône, en Italie. J'ai attendu en vain qu'un douanier grec vienne inspecter ma voiture. Au casino du bateau, j'ai gagné des t-shirts et, comme un bonheur n'arrive jamais seul, j'ai passé la nuit dans ma cabine en compagnie d'une femme de quarante-deux ans rencontrée au bar. À la frontière italienne, mon drapeau de MSF a fait sensation et je suis aisément passé. Au poste français, mes visas irakiens ont impressionné les douaniers. J'ai sorti mon gros accent du Québec pour leur résumer un peu l'Irak. Je leur ai raconté les bombardements que je n'avais pas vus, ils avaient la lippe béate d'admiration. Ils m'ont félicité et m'ont recommandé d'éviter l'autoroute, car il y avait grève des camionneurs. Puis j'ai traversé le tunnel du Mont-Blanc et j'ai piqué vers Paris.

Cet après-midi-là, j'étais seul sur la route, la musique à fond, un sourire fendant mon visage. J'avais encore réussi. Putain !

J'ai été stoppé une seule fois, par les grévistes à l'entrée de Paris. De nouveau, j'ai dégoupillé mon plus bel accent québécois et les ai assurés de ma solidarité. Ils m'ont demandé d'où j'arrivais. Je leur ai dit que je quittais l'Irak, mais repartais le lendemain soir en Yougoslavie. J'avais tenu à faire ce crochet avant de rentrer en ville, uniquement pour leur dire de ne pas lâcher. Un bout de saucisson et un verre de pinard ont atterri par magie entre mes mains en attendant qu'un des grévistes ait fini de déplacer le barrage pour me laisser passer.

Je suis arrivé à Paris tard dans la nuit. J'ai tourné pendant quelques minutes dans le quartier de MSF pour trouver un stationnement. Marrant : il y avait une place libre juste devant le 8, rue Saint-Sabin. Je suis allé manger un morceau et je suis revenu dormir dans la voiture. Je ne voulais pas la laisser sans surveillance.

Le lendemain matin, ce sont des coups sur la vitre qui m'ont réveillé. Quand j'ai ouvert les yeux, tout le bureau de MSF m'entourait. Ç'a été des embrassades à n'en plus finir.

Le président de MSF à l'époque, Rony Brauman, un des hommes les plus brillants qu'il m'ait été donné de connaître, m'a enguirlandé en rigolant :

— T'es un pourri, Vachon : c'est beau de ramener une Harley, mais elle est où la mienne ?

Peu de gens le savaient, c'est un fan de motos.

Ce jour-là, après le débriefing auquel participait Geneviève Begkoyian, qui était rentrée dix jours avant moi, j'ai fait le tour de Paris sur ma moto Fuck Saddam Hussein 91. J'avais les couilles grosses comme celles d'un éléphant et la tête comme une pastèque géante. Fier de mon coup, fier d'être vivant, fier de mon bronzage, fier de vivre. Et la conviction d'être une vedette. Je ne savais pas qu'en mon absence le monde avait continué de tourner et que les yeux de la planète étaient dorénavant rivés sur la Bosnie. Je me suis un peu emporté contre MSF, qui ne voulait pas me garantir une assignation rapide et se contentait de me répéter que je devais prendre des vacances.

Trois jours plus tard, je vendais la Harley, récupérais en liquide le salaire que MSF me devait encore et je prenais le train pour Amsterdam. Le couple de Hollandais qui avait tenu le bureau de Bassorah m'a accueilli. Ils m'ont donné un coup de main pour trouver un appartement à prix raisonnable dans le centre, au bord du canal.

Mais pour que je puisse signer le bail, il fallait que MSF Hollande se porte garant. À leurs bureaux, j'ai appris qu'ils avaient besoin d'un logisticien pour ouvrir de toute urgence le poste de Sarajevo. Je me suis dit que, avec l'adrénaline qui me coulait encore dans les veines, je pourrais repartir trois mois — trois mois, pas plus, juré ! —, mettre rapidement en place cette structure et revenir faire le lézard.

Entre-temps, Heike, ma copine qui était venue me voir au Malawi, avait planifié de me retrouver à Amsterdam pour passer les vacances. Quand elle est arrivée, j'avais déjà dit oui à MSF et je m'apprêtais à repartir. Les quatre jours que nous avons passés ensemble ont été atroces. Je ne méritais pas autre chose. Elle est repartie au Canada. Je ne l'ai plus jamais revue.

11

Les nuits du café Obala

J'étais en colère. Je devais partir pour Sarajevo, et voici que je restais bloqué à Zagreb. Je m'emmerdais dans cette mission d'amateurs où nous étions quatre à tenir deux ou trois étagères de médicaments. Un mois plus tard, je pliais bagage et rentrais à Amsterdam.

J'ai alors pu prendre un mois et demi de repos complet. C'était l'opulence. J'ai acheté des souliers, des habits. Je n'ai pas tardé à me faire une copine. C'était le bonheur. À petites doses. C'est mieux ainsi.

Je suis parti quelques jours chez Geneviève Begkoyian en Bretagne pour l'aider à retaper sa maison. C'était un coin merveilleux. Locmariaquer, c'est calme. Riche d'histoire. Et les gens sont aimables. Surtout envers les Québécois : pour eux, il est plus agréable de traverser l'océan que de prendre le train pour Paris. Pour les Bretons, ça pue quand le vent souffle de Paris. Et jamais quand la brise arrive de la mer.

Un matin, le téléphone a sonné. C'était Mickey Wolf. Ex-directeur de projet du Haut-Commissariat des Nations unies pour les réfugiés (HCR) en Irak et ex-petit ami de Geneviève. Il appelait de Zagreb afin d'offrir un poste à celle-ci. Mais elle avait décidé de faire une maîtrise en santé publique aux États-Unis. Elle a décliné la proposition, mais elle a demandé à Mickey s'il voulait me parler. Quand il a su que MSF ne m'avait toujours pas rappelé, il m'a proposé de bosser pour le HCR. Je lui ai fait remarquer que mon niveau de scolarité risquait d'être un handicap.

Il m'a répondu de ne pas m'en faire et d'envoyer CV, lettre de motivation et les références de Geneviève Begkoyian et de Mickey Wolf. Au lieu de poster la lettre, j'ai tenu à la remettre en main propre à Genève. Je suis allé au Palais des Nations, le siège de l'ONU, et, comme un con, j'ai demandé le bureau du recrutement.

Après, je suis retourné en Bretagne. J'y suis resté encore dix jours à peindre la maison, à pêcher et à me faire pote avec Pierre, le frère de Geneviève. Elle avait deux autres frères, JB et François, une petite sœur mignonne, Anne, et Mme Begkoyian, la mère, la chef du clan depuis la mort de son mari, au Liban, assassiné par un groupe terroriste. Begkoyian, c'est arménien, une famille qui a beaucoup vécu. Je me sentais bien avec eux. Humble. Réjoui. Ma famille française. Avec Mme Begkoyian dans le rôle de la mère. Encore aujourd'hui, je serais prêt à casser la figure à quiconque essayerait de lui faire du mal. *La famiglia è sacra.*

Le 14 septembre 1992, un avion italien aux couleurs des Nations unies a été abattu alors qu'il amorçait sa descente sur Sarajevo. Le pont aérien a été immédiatement suspendu. On a décidé que les Casques bleus canadiens seraient redéployés hors de Sarajevo, laissant ainsi aux Français le soin de reprendre l'aéroport et de le remettre en état. Le HCR devait revoir ses modes d'opération pour desserrer l'étau qui étouffait Sarajevo.

C'étaient les dernières nouvelles de l'ex-Yougoslavie, quand j'ai repris le train pour Amsterdam. En ouvrant la porte de mon appartement, j'ai immédiatement vu la grosse enveloppe avec le drapeau de l'ONU. On m'offrait le poste d'officier adjoint de logistique à Split, en Croatie.

Pour y être allé avec MSF, Split, je savais ce que ça signifiait : c'était les femmes — elles sont belles, les Yougoslaves, encore plus celles de la côte —, la Méditerranée, les plages, les scooters et la *bella vità*. Je me voyais très bien travailler quelques mois dans un décor aussi enchanteur. Et, surtout, c'était les Nations unies. Quand même. Montréal, Saint-Henri, Sainte-Cunégonde commençaient à être loin derrière moi.

Trois jours plus tard, j'étais convoqué à Genève. On m'accordait le salaire le plus bas des Nations unies, débutant au niveau 1 de l'échelle 1. Mais je ne m'en faisais pas trop. C'était déjà plus que ce que m'avait offert MSF.

J'ai dévalisé les tenues de bord de mer dans les magasins d'Amsterdam : du jaune, des tons pastel, des pantalons à plis. J'étais allé en Croatie, je connaissais le côté frimeur des Croates et je ne voulais pas faire figure de péquenot. Surtout que je travaillais pour l'ONU. Il ne fallait pas que les tatouages paraissent…

Avant de prendre l'avion pour Genève, je suis entré dans un pub irlandais d'Amsterdam et j'ai calé sec quatre pintes de bière. Je réalisais soudain que je m'en allais en guerre. Même si la Croatie n'était pas la cible de grands bombardements, elle en était proche. Elle faisait encore partie de la famille yougoslave. Et elle était toujours occupée par les Serbes de Bosnie. C'était chaud. Et les images vues à la télé n'avaient rien pour me rassurer.

J'ai pris l'avion, sérieusement amoché. Durant le vol, quelques autres verres sont venus m'avilir le portrait. Par malheur, ma valise n'était pas à l'aéroport de Genève. Il ne me restait donc que le jean, la veste et le t-shirt blanc que j'avais sur moi. C'était un dimanche soir à Genève, les magasins étaient fermés.

Les services aéroportuaires qui avaient localisé ma valise promettaient de me la rapporter le lendemain midi à l'hôtel. Merde, et ma réunion à l'ONU ? Ça valait vraiment la peine de m'acheter un costard si c'était pour rater mon entrée…

Le lendemain, je me suis présenté le visage aussi fripé que les habits que je portais. Dans le regard de l'homme qui m'a reçu, j'ai lu du dégoût. Manifestement, il se demandait pourquoi l'ONU s'abaissait à recruter de telles loques. Il m'a tout de même envoyé au service photo pour la confection des documents de voyage.

Les trois jours suivants ont été agréables. On m'a briefé et donné des leçons de géopolitique sur la Yougoslavie. On m'a appris aussi à répondre à la presse en utilisant le vocabulaire des Nations unies. J'ai fait la connaissance de celui qui allait devenir mon patron. J'ai compris qu'il ne se mêlerait jamais de l'opérationnel, mais qu'il s'occuperait surtout des commandes.

Le mercredi après-midi, je suis sorti du dernier briefing, je suis allé chercher mon billet pour Zagreb, départ prévu pour le lendemain. Ensuite, on m'a remis un passeport des Nations unies.

Là, devant l'entrée du Palais des Nations à Genève, le lac Léman en face, je ne pouvais m'empêcher de penser que j'aurais aimé que ma mère et mon père soient vivants pour me voir. J'aurais aimé avoir en main un téléphone et pouvoir appeler quelqu'un. Pour dire : « Moi, Marc Vachon de Saint-Henri à Montréal, fils de personne, regardez ce que je suis devenu ! » Je pensais à mes filles. Je ne marchais pas, je volais. Le passeport onusien est sans doute la plus belle chose que l'homme ait imaginé. Pas de couleur, pas d'appartenance, pas de religion, une planète, un monde. C'est aussi le symbole de cette utopie de paix. Mais ça reste magistralement beau. Et j'appartenais, moi, à cette famille de rêveurs et de grands humanistes. Ma photo sur le passeport l'attestait. Dans le document, seuls mon nom, ma date de naissance et ma fonction étaient inscrits. Rien d'autre. Pas la couleur de mes cheveux, ni mon pays d'origine. Mon pays s'appelait dorénavant la Terre. J'étais citoyen du monde.

Le lendemain, c'était l'atterrissage à Zagreb. Une voiture à l'emblème de l'ONU nous attendait. Des chambres étaient réservées à l'Intercontinental. La ville n'avait pas encore connu de bombardements, mais les sacs de sable entassés devant les édifices sensibles disaient que la fin était proche. Ce n'était déjà plus la vie normale, mais il y avait encore les services essentiels comme l'eau et l'électricité.

Dans les bureaux du HCR, j'ai appris que la priorité était de poster quelqu'un à l'aéroport de Sarajevo pour coordonner l'arrivée et la distribution de l'aide humanitaire. Le logisticien à l'aéroport était un Norvégien. Il serait bientôt muté dans une ville plus calme, car il était terrifié.

J'ai senti qu'on allait m'offrir son poste. La promesse de m'envoyer à Split comme assistant de l'assistant avait toutes les apparences d'une blague faite par Genève. Dans ma tête, j'entendais une petite voix qui se moquait de moi : « Et bravo pour les habits de bord de mer ! »

J'étais seul dans le bureau du boss qui avait dû sortir pour une urgence quand est entrée une jolie fille aux cheveux courts et au corps de déesse. Elle portait des lunettes qui lui donnaient un air à la fois sérieux et mutin. Elle n'a pas fait grand cas de ma présence, a décroché le téléphone et s'est mise à engueuler quelqu'un. J'ai cru comprendre qu'elle s'appelait Una, qu'elle était l'assistante du bureau de Sarajevo, qu'elle devait y retourner dans les plus brefs délais et qu'elle ne comprenait pas pourquoi elle n'avait pas de putain de place dans ce foutu avion de merde des Nations unies de son cul. Limite grossière. Je la trouvais mignonne avec ses expressions de charretière, son look très UN et son indifférence à ma présence. Elle a raccroché brusquement, m'a toisé en remontant ses lunettes, m'a souri, puis elle est sortie. J'ai su que j'irais à Sarajevo. Et quand le patron est revenu, il n'a pas eu à me le demander, je l'ai devancé et j'ai offert de partir dès que possible. Il m'a interrogé pendant vingt minutes pour évaluer mon expérience. J'aurais inventé une mission pendant la guerre du Vietnam s'il avait fallu. Je devais aller à Sarajevo. Una y était.

Je suis quand même parti pour Split. J'y ai participé à une réunion, la tête ailleurs, à essayer de deviner la taille exacte de la jolie Una.

Le lendemain, je me mettais en route pour Sarajevo. À cinquante kilomètres de Split, il fallait faire un détour par la forêt pour éviter une zone à risque. Nous devions également traverser Mostar, qui était en guerre. À l'entrée de la ville, le Croate au check-point a refusé de nous laisser passer. Mes habitudes irakiennes sont venues à mon secours : « Nous avons déjà discuté avec votre capitaine en ville. Il nous a accordé l'autorisation. *Nema problema.* Vous pouvez l'appeler ! »

Le plan, c'était qu'il nous croie sur parole et nous laisse passer. Mais, catastrophe, il a sorti un téléphone de derrière son muret et a composé un numéro. Je ne connaissais pas trop les coutumes croates mais j'ai pensé que nous allions devoir choisir entre une balle dans la tête et la décapitation. Je m'accrochais au mince espoir que je pourrais prétexter qu'il ne parlait pas au bon capitaine. La baraka a voulu que le téléphone soit en panne. Il nous a laissé passer. Il était environ 17 heures.

Mostar commençait à sombrer dans la nuit. On entendait le bruit des tirs sur les hauteurs, mais en ville tout paraissait calme. Sauf la bizarre sensation que laissaient ces rues désertes. Nous avions une Volkswagen Golf et nous roulions à plus de cent cinquante kilomètres à l'heure. Dans la voiture, c'était le silence. Intense. Nous avions hâte d'atteindre le prochain check-point, celui qui marquait la sortie de la ville. Quand nous y sommes enfin parvenus, nous avons pris conscience que nous venions de forcer le blocus de Mostar.

Mes compagnons de route devaient se rendre à Vitez. La guerre n'y avait pas encore fait ses ravages. Il y avait encore l'électricité. Nous nous y sommes trouvé un joli petit hôtel pour la nuit.

Le lendemain, je me suis levé très tôt pour partir à Kiseljak, à une heure de Sarajevo, la ville melting-pot, fabriquée de toutes pièces par Tito. Les Nations unies avaient alors décidé de déployer dans cette zone militaire des contingents de différentes origines pour ainsi représenter les trois groupes ethniques impliqués dans le conflit : les Français catholiques pour la partie croate, les Égyptiens musulmans pour leurs coreligionaires bosniaques et les Ukrainiens orthodoxes pour les Serbes ; l'ensemble faisait un joli tableau onusien.

La route de Kiseljak étant serbe, elle était surveillée par les troupes ukrainiennes. Pour sécuriser les voitures des Nations unies, elles les encadraient de véhicules blindés. Quand nous sommes arrivés au poste de contrôle de Kiseljak, nous n'étions pas les premiers. Une petite ONG négociait déjà avec les Serbes son entrée dans Sarajevo avec des camions remplis de vivres. Si vous n'étiez pas des Nations unies, les Serbes vous demandaient tout simplement de leur laisser la moitié de la cargaison. Le tout ponctué par des explosions de bombes. C'était vachement impressionnant. D'autant plus quand je me disais que c'était là-bas que j'allais.

J'ai fini par monter dans la voiture blindée ukrainienne. J'essayais d'apercevoir le paysage par les petites fenêtres de l'APC. Ça a d'abord été une forêt, puis une banlieue comme toutes les banlieues du monde, sauf que ses rues étaient vides. Puis on est arrivés à l'aéroport.

Je suis descendu sur le tarmac. Le Norvégien que j'allais remplacer est venu à ma rencontre. Il m'a conduit à ce qui allait devenir ma résidence pour les six prochains mois : un entrepôt de l'aérogare de Sarajevo. Il y avait six grands hangars près de la tour de contrôle. Le HCR occupait l'avant-dernier. À l'intérieur, un décor sommaire. Une cloison nous séparant des magasins dessinait un petit bureau, un coin cuisine, où on pouvait se préparer un café, et une chambrette.

Le Norvégien m'a présenté à mon équipe d'employés locaux qui s'emmerdaient en attendant la reprise du pont aérien. J'ai fait la connaissance de Rale, mon chauffeur et guide. Posé, poli, solide et gentil. Je me suis tout de suite senti proche de lui. Il a tenu à me présenter au commandant français dont les troupes, des détachements de l'armée de l'air, de l'armée de terre et de la marine, sécurisaient l'aéroport. Le commandement était assuré par deux colonels : un pour l'aviation et l'autre pour la sécurité, le colonel Sartre.

On m'a présenté Amra, ma secrétaire. Elle était musulmane bosniaque. Une superbe blonde aux yeux bleus. Décidément, cette guerre n'avait rien de normal.

Sarajevo était plongée dans l'horreur de la guerre civile depuis 1992. La Yougoslavie, en raison de sa multiplicité ethnique et confessionnelle, n'avait pas survécu longtemps au maréchal Tito, mort en 1980. Dès 1986, la Fédération yougoslave avait subi un premier coup de boutoir lorsque des intellectuels serbes avaient lancé un appel pour un retour de la domination serbe au nom de leur résistance historique face aux visées turques et allemandes. Un homme, Slobodan Milosevic, avait repris à son compte ce regain de nationalisme chez ses compatriotes pour se hisser d'abord à la tête de la Serbie, ensuite à celle de la République fédérale de Yougoslavie. Son projet de reconstruction de la grande Serbie enchantait son peuple, qui a applaudi quand il a aboli l'autonomie du Kosovo et l'indépendance de la Voïvodine.

L'armée yougoslave, où les Serbes dominaient nettement, ne s'en était pas tenue là et avait tenté d'assujettir la Croatie. L'artillerie lourde avait tonné dès juin 1991 dans la région de Vukovar, et tout s'était effondré début juillet quand la Serbie avait refusé de reconnaître l'autorité du Croate Stepe Mesic à la tête de la fédération.

Les Slovènes avaient chassé l'armée fédérale. Les Croates, eux, n'avaient pas eu le temps d'organiser leur sortie, l'armée et des milices venues de la région de Krajina avaient assiégé la ville de Vukovar, tombée en novembre, et s'étaient attaqués à l'épuration ethnique des régions conquises. Les Croates se sont mobilisés derrière le général Franjo Tudjman, un nationaliste qui avait jadis sympathisé avec des extrémistes oustachis.

Restait le cas problématique de la Bosnie-Herzégovine, une Yougoslavie en miniature, république qui a incarné pour Tito le rêve d'un melting-pot réussi. On y retrouvait à parts égales des musulmans de langue serbo-croate, des Croates catholiques et des Serbes orthodoxes. D'abord, l'édifice a tenu. Dans Sarajevo, la capitale, les mariages mixtes étaient monnaie courante. Mais, en mars 1992, le beau rêve s'est écroulé avec la proclamation par Radovan Karadzic d'une République serbe de Bosnie ayant pour chef-lieu Pale, près de Sarajevo. Une marche pacifiste a brutalement été tourné en bain de sang par des francs-tireurs de Karadzic.

Mais l'horreur ne s'est pas arrêtée à la seule capitale ; c'est toute la Bosnie-Herzégovine qui s'est embrasée. Massacres, camps de concentration, viols systématiques seront commis par tous les camps, Serbes, Croates et musulmans. Il y aura en tout plus de 200 000 morts, pour une population de 4 millions, dont la moitié vit désormais en exil. Le monde a réagi par la création d'une mission des Nations unies, la Force de protection des Nations unies (FORPRONU), dont les Serbes se riront à plusieurs reprises.

C'est cette Bosnie furieusement installée dans la guerre que je découvre. Une guerre qui transformait les poètes en soldats, les pères de famille en criminels sans foi, les jeunes en loups assoiffés de sang. Et le monde ? Comme à son habitude, dans un mélange de lâcheté et de naïveté, il a voulu croire en une solution négociée, diplomatique. On a alors perdu du temps à dresser des projets de paix irréalistes. Entre-temps, sur le terrain, la haine et la tristesse étendaient de plus en plus leurs tentacules.

Sarajevo est nichée au creux d'une longue vallée. L'aéroport était situé à l'extrémité sud-ouest de la ville. La piste d'atterrissage commençait en territoire serbe, traversait ensuite la partie bosniaque avant de redevenir serbe. Vachement stratégique comme connerie. Du coup, il était le terrain de fréquents affrontements. D'autant plus que se trouvait tout près une petite enclave serbe, Nedzarici, encadrée de cités musulmanes. Les Serbes ne voulaient évidemment pas l'abandonner. La nuit tombée, pour quitter la ville, les combattants devaient passer par l'aéroport. Il y avait régulièrement des échanges de tirs à moins de huit cents mètres de nos bureaux.

C'est là que j'ai connu le sifflement des balles. Et les militaires français, rien pour me rassurer, m'ont fait comprendre que, si on les entendait siffler, c'est qu'elles passaient tout près de notre tête. C'est devenu ma musique quotidienne.

Tous les jours, des éclats d'obus tirés au-dessus de nous tombaient sur le toit de l'entrepôt. Mais je n'avais pas peur. Il y avait tant de monde dans ce foutu aéroport que l'on se sentait plus énervé que terrifié.

Le Norvégien est parti le lendemain à la première heure. J'ai pris mes quartiers. Je tournais en rond, les avions n'arrivaient toujours pas.

Nous avions deux points de livraison à Sarajevo : Magros, l'entrepôt central, et la Boulangerie.

L'aide humanitaire ne nous parvenait plus que par les routes de Split et de Belgrade. Elle était apportée par de gros camions suédois ; c'était vraiment leur marotte, aux Suédois. Plus tard, les Anglais ouvriront la route d'Odinje. Le HCR avait à l'époque cinq camions Scania qui partaient de Split avec des tonnes de nourriture.

Tout de suite, j'ai sympathisé avec les Français qui sécurisaient l'aéroport. Je les changeais du Norvégien qui m'avait précédé et avec qui ils ne parvenaient pas à tenir de conversation.

J'avais cinq Bosniaques avec moi à l'aéroport. Ils auraient tous pu être des Montréalais ou des habitants de Detroit. Le seul à qui je trouvais une tête d'Arabe, teint basané et visage poilu, s'est révélé être serbe. J'ai donc compris que je n'avais rien compris à la réalité ethnique du pays. La fille la plus sexy de l'aéroport, c'était Amra, et elle était bosniaque musulmane. Il n'y avait pas que moi qui n'y comprenais rien. Je me souviens de ce chauffeur dans la cinquantaine qui m'a dit qu'il était croate, marié à une Serbe et vivant à Sarajevo. De quel côté devait-il donc se ranger ?

La Bosnie était pleine de gens déchirés comme cela. Tous de vrais Yougoslaves, avec ce que Tito avait imaginé de métissé, de confus et de torturé. Un mélange qui subsiste tant bien que mal dans les grandes villes, car le nettoyage ethnique n'a réussi que dans des localités secondaires comme Vukovar. Tous ces hybrides ne pouvaient que se sentir à l'aise avec moi, autre pièce rapportée.

Tous les soirs nous parvenaient des histoires d'horreur. La plupart relataient les cruautés des nationalistes serbes, les tchetniks. C'étaient des fous furieux. Ils arrivaient de partout dans le monde, même d'Europe et d'Amérique. Ils avaient des allures de motards du Canada. Ils écrasaient tout sur leur passage.

J'ai rencontré des Français pro-Bosniaques et des Australiens pro-Croates. Sur les tombes, à Mostar, il n'était pas rare de lire : « Ci-gît Mike the Englishman. »

Les télévisions nationales opéraient encore. Le soir, on regardait diverses chaînes : les Serbes montraient des scènes de barbarie qu'ils imputaient aux Bosniaques, qui ne se montraient pas plus réservés envers leurs adversaires.

Nous n'avions cependant pas besoin de rester plantés devant la télé pour savoir qu'il se passait des choses laides. Il suffisait d'écouter au loin les déflagrations et de penser aux populations qui se prenaient les bombes sur la tête.

Je ne suis pas longtemps resté à bronzer idiot. J'ai décidé de me rendre au PTT Building. Le bâtiment des Postes et Télécommunications avait été réquisitionné par les Nations unies et les chancelleries occidentales. C'est là qu'était situé le quartier général de la FORPRONU en ex-Yougoslavie. Je devais y retrouver Isumi Nakamitsu, la Japonaise censée travailler avec moi. Je devais également prendre des nouvelles des avions, savoir si on prévoyait bientôt une reprise du pont aérien. Les Français m'offraient le transport en véhicule blindé.

Le PTT Building se trouvait en ville, dans le quartier musulman. Pour s'y rendre, il fallait longer la tristement célèbre

Sniper Alley. Elle avait déjà acquis sa réputation de route de la mort, et elle la méritait. C'était un immense boulevard à six voies, séparées au milieu par les rails d'un tramway. C'était les Champs-Élysées yougoslaves, sans les magasins. Les Serbes d'un côté et les Bosniaques de l'autre. Les snipers se postaient dans les buildings, derrière des sacs de sable, immobiles. Même le fusil ne bougeait pas, pour ne pas attirer le regard du tireur d'en face.

Le gagnant, c'était celui qui avait les nerfs les plus solides et qui profitait de la moindre faiblesse de l'autre pour l'allumer. Ces tireurs avaient la haine raciste. Combien de fois ai-je entendu des Serbes jurer de se « faire un Arabe » ? En face, les Bosniaques avaient rameuté derrière eux toute la clique de moudjahidin, d'Iraniens, d'Afghans, tous les combattants de l'islamisme radical.

Le gros Michel était le plus redoutable de tous. Il était à check-point Charlie, le deuxième poste de contrôle en sortant de Sarajevo du côté serbe. C'était un ancien mécanicien qui avait connu jadis une vie pépère. C'était un géant, pas tout à fait beau, édenté, rancunier. Il était frustré de ne pouvoir profiter des belles femmes de Sarajevo. À l'école, il avait été la risée des enfants et il en avait gardé une rage impitoyable. Dans sa tête, les beaux mecs étaient tous musulmans, et il voulait leur faire payer les brimades du passé. À Sarajevo, chacun avait ses raisons de faire la guerre, pas toutes géopolitiques.

Quelques jours plus tard, j'ai décidé de pousser plus loin et de me rendre en ville, aussi bien pour la visiter que pour faire la connaissance de ceux qui recevaient nos envois. Amra m'a considéré avec étonnement. Elle essayait de me faire comprendre que c'était très chaud et que ça pouvait mal finir.

J'avais une Range Rover blindée. J'ai demandé à Amra de m'accompagner.

Nous avons enfilé nos gilets pare-balles que, de toute façon, nous ne quittions presque jamais, et nous nous sommes mis en route. Nous étions planqués derrière un véhicule blindé français qui nous ouvrait le chemin. Nous avons contourné un pont dont nous redoutions qu'il fût miné. Après, c'était Sniper Alley. Il fallait moins de cinq minutes pour la parcourir. Je ne savais pas que trois cents secondes pouvaient ressembler à ce point à une éternité.

J'ai écrasé le champignon et la voiture a bondi. Dans ma tête, j'essayais de me dire que j'étais James Bond et que rien ne pouvait m'atteindre. Mais je n'arrivais pas à m'amuser vraiment. De chaque côté, je voyais des immeubles en flammes. Ce n'était pas du ciné. Les tours cramaient. Et il y avait le bruit infernal de bombes qui explosaient dans la ville.

Nous sommes passés sans nous arrêter devant le PTT Building. À cent cinquante mètres au sud de Sniper Alley se trouvait la petite route apparemment tranquille que les habitants empruntaient. C'est par là que nous avons pu rentrer dans Sarajevo.

Amra m'a conduit au théâtre Obala, l'ancienne Académie de théâtre. Nous sommes passés par-derrière pour éviter les tireurs embusqués. Au sous-sol, il y avait les amis d'Amra. Des têtes très underground, comme on en voit à Paris ou à Montréal. Ils avaient tous un sens de l'humour aiguisé. C'était leur gilet pare-détresse, pare-désespoir. À la radio, les Rolling Stones s'époumonaient. La ligne de front n'était qu'à cinq cents mètres, Mick Jagger hurlait *I can't get no satisfaction*. Des artistes goguenards discutaient belles-lettres. J'en étais bouche bée.

Je suis resté deux heures à parler avec eux. J'ai bu du café et j'ai remarqué leurs traits tirés qui trahissaient de longues nuits sans sommeil. Plusieurs de leurs camarades avaient choisi de partir. Eux préféraient rester. Ni par patriotisme, ni par fierté, juste parce qu'ils étaient chez eux.

En rentrant, j'ai suggéré à Amra :

— On devrait les revoir plus souvent.

— Oui, mais il faudrait peut-être qu'on demande la permission au service de sécurité du personnel de l'ONU.

Je ne savais pas que c'était la première fois qu'elle retournait au café Obala depuis le début de la guerre.

12

Mission impossible

La sortie au café Obala m'avait mis en confiance. Je me suis habitué à la peur de Sniper Alley, au bruit des balles sifflant près de mes oreilles. Je commençais également à me faire des amis.

Quand le Norvégien était parti, j'étais allé me cacher derrière des palettes de l'armée française pour fumer un joint. J'étais assis en train de le savourer quand un jeune militaire français est arrivé. Il devait avoir une vingtaine d'années. Du haut de mes vingt-huit ans et de ma position de chef à l'aéroport, je devais l'impressionner. La seule chose que j'ai trouvée à lui dire c'était : « Tu fumes-tu ? » À la québécoise.

— Pardon ?

— Est-ce que vous fumez ?

— Oui, monsieur.

Il a mis la main à sa poche et a voulu me tendre une Marlboro.

— Non, est-ce que tu fumes le pétard ?

En un temps record, sa tête a décrit une rotation de 360°. Personne en vue.

— Oui, a-t-il murmuré.

Il s'est accroupi à côté de moi et a pris le bout de joint que je tenais entre mes doigts.

— Salut, moi, c'est Marc.

— Moi, c'est Olivier, mais on m'appelle Juju.

— Qu'est-ce que tu fais ?

— Je décharge les avions. Et toi ?

Je me suis rendu compte que je ne faisais pas grand-chose, et nous nous sommes mis à rire. Juju est devenu mon meilleur pote à l'aéroport.

Pour notre confort et aussi pour tuer le temps, j'ai décidé d'aménager les bureaux du fond afin de les rendre plus conviviaux. Pour en augmenter la résistance en cas de tirs de mortiers, nous avons entassé sur le toit du hangar quelques couches de palettes d'avions. Un gros calibre aurait tout de même pu traverser cette maigre défense.

Nous avons décoré le salon de manière assez cocasse : nous y avons installé cinq postes télé, moins pour nous saouler d'émissions que pour faire de la lumière quand la nuit tombait.

J'ai vidé le placard pour en faire ma chambre, avec un lit superposé relativement confortable. Niveau supérieur, rien que des sacs de sable. J'en ai placé d'autres tout autour du lit. Avant d'entrer chez moi donc, les balles devraient franchir une série de barrages. Ça ne faisait pas joli, joli, mais c'était plus sûr. Et, surtout, ça me faisait du bien de quitter le camp général et d'avoir ainsi un coin à moi. Le soir, je pouvais me retirer dans une relative intimité.

J'ai établi une règle stipulant que, à partir de 19 heures, personne n'était plus admis dans les bâtiments privés, à moins d'arriver avec une bouteille de vin ou tout autre alcool. En plus, j'avais deux filles à mon service, c'étaient les deux seules femmes de l'aéroport, et j'étais responsable de leur sécurité. Personne ne leur a jamais manqué de respect. Après tout, c'étaient des militaires de l'armée française.

C'est au PTT que j'ai retrouvé la jolie Una. Après avoir été une des raisons de ma venue à Sarajevo, elle est devenue le véritable motif de mes fréquentes visites en ville. Bien vite, elle a commencé à venir aussi me retrouver à l'aéroport.

Le grand jour est enfin arrivé. Les Américains ont annoncé qu'ils allaient reprendre le pont aérien. Avec l'hiver qui approchait, il avait fallu passer aux actes. J'avais tout organisé et j'étais prêt à les recevoir. J'avais confirmé nos points habituels de distribution. Les entrepôts Magros étaient prêts à garder nos stocks de nourriture et de médicaments. Nous en disposions gratuitement, car le propriétaire savait que le sigle des Nations unies faisait en sorte que ses infrastructures ne seraient pas bombardées.

Je passais sans encombres les barrages croates. J'avais mes contacts du côté serbe. J'allais souvent les voir, pour prévenir les bavures. Parce qu'il leur aurait suffi de deviner une consonnance musulmane dans le nom des chauffeurs pour qu'ils les butent. Quand j'étais là, ils étaient plus accommodants.

Le pont aérien a repris.

Première entrevue de ma vie à la télé. C'était avec Christiane Amanpour de CNN. Je lui ai dit que j'en avais marre de balayer mon entrepôt et que j'avais hâte de voir arriver la bouffe. J'en avais assez de voir des morts partout. Les femmes et les enfants qui tombaient sous les balles des snipers. Dans les hôpitaux, les scènes étaient insoutenables.

Cette violence m'affectait d'autant plus que, contrairement au Malawi ou à l'Irak, là, c'était comme la rue Bercy, à Montréal. Les gens étaient habillés comme moi. Une femme abattue dans sa robe bleue à fleurs aurait pu être n'importe quelle Mme Tremblay qui sort sur le perron de sa maison à Montréal pour crier : « Manon, viens souper ! » Saloperie de guerre.

José María Mendiluce était le patron du HCR en Yougoslavie. Il avait un bureau à Zagreb, mais il se rendait régulièrement à Sarajevo et à Belgrade, parce que les Nations unies considéraient encore tout ce merdier comme une seule unité, la Yougoslavie.

Avec la reprise du pont aérien sont venus s'ajouter d'autres personnages à nos bureaux du HCR à Sarajevo. Il y a eu la Japonaise Isumi, qui commandait la mission. Il y a eu Larry Hollingworth, qui se prétendait coordonnateur d'un projet confus ; en fait, il ne souhaitait que décrocher un contrat. Il y aura Anthony Land, qui viendra fin décembre. Je prenais grand soin de les garder tous à Sarajevo afin de rester le seul expatrié à l'aéroport.

Il n'y avait pas beaucoup d'ONG dans le coin. Il y avait bien deux types de l'organisation française Première Urgence, dont le boulot consistait à recevoir les colis de l'aide humanitaire et à les distribuer. Il y avait MSF Hollande, qui s'occupait de la pharmacie centrale. Il y avait également Action contre la faim. C'était tout.

C'était la guerre. On ne se bousculait donc pas sur le terrain.

Même la Croix-Rouge avait déserté la région pour protester contre l'assassinat d'un de ses délégués pendant un échange de prisonniers serbes et bosniaques.

À part les militaires, mes Yougoslaves et la Japonaise, je ne voyais pas grand monde. La reprise du pont aérien m'a permis d'augmenter la cadence de mes convois et a apporté un peu de vie sur l'aéroport. Ça me mettait d'humeur charmante.

Un après-midi que j'étais dans le café Obala, j'ai lancé l'idée d'organiser une fête. Des mois que les habitants de Sarajevo n'avaient pas connu de fête.

— Pardon ? se sont écriés en chœur les artistes.

— Oui, on devrait faire un cocktail, une soirée. Je m'occuperai de tout.

J'ai commencé par apporter le groupe électrogène de secours que nous avions à l'aéroport. Les artistes s'occuperaient de monter un décor avec des télés pour obtenir lumière et musique. Tous les jours, je glissais dans mon sac quelques bouteilles de vin ou de whisky que j'entassais au café Obala. J'avais surtout des bouteilles de pastis et quelques bières. Nous avons apporté des charcuteries, du jambon, des saucisses que nous recevions à l'aéroport. J'étais allé voir les mecs de la cantine de l'armée française qui m'ont remis des caissettes de fruits frais. J'ai acheté cinq cartouches de cigarettes. J'ai dit aux artistes de lancer des invitations à leurs proches et de leur annoncer que Juju et Marc allaient les recevoir à la française.

Dernier casse-tête à résoudre : comment amener Juju, qui ne voulait surtout pas rater l'événement, sans que son absence ne soit remarquée ? Il est venu chez moi et a enfilé des habits civils. On l'a glissé à l'arrière de notre Jeep, couché par terre, sous les jambes des deux secrétaires. C'est ainsi que nous avons fait sortir de l'aéroport, dans la plus complète illégalité, un soldat de l'armée française. C'est seulement dans Sniper Alley, une fois les check-points passés, que Juju a pu relever la tête. Étrange expédition que cette voiture du HCR transportant un militaire français en civil, deux Yougoslaves, roulant en pleine nuit pour se rendre à une fête canaille dans le cœur de Sarajevo croulant sous les bombes.

Nous avons reçu près de cinquante personnes. Les filles avaient mis leurs magnifiques robes noires des grands soirs et étaient soigneusement maquillées. Les mecs avaient repassé leur smoking. Ce fut une soirée inoubliable. Tous ces éclopés du monde retrouvaient des manières de gens civilisés et de jours normaux.

Pour les mettre à l'aise dès leur arrivée, Juju et moi leur offrions un verre de pastis et un paquet de cigarettes. Ainsi ils n'étaient pas obligés d'en mendier. Certains n'avaient pas vu de légumes frais depuis des lustres, et ils ont fait honneur au buffet. On a retrouvé Juju le lendemain à l'aube, endormi tout habillé dans un coin. On l'a traîné jusqu'à la voiture. Nous l'avons discrètement ramené à l'aéroport. Il a enfilé son uniforme en quatrième vitesse et il est remonté sur son tracteur. Il est allé se placer près de la piste d'atterrissage et n'en a plus bougé. Je me suis demandé ce qu'il pouvait bien fabriquer là. Je suis allé le voir et il m'a dit, la bouche encore pâteuse : « Au moins, je suis prêt… » Il était 6 heures 30, le premier avion n'était attendu qu'une heure plus tard.

Le HCR était finalement tel que l'on peut se représenter les Nations unies, c'est-à-dire une boîte de fonctionnaires et d'administrateurs. Ce n'est pas pour rien que le patron de l'organisation en est le « secrétaire général ». Pendant la guerre d'Irak, les ONG lui avaient volé le show. Elles avaient reçu tout le crédit pour avoir sauvé les pauvres Kurdes. Comme au Malawi, les Nations unies avaient accepté de jouer leur véritable rôle : gestionnaires de fonds, petites équipes mais bons coordonnateurs. Sauf que j'imagine qu'elles ont été jalouses du succès médiatique des ONG. Ainsi, quand le festival humanitaire de la Bosnie a commencé, le HCR a décidé de ne plus se laisser damer le pion. Ç'a été une erreur. Il n'avait ni l'expérience politique ni la compétence technique qui lui auraient permis d'assumer le titre de coordonnateur humanitaire. D'ailleurs, n'est-il pas censé s'occuper des réfugiés ? C'est-à-dire de gens qui se trouvent hors des frontières de leur pays. Ce n'était guère le cas dans la crise bosniaque.

Par ailleurs, cette machine onusienne avait trop grossi, dépassant les dimensions permettant d'agir avec efficacité. Et ce foutu réflexe d'exiger rapport sur rapport, qui faisait perdre trop de temps et trop de souplesse dans la gestion des urgences.

L'autre problème des Nations unies découle curieusement de ce qui fait son charme : sa diversité culturelle et ethnique. On ne pourra jamais demander à un Philippin de penser comme un Danois, à un Mozambicain de fonctionner comme un Canadien. L'Occidental qui a chez lui un travail stable et bien rémunéré peut se permettre de critiquer et de gueuler pour obtenir des résultats tangibles. L'Argentin, le Sud-Africain ou le Rwandais, qui se retrouve soudain avec un salaire mirobolant, veut surtout que la fête dure le plus longtemps possible. Sous prétexte de suivre les règlements à la lettre, il s'assure que pas grand-chose ne bouge. Qu'importent les diplômes des uns et des autres, l'éducation laisse des marques. Un mort n'a pas la même signification pour un Indien bouddhiste que pour un Irlandais catholique.

C'est pour cela que ça n'a pas marché en Bosnie.

Ils avaient mis un Japonais à la tête de la mission. Or, les Japonais ne sont pas des gens de décision. Ce sont des négociateurs, ils discutent, palabrent, cherchent le consensus et ne prennent pas de mesures radicales. En Bosnie, les canons étaient devenus l'outil de communication. La voix du Japonais était à peine audible.

Sur le plan opérationnel, je faisais de mon mieux pour structurer la boîte, ne fût-ce qu'à l'aéroport. En janvier 1993, nous avons même atteint des sommets avec vingt-quatre avions par jour.

À Metkovic, j'ai réussi à rassembler un convoi de quinze Mercedes, que j'avais récupérées à Sarajevo et repeintes en blanc, pour les charger de provisions afin de regarnir nos entrepôts. Quand l'hiver est arrivé, nous avons été capables d'assurer la distribution de couvertures, de fours à bois, de bois, plein d'autres choses que de la bouffe.

Seul problème, nous n'avions pas assez de personnel pour nous assurer que les vivres étaient bien livrés là où nous le voulions. Nous nous doutions bien que nous nourrissions les soldats bosniaques, tout en sachant que les Serbes de leur côté alimentaient d'abord leur armée avant la population civile. Nous savions que la première fournée de la boulangerie allait d'abord sur la ligne de front. Nous voulions tout de même nous faire le moins possible avoir. Mais cela, déjà, c'était risqué : à qui aurions-nous pu aller nous plaindre ? Un tel geste aurait fait de nous les cibles probables de tueurs fous. Ils auraient eu beau jeu de nous descendre pour dire ensuite que c'était l'œuvre de quelque sniper embusqué. C'était la guerre. Une mafia hideuse avait mis la main sur Sarajevo et sur son marché noir.

Dans ces circonstances, fallait-il continuer à livrer des vivres ?

Bien sûr. La bouffe arrivait aux destinataires civils, mais pas en totalité. Ce n'était pas là une exception serbe ou bosniaque. Tous les peuples en conflit connaissent la notion d'effort de guerre. Il n'y avait rien de neuf sous le ciel du bon Dieu. Nous ne pouvions pas y échapper, et il ne fallait pas faire de la population civile l'otage innocent de ces actes.

Juju est parti en octobre, deux jours avant mon anniversaire. Je me suis lié d'amitié avec un autre mec du RIMA, Daniel. Il gardait l'arrière du hangar. Il avait près de vingt-sept ans, et ça faisait plus de cinq ans qu'il était dans le régiment. Déjà, il était plus dur que le gringalet Juju. Quand Daniel montait la garde, je dormais sur mes deux oreilles. C'était un vrai marine.

Le boulot était toujours aussi dangereux. Je me suis fait allumer à plusieurs reprises par les snipers. La première fois, ça avait précipité une grande quantité d'adrénaline dans mon cerveau. Il y avait eu ce gros bang sur ma jeep. Je croyais que j'allais voir mon cœur me sortir par la bouche. Une fois, un mec de l'autre côté de l'aéroport m'a mis en joue et sa balle est passée à dix centimètres de ma tête pour s'écraser dans un container derrière moi, faisant un bruit d'enfer. La deuxième balle s'est fichée à 40 centimètres de mes pieds. S'il y avait eu une épreuve olympique de plongée sous terre, j'en aurais assurément remporté la médaille d'or. Pourquoi ce couillon m'avait-il mis en joue ? Probablement qu'il voulait juste tester s'il avait encore sa précision d'antan.

Il était assez bizarre, ce conflit à la con. Il semblait ne jamais parvenir à briser complètement les relations fraternelles entre les ethnies.

Je me suis lié d'amitié avec des gens des deux factions. C'est sûr que je me sentais plus proche des Bosniaques à force de vivre avec eux, chez eux, mais ma copine Una, par exemple, était serbe. Boris, qui deviendra quelques années plus tard radiologiste à Toronto, était un orthodoxe originaire de Russie. Son père était chirurgien à l'hôpital, on l'a assassiné quelques semaines plus tard. Aux check-points serbes, quand on me voyait arriver, les capsules des bouteilles d'alcool avaient vite fait de s'envoler et on trinquait avec force bourrades à la santé du frère Vachonavic. Après cinq ou six verres de leur *slivovic*, cet alcool de prune, on était assommé, et il n'était encore que neuf heures du matin.

Je discutais de sport avec tout le monde, surtout foot. J'avais l'impression de parler avec des gens de Verdun, un quartier populaire de Montréal. Verdun sous le feu. Je savais que, parmi ces bons vivants, il y avait de vrais tueurs. J'en ai vu en train d'achever des gens dans un fossé, comme ça, nature, puis se tourner vers moi et me demander qui était à la tête du championnat de France. Un jour, le gros Michel m'a fait poser avec lui. Derrière nous, sur la photo, on distingue dix cadavres en guise de décor. Les plus chanceux avaient reçu une balle dans la tête, la plupart avaient la gorge tranchée. Que pouvais-je y faire? Refuser de faire la photo? J'étais avec des fous furieux dans une guerre débile. Point.

Sarajevo sentait la plupart du temps la poudre à canon, l'odeur de brûlé et la poussière qui montait des gravats. Dès que l'on sortait de la ville, le contraste était radical. Les gens semblaient vivre normalement. Il y avait une jolie ferme à trois kilomètres. Le propriétaire avait soixante-dix ans, il passait ses journées sur son tracteur à entretenir ses cultures, la guerre rythmant ses coups de pelle.

C'était trop absurde. Il fallait qu'il se passe quelque chose de majeur pour mettre fin à cette bêtise. Le 27 octobre, jour de mon anniversaire, on a décidé de remettre ça au café Obala.

Cette fois-ci, nous avions eu le temps de nous organiser. Les artistes avaient rassemblé plus de cent cinquante personnes, recruté un orchestre. De mon côté, j'avais pris le temps de stocker de l'alcool et des cigarettes. Le jour J, le premier avion qui s'est posé à l'aéroport était piloté par le capitaine Cournoyer de l'armée canadienne. Il m'avait apporté une caisse de Labatt Bleue, la bière que je buvais à Montréal, et une bouteille de whisky. J'ai pris une photo de lui et de son copilote devant le C-130.

L'avion suivant était américain : il n'était pas en reste, il avait apporté du whisky. Ça a ensuite été les Allemands avec du schnaps. Toute la journée, chaque vol apportait une bouteille. J'en avais donc près de dix-huit, en plus de ce que j'avais mis des semaines à acheter.

Ce soir-là, Marco Vachonavic a été la star du café Obala.

Retour à la guerre. Nous savions que les Serbes n'avaient pas les ressources suffisantes pour s'adonner au nettoyage ethnique maison par maison. Mais nous savions aussi que le *statu quo* devenait intenable pour tout le monde. Et si tel était le sentiment à Sarajevo, c'était aussi le cas dans toute la Bosnie.

Le HCR avait nommé un nouveau chef de mission, Jeremy Brade, ancien lieutenant-colonel de l'armée britannique. Sarajevo était du coup remplie d'Anglais, dont Larry Hollingworth et Tony Lands, dont j'ai déjà parlé. En plus, ils m'imposaient même quatre militaires britanniques comme assistants : un chargé de la distribution de l'essence, une femme et un homme pour la distribution dans les entrepôts, et le capitaine en relation directe avec moi. J'ai mal vécu cette cohabitation forcée. Je n'en voyais pas la nécessité. J'aurais aimé que la distinction entre le HCR et les militaires soit plus claire.

Sans que nous en ayons vraiment conscience, la tension permanente nous mettait les nerfs à vif. Un incident est venu me le confirmer.

J'avais un gros chien, une espèce de berger allemand, que j'attachais dans un coin du hangar. Il y a eu ce jeudi-là d'intenses bombardements près de l'aéroport. Un obus est tombé tout près et un éclat a atteint le chien à la cuisse. Fou de douleur, l'animal a cassé sa chaîne. À ce moment précis, deux militaires français passaient devant le hangar. Le chien en a violemment attrapé un au mollet.

Quand j'ai entendu les cris, je suis sorti en courant de mon entrepôt, j'ai attrapé l'animal par le collier. Il s'est tourné vers moi et il a planté ses crocs dans mon poignet, qui ont réussi à passer à travers ma veste de cuir. Le museau de la bête enragée écumait de bave blanche. Mon poing droit est alors parti avec toute la force du désespoir et s'est abattu sur le nez du chien, qui a dû lâcher prise.

Une jeep était déjà arrivée pour évacuer le Français couvert de sang. Je n'en avais pas fini avec le chien. J'ai demandé à des militaires de lui mettre une balle dans la tête. Ils m'ont répondu qu'ils ne pouvaient pas, car leurs balles étaient comptées. Il fallait l'autorisation d'un officier supérieur pour procéder à cette exécution.

Ils ont proposé de l'achever à la baïonnette. Trop barbare.

J'ai ramassé une pelle et j'ai poursuivi la bête qui s'était réfugiée dans un coin du hangar. Je tenais dans une main une corde à laquelle j'avais fait un nœud coulant. Quand le chien m'a vu arriver, il s'est mis à gronder. Il était acculé dans un coin et il savait, il sentait que je ne reculerais pas. Il a à peine tenté de s'échapper.

Je lui ai passé la corde autour du cou et j'ai tiré avec tant de force que les pattes du chien touchaient à peine le sol. Je l'ai amené au bout de la piste. Il y avait une passerelle sur roues, de celles dont on se servait autrefois pour descendre des avions. Elle portait encore l'inscription « Sarajevski aerodrom » en lettres dont la peinture s'écaillait. J'ai grimpé l'escalier, j'ai passé la corde autour de la rambarde, j'ai tiré. L'animal a décollé et est mort pendu.

Je me suis demandé qui de nous deux était devenu le plus fou.

J'ai creusé un trou pour l'enterrer, puis me suis rendu à l'infirmerie. Drame : il n'y avait pas de sérum antitétanique. J'ai appris que le militaire français allait être évacué le soir même sur Belgrade.

Je suis allé à l'hôpital en ville, là-bas rien non plus. Il aurait fallu aller à Zagreb. Mais il n'y avait pas d'avion. J'ai expédié un télex à Zagreb pour leur demander de préparer mon *per diem*, car je devais rentrer de toute urgence me faire soigner. Manque de bol, le lendemain, les avions ont commencé à annuler leur arrivée l'un après l'autre, car ça tirait encore en ville. C'est seulement en début d'après-midi que le premier appareil s'est posé.

Je suis arrivé à Zagreb en fin d'après-midi. Je suis immédiatement allé chercher mon fric. « Pas d'argent », m'a-t-on dit. L'administrateur comptable, un Français, un con, m'a sorti une clause du règlement selon laquelle j'aurais dû me présenter avant la fermeture des guichets, à midi. J'étais sidéré. Mais je n'avais pas envie de perdre mon temps à palabrer, je devais recevoir une piqûre antitétanique avant qu'il ne soit trop tard. Le comptable et son assistante m'ont rappelé que j'avais en plus omis de rédiger un rapport de l'accident. Je me suis dirigé vers le bureau de José María, le grand boss, prêt à foutre le feu à l'édifice si je n'obtenais pas ce qui m'était dû. C'est José lui-même qui m'a prêté mille dollars de sa poche. Le comptable s'est fait virer quelques jours plus tard, accusé de harcèlement sexuel à l'endroit de ma copine Tamara, une secrétaire croate.

Et, pour boucler le tout, j'ai rédigé un rapport dont on a parlé pendant des années au HCR : « Quatorze heures 27. Au risque de ma vie, je saute sur le chien… » Cela se terminait par : « Lundi, 16 heures 30 : je reprends l'avion pour Sarajevo. Je m'appelle Marc Vachon. » Mon texte était construit comme un épisode de *Mission impossible*. C'était tellement loufoque que ma note a fait le tour de tous les bureaux du HCR dans le monde.

Au début de janvier 1993, le 8 exactement, il s'est produit un incident qui a eu des répercussions dramatiques sur la région. Nous attendions un avion spécial apportant l'aide humanitaire des Turcs, un geste de solidarité pour leurs frères musulmans de Sarajevo. Ce vol avait mis à cran plein de gens, surtout les soldats français qui n'étaient pas sûrs de réussir à empêcher les Serbes de tenter un mauvais coup, qui aurait comme conséquence d'internationaliser le conflit en ex-Yougoslavie. Ils avaient reçu l'ordre de tirer sur toute personne suspecte qui rôderait dans les parages de l'aéroport quand l'avion atterrirait.

Le vice-premier ministre de la République de Bosnie-Herzégovine chargé des affaires économiques, Hakija Turajlic, avait décidé d'accueillir l'avion sur le tarmac. Ça, je ne le savais pas encore.

L'appareil s'est posé comme prévu. La tension qui avait régné toute la journée à l'aéroport m'avait mis les nerfs à vif. Pour me détendre, j'avais décidé d'aller passer la nuit au PTT, au chaud, à côté d'Una. Quand j'ai vu un convoi quitter l'aéroport, j'ai voulu partir avec lui. Je me fichais de savoir qui faisait partie de cette équipée. J'ai pris place dans une Range Rover, aux côtés du capitaine anglais, qui était au volant.

Derrière, nous avions trois passagers, un musulman et deux Serbes. La voiture qui ouvrait le convoi était un véhicule blindé ukrainien. La deuxième était française. J'étais dans la troisième. Un véhicule français fermait la file.

Notre convoi s'est mis en branle en même temps que l'avion turc redécollait. Au bout de l'aéroport, la route faisait un coude. C'est là que ça a commencé à sortir de partout. Un tank serbe nous a barré la route. Le véhicule ukrainien devant nous a braqué pour l'éviter et a fini dans le fossé. Le convoi s'est immobilisé. De chaque côté avaient surgi des automitrailleuses. Et une quarantaine de combattants serbes jaillissaient des fossés.

Un juron a giclé de ma bouche. Il était environ 17 heures et il commençait à faire noir. Des fusées éclairantes ont déchiré le ciel. Les Serbes qui nous braquaient ne donnaient pas l'impression d'être d'humeur à plaisanter. Ils étaient — j'en suis sûr — conscients qu'ils commettaient une attaque directe contre les Nations unies, le pire des affronts diplomatiques. J'étais dans la seule bagnole munies de vitres. Quelqu'un a ouvert violemment la portière et, le temps que je réalise ce qui m'arrivait, j'étais saisi par le collet et jeté sans ménagement par terre. J'y ai aussitôt été rejoint par les trois autres civils.

Le capitaine criait : « *What's happening ?* » Dans la confusion, j'ai entendu un Serbe répondre : « *Verification !* »

L'humidité du sol en ce mois de janvier commençait à s'insinuer à travers mes vêtements. Je ne sais pas si c'est le froid ou la kalachnikov sur ma nuque qui me faisait frissonner. Je sentais que les assaillants ne reculeraient plus. On m'a repris par le collet et relevé, toujours avec la même délicatesse. On m'a arraché du cou ma carte onusienne. Je criais : « *Canadiensky. Canadiensky. HCR. Visoki Komisariat.* »

Le mec m'a remis la carte, ou plutôt me l'a lancée à la figure. Je ne cherchais plus à dissimuler mes tremblements. J'avais froid, très froid.

Dans la pénombre, j'entendais des cris et du mouvement autour de moi. Les radios des uns, les Serbes, et des autres, les militaires de l'ONU, crachotaient sans interruption des ordres. J'ai vu l'un de nos passagers se relever. C'était le musulman, les Serbes le conduisaient tout bonnement au bord de la route pour le buter.

Je ne sais pas pourquoi mon instinct pour la connerie ressort toujours dans des circonstances fort mal choisies.

Je me vois seulement crier : « Non ! » Je me suis avancé et me suis placé entre le militaire et le Bosniaque. Je hurlais en retenant par la main le chauffeur que le Serbe s'entêtait à amener à l'abattoir : « *Driver Visoko Commissariat. Driver. What the fuck ?* »

Mes beuglements ont duré quelques secondes. Puis le capitaine anglais s'en est mêlé. Du haut de mon mètre quatre-vingt-onze et avec ma corpulence, j'impressionnais, d'habitude. Mais le Serbe, en face, n'était pas ébranlé ; lui, il était armé. Il fallait tenter quelque chose. Ce Bosniaque était marié et père de deux gamines. Je ne pouvais pas le laisser se faire égorger comme un vulgaire poulet.

Quelqu'un a poussé un cri sur notre droite. Toute l'attention du groupe a été détournée vers un autre véhicule. Le colonel Sartre, responsable de la sécurité, en descendait. C'est lui qui a pris l'affaire en main. Depuis ce jour, il porte dans mon cœur la médaille du héros.

Parce qu'il était responsable de la sécurité de la FOR-PRONU, sa première mission était de s'assurer que les employés de l'humanitaire restent en vie. À ce moment précis, son boulot était de protéger ces derniers, puis de faire en sorte que ses militaires s'en tirent sains et saufs. Dans l'ordre. S'il y parvenait, sa mission était réussie.

Le colonel Sartre a demandé au commandant serbe ce qui justifiait une telle attaque. On lui a répondu qu'on avait signalé la présence de moudjahidin dans le convoi.

Le plus tranquillement du monde, sans faire montre de la moindre arrogance, le colonel a fait comprendre au Serbe qu'il y avait trop de témoins pour que la discussion se déroule sereinement. C'était d'autant plus impressionnant que l'officier français n'était pas grand et faisait plutôt délicat avec ses grosses lunettes. Il a d'abord obtenu le départ du véhicule ukrainien. Ça en faisait déjà un de sauvé.

Puis il s'est avancé vers les civils, vers moi. Il m'a fait un signe de reconnaissance avec la tête. Il y avait encore le musulman dans mon dos. Le colonel Sartre a tout de suite pigé. Il s'est placé devant moi et a commencé à marchander la tête du Bosniaque. J'ai senti l'homme derrière moi recommencer à respirer quand il a réalisé que, entre ses tueurs et lui, il y avait un officier supérieur de l'armée française et un agent du HCR.

Les Serbes ont fini par baisser les armes et nous ont ordonné de remonter dans notre voiture. Puis ils se sont avancés vers les autres, ont passé la deuxième, puis sont arrivés à la première.

Quelqu'un a ouvert la portière pour que le colonel Sartre y monte, et tout a basculé. J'ai vu un Serbe s'avancer à côté de Sartre et tendre son bras par-dessus sa tête. Au bout, il y avait un morceau de métal noir. Il l'a fait tousser plusieurs fois, jusqu'à ce que le chargeur soit vide. Les détonations ont étouffé le crissement des pneus de notre voiture qui démarrait.

J'ai retrouvé au PTT une Una complètement paniquée parce que les radios de l'ONU avaient signalé l'embuscade. On s'étreignait encore quand le véhicule blindé est arrivé. Et on a appris que c'était Hakija Turajlic, le vice-premier ministre de la Bosnie, qui venait de se faire descendre.

Cet incident a fait tache sur le dossier du colonel Sartre. Sur le plan politique, l'assassinat a compliqué encore un peu plus le dossier de l'ex-Yougoslavie, déjà assez tordu. Cependant, à titre de témoin de la scène, je persiste à affirmer que le colonel a fait un boulot irréprochable. Il avait déjà accompli sa mission à la perfection. Sauver le politicien bosniaque aurait été une prime, un luxe. Il n'y est pas arrivé. C'est tout.

13

Messieurs les Anglais

Les choses n'ont cessé de se dégrader à Sarajevo. Les Bosniaques accusaient les troupes françaises de complicité dans le meurtre de leur vice-premier ministre. Le colonel Sartre a été remplacé la semaine suivante par le colonel Valentin. Celui-ci était d'une autre trempe. Il était officier dans la légion et il a débarqué avec sa horde de mauvais garçons. Des professionnels qui ne font pas de quartier. Pour les légionnaires, c'est oui ou c'est non, jamais peut-être. Des durs à cuire. Leur arrivée a radicalement transformé la sécurité à l'aéroport.

D'abord, ils se sont attelés à construire des remparts autour du site. Et c'est à ce moment-là qu'on s'est rendu compte combien nous avions travaillé à ciel ouvert depuis des mois.

Il faut dire que le conflit s'était envenimé. Les musulmans du centre de la Bosnie-Herzégovine et d'Ilidza, un faubourg de Sarajevo, avaient voulu desserrer l'étau autour de la ville en passant par le mont Igman. Leur plan était d'arriver par les hauteurs et de traverser l'aéroport pour entrer dans la ville.

Nous savions que ça allait secouer fort. Les avions de

reconnaissance américains et européens envoyaient des photos aériennes. On voyait distinctement que toutes les collines et les vallées autour de Sarajevo étaient rouges de voitures. La tache ne cessait de s'étendre. On estimait entre dix et quinze mille le nombre d'hommes qui s'approchaient.

Nous attendions l'assaut.

Sarajevo est passé au niveau d'alerte de sécurité 5, l'échelon maximal. Il a fallu évacuer tout le personnel non essentiel. L'aéroport n'a pas désempli de la journée. Toutes les ONG se retiraient. Le général Morillon veillait personnellement à ce que les opérations se déroulent dans l'ordre. Le dernier avion a décollé à 17 heures 30 ; il était canadien. Il restait à peine une quarantaine de civils. Je me souviens du mécanicien de l'avion, qui s'est enquis :

— Tu restes ici, Marc ?

— Bien sûr. *Some people have to.*

— O.K. Bonne chance.

Après le décollage, tout est devenu silencieux. Dans la nuit, on guettait l'explosion. Ce serait bientôt l'orage…

Le soir même, les musulmans ont donné l'assaut. Mais les Serbes les attendaient de pied ferme. Ç'a été l'enfer. Le feu furieux. La montagne était éclairée de rouge. Les balles traçantes survolaient nos têtes avant d'aller s'écraser sur des cibles invisibles. Nous étions couchés derrière des sacs de sable, casques et gilets pare-balles nous offrant une bien dérisoire protection. Chaque fois que nous avions le courage de lever les yeux, nous comprenions que, là-bas, dans la montagne comme dans les quartiers serbes, ça devait être des charniers à ciel ouvert.

Les militaires français avaient reçu l'ordre de ne pas se battre pour l'aéroport, mais d'organiser plutôt le repli, si les musulmans réussissaient à descendre des montagnes.

Une nuit et une journée ont passé, puis une autre nuit est

venue. Jamais les Bosniaques n'ont pu descendre. La résistance serbe leur a tenu tête.

Quelques jours plus tard, nous avons gravi la montagne. Le spectacle glaçait le sang, comme le temps qu'il faisait. Des gamins de dix-huit ans étaient morts de froid, debout derrière un arbre, la kalachnikov serrée contre la poitrine, mince rempart contre le froid qui avait dû les assaillir de partout, et surtout de l'intérieur. D'autres, l'œil encore ouvert sur le vide, avaient été fauchés par des balles impitoyables. Ils étaient étalés dans la neige qui les recouvrait peu à peu. Puis, il y avait le silence des survivants. Apocalypse blafarde que recouvrait un linceul de neige.

Je commençais à ressentir de la fatigue. J'étais depuis trop longtemps sous tension. Et les conditions sanitaires n'étaient pas des plus joyeuses. On ne se lavait plus tous les jours tellement il faisait froid. Le gilet pare-balles était devenu une seconde peau, on ne le quittait plus. Pour faire du café, il fallait casser de la glace, la faire bouillir, tout ça pour arriver à une mixture à peine buvable. À la cantine, le régime saucisses était invariable. On en était tous dégoûtés. Ce n'était plus du tout sexy tout ça.

J'en avais de plus en plus marre de devoir négocier tout le temps, avec tout le monde, comme si rien ne pouvait se régler normalement. Je perdais des camions pleins d'essence que des Croates me ravissaient pour leur propre usage. Cette essence était destinée à l'alimentation électrique de l'hôpital. Des patients étaient en danger de mort. Je n'avais plus le cœur à faire des concessions, je suis allé voir le capitaine ukrainien responsable du convoi. Je l'ai trouvé à la cantine et je lui ai demandé qui avait pris mes camions.

— Ils sont à Kiseljak. Nous les avons remis aux Croates parce qu'ils nous les ont demandés.

J'ai piqué une mégacrise. Devant tout le monde, dans la cantine. Un officier canadien a voulu s'interposer. Je lui ai expliqué :

— L'Ukrainien a donné mes camions à des Croates. Et j'ai des malades qui risquent de mourir ce soir même à l'hôpital...

— D'abord, monsieur, il n'est pas ukrainien, il est onusien.

J'avais envie de hurler contre cet idiot, au consensualisme canadien.

J'ai foncé tout seul à Kiseljak. Je suis tombé par hasard sur un immense lieutenant-colonel américain. Je ne savais pas que les États-Unis avaient envoyé des troupes en Bosnie. L'officier était la caricature du marine américain dans les films de guerre. Je me demandais s'il n'allait pas me sortir un cigare avant que le réalisateur ne crie : « Coupez ! »

Nous sommes partis à pied pour aller à la base du HVO, le Conseil de défense croate. L'Américain a fait venir le chef.

— Je suis des Nations unies. Je veux savoir quand vous comptez rendre les camions de M. Vachon.

— Jamais. Ce pétrole va à Sarajevo. Les Bosniaques le mettent ensuite dans leurs blindés et viennent nous bombarder.

— Stop. Je ne veux pas entendre ce baratin. Vous ne me la faites pas, à moi. Soit vous lui remettez ces camions, soit je vais chercher mes hommes et je viens moi-même les reprendre.

Je suis reparti à Sarajevo avec mes camions.

Les incidents se sont multipliés. Outre les trafics de toutes sortes organisés par les Casques bleus eux-mêmes, les belligérants ont commencé à profiter de ces réseaux que leur offrait la présence internationale. Un jour, j'ai failli en payer le prix fort.

Le représentant de l'UNICEF avait mis sur pied un système de livraison de bouteilles d'oxygène à Sarajevo ; elles étaient primordiales pour l'hôpital. La compagnie qui les fabriquait se trouvait à 60 kilomètres de la ville. Il fallait effectuer un voyage par semaine. C'était hyper dangereux. Une seule balle dans une bouteille aurait suffi pour faire exploser tout le quartier. D'ailleurs, personne ne voulait conduire ces engins. C'est un civil de Boston qui conduisait le premier camion qui est entré en ville. Pas un agent secret ni un militaire déguisé. Juste un héros anonyme de l'UNICEF.

Après ce premier transport, l'opération a été confiée au HCR. Il n'y avait pas moyen de reculer. Si l'UNICEF l'avait fait, nous étions capables de le faire. Pendant un mois, tout s'est passé sans trop de problèmes.

Puis la cadence a commencé à augmenter. Ç'a d'abord été un camion tous les deux jours, puis une rotation quotidienne. J'ai demandé à Larry Hollingworth s'il ne trouvait pas cela bizarre, ce besoin accru d'oxygène. Il m'a juré que c'était normal. Mais il m'a promis de vérifier auprès des responsables de l'hôpital.

Je n'étais pas rassuré à l'idée de faire subir cette pression à mes chauffeurs. J'avais peur qu'un jour ils ne craquent, mais que nous ne nous en rendions compte trop tard. J'ai appelé la Finlandaise de l'Organisation mondiale de la santé, qui était à l'hôpital, et je lui ai demandé si elle savait pourquoi les livraisons d'oxygène avaient quintuplé. Elle n'en avait aucune idée.

Je savais que je devais craindre le pire.

Un matin, le téléphone a sonné : « Marc Vachon, vous êtes attendu au poste de police d'Ilidza ! » Ron Redmond, l'officier d'information du HCR, a tenu à m'accompagner.

L'officier de police qui nous a reçus me connaissait, mais n'a pas pris la peine de me dire bonjour :

— Nous avons un de vos camions de gaz. Nous avons ouvert une bouteille, elle était remplie de poudre à canon.

— Pardon ?

Il m'a conduit au camion et m'a affirmé que, pendant tout un mois, le HCR s'était rendu complice de la livraison de munitions à l'armée adverse. L'officier n'était pas d'humeur à fraterniser. Selon lui, j'avais aidé les gens qui lui tiraient dessus à longueur de journée. C'est alors qu'est arrivé un homme de forte taille, vêtu de bleu, chaussures cirées, Makarov glissé dans sa ceinture de cuir. Quand l'officier de police s'est mis au garde-à-vous, j'ai compris que c'était une grosse légume de Pale, le chef-lieu de la République serbe de Bosnie-Herzégovine.

Je ne l'avais jamais vu. Il a pris la direction de l'interrogatoire pendant que l'officier de police lui servait obséquieusement le café.

— Vachonevic ?

— Da.

— Marco Vachonevic ?

— Da !

Il a sorti son Makarov et l'a posé sur la table.

— *We have to talk.*

Derrière moi, j'ai senti Redmond remuer et, dans sa nervosité, laisser échapper son stylo.

— Qu'est-ce que c'est que cette histoire ?

— Ce sont des camions du HCR remplis de poudre à canon.

— Le saviez-vous ?

— Non, chef.

Il m'a toisé du regard pendant une minute. C'était le test. Si mes yeux avaient cillé ou s'il avait perçu le moindre doute dans mon regard, j'étais un homme mort. Il m'a écouté lui raconter avec force détails l'origine de cette transaction, les démarches que j'avais faites quand j'avais commencé à me douter que quelque chose clochait. J'ai parlé pendant une heure.

Sans arrêt. Avec la rage de convaincre. Je voulais qu'il me croie. Il fallait qu'il me croie. Cette arnaque-là, je n'y étais pour rien.

J'ai eu peur comme jamais dans ma vie. Ce n'était plus le temps des comédies. Ce n'était plus un Turc avec une maladie aux couilles. C'était le patron de cette bande de tueurs que je n'avais que trop souvent vus à l'œuvre.

Le tribunal, c'était lui. Sa sentence était posée sur la table : un bout de métal noir, avec un canon pouvant cracher le feu de la mort.

À la fin de mes explications, il m'a serré la main et m'a souhaité bon retour à Sarajevo. Je ne voulais ni ne devais blâmer personne, l'UNICEF ou le HCR. Notre boulot consistait à récupérer des bouteilles dans une usine privée et à les livrer à l'hôpital, point à la ligne. Et là-bas, probablement, quelqu'un venait en prendre possession. C'était les militaires bosniaques qui avaient monté l'opération.

C'était leur trafic à eux. C'était aussi leur putain de guerre. Et j'en avais marre.

Seule coïncidence, quand je suis rentré à Sarajevo, Larry Hollingworth et Anthony Land s'étaient au même moment inscrits aux abonnés absents. Je ne les accuse de rien. Je dis juste que c'était une belle coïncidence. De toute façon, qu'est-ce que je leur aurais dit ? Le courant ne passait plus. *Boys don't cry.*

Il fallait que je sorte de là.

Mme Sadako Ogata, haut-commissaire des Nations unies pour les réfugiés, est venue nous rendre visite vers la mi-février. C'était son deuxième voyage à Sarajevo. Elle nous a complimentés pour notre « travail extraordinaire ». Dans la délégation qui l'accompagnait, il y avait José María. Il s'est rendu compte que j'étais au bout de mes forces. Il m'a ordonné d'aller décompresser quelques jours quelque part loin du bruit de la guerre.

Une nouvelle nous est parvenue : Rale, mon assistant, avait reçu une balle dans la jambe. Je venais de vivre cinq mois avec cet homme. Je l'avais vu tous les jours. J'avais partagé avec lui mon quotidien, mes peurs et mes succès. Et là, il était couché sur une civière. Son sang, c'était comme le mien. On a décidé de l'envoyer au PTT pour une opération urgente.

Je me suis assis dans l'ambulance française et j'ai tenu la main de Rale, inconscient. La blessure n'était pas belle à voir. Au PTT, c'était la panique. On avait appris qu'un membre du HCR s'était fait tirer dessus, mais on ne savait pas encore qui c'était. Mme Ogata a insisté pour que le HCR mette tout en œuvre pour secourir l'employé. Elle est remontée avec sa suite à l'étage au-dessus pour finir son repas. Je n'avais pas faim. Je suis resté devant la porte du bloc opératoire jusqu'à ce qu'on vienne m'annoncer que mon assistant, et surtout mon copain, allait s'en tirer. La mère de Rale est arrivée. Mme Ogata lui a promis que le HCR allait tout faire pour que son fils marche de nouveau un jour. C'était deux femmes de soixante-cinq ans qui parlaient de leur fils comme seules les mères savent le faire.

José m'a autorisé à rester quelques jours pour boucler mes dossiers.

Le lendemain, Anthony Land, qui était réapparu, m'a appris que Rale quitterait l'hôpital le jour même. Soulagé, je lui ai demandé le lieu où on allait le conduire. Il m'a répondu sans ciller : « À l'hôpital de Sarajevo ! »

Je n'avais même plus la force de gueuler. Il prenait des cours accélérés de connerie, cet homme. Rale était serbe.

— Non, il est HCR, insistait Anthony Land.

— Arrête, Tony. Il est peut-être HCR à tes yeux. C'est certes le Serbe qui a le plus risqué sa vie pour des Bosniaques. Mais il n'en est pas moins serbe. Aussitôt qu'il va mettre le pied dehors, il va se faire égorger. Si ce ne sont pas les infirmiers ou les médecins qui l'assassineront, quelqu'un viendra la nuit pour lui mettre une balle dans la tête. De toute façon, l'hôpital de Sarajevo est plein. Ils ne se fouleront pas pour soigner un Serbe.

— On ne peut pas accorder ce genre de privilège à un employé local, tu imagines…

— Mais c'est Mme Ogata qui l'a offert.

— Oui, mais ça coûte cher.

— Ce n'est pas ton pognon, Tony. Mme Ogata a promis.

— Alors, il faut l'évacuer vers un hôpital serbe.

— Il sera descendu pareil, il a nourri les Bosniaques.

J'avais envie de pleurer. Mais je ne voulais pas lui faire ce plaisir. Je suis descendu voir le médecin français et je l'ai supplié de signer un document selon lequel Rale avait besoin de se faire traiter à l'hôpital militaire du Val-de-Grâce en France pour ne pas perdre sa jambe. Le médecin ne demandait que ça, car il avait envie de suivre son patient.

Bernard Kouchner, qui était à l'époque secrétaire d'État à l'action humanitaire, avait mis sur pied un pont aérien humanitaire pour évacuer des personnes vers la France. Le vol partait de Split, faisait escale à Bordeaux, destination Paris.

J'ai arrangé le coup avec les camarades de l'aviation française. Il n'y avait qu'avec les Français que nous pouvions ainsi transgresser toutes les règles pour sauver une vie humaine. Je n'ai qu'admiration pour eux. Nous n'avons jamais mis Anthony Land au courant. Je me suis retrouvé aux côtés de Rale dans l'avion qui rentrait en France, avec à son bord de nombreux blessés croates.

À Paris, une ambulance de l'armée française est venue le chercher au pied de la passerelle pour l'emmener au Val-de-Grâce.

Je me suis présenté au bureau du HCR à Paris et j'ai remis la carte de Rale à la dame qui m'a reçu : « Bonjour, madame. J'arrive de Sarajevo. J'ai accompagné un employé serbe blessé. Il est soigné au Val-de-Grâce. Voici son contrat. Gardez l'œil sur lui, car c'est un collègue à nous tous. Vérifiez aussi avec Genève pour le remboursement des frais médicaux. Salut. Au revoir ! »

Je suis reparti presque tout de suite après à Amsterdam puis à Zagreb. Una et José m'attendaient. J'ai passé une belle soirée avec eux. J'étais frais et dispos après cinq jours à Paris. J'étais de bonne humeur, heureux d'être avec Una.

José María est parti à Belgrade. Il a fait une crise cardiaque. Il a dû être rapatrié d'urgence. J'ai croisé Anthony Land dans les couloirs du HCR à Zagreb, il a évité mon regard et est parti en courant. Bizarre.

Je suis allé chercher la carte de service me permettant de prendre le vol de Sarajevo, et l'assistante m'a informé que le nouveau chef des opérations, celui qui remplaçait José, voulait me parler.

C'était un ancien général de l'armée britannique. Il m'a reçu avec un sourire carnassier.

— Marc, j'ai entendu parler de vous. Je sais que vous êtes un as. Je voudrais vous confier l'ouverture du bureau de Banja Luka, principale ville de la République serbe de Bosnie.

— Quoi ?

Nous avions déjà fermé Banja Luka. Aucun employé n'avait pu y supporter la pression. Trop dangereuse, la ville.

— Vous irez à Banja Luka.

— Monsieur, cela fait cinq mois que je suis à Sarajevo. Je finis dans trois semaines. J'ai déjà dit que je ne voulais pas renouveler mon contrat. Impossible d'aller ouvrir en quelques jours un bureau au milieu d'une population que je ne connais pas. En plus, ce sont des Serbes, et moi j'arrive de la Bosnie musulmane.

Ce serait suicidaire.

— C'est ça ou vous rentrez. C'est triste. J'ai du chagrin pour vous.

J'ai tout compris. J'ai revu Anthony Land qui sortait de son bureau. Son regard fuyait le mien, mais il arborait un sourire de contentement. Il avait gagné.

J'ai appelé Sarajevo. C'est une secrétaire qui a décroché et elle s'est mise à pleurer.

— Larry Hollingsworth et un autre Britannique viennent de déboucher une bouteille de whisky et trinquent à ton départ !

Ils m'avaient eu. J'ai été remplacé par un Anglais. Ils avaient décidé d'investir le terrain pour les renseignements militaires, car c'était là l'avantage de mon poste. Ils n'avaient plus d'obstacle.

J'ai dit au revoir à Una.

Je suis resté quelques jours à Zagreb pour attendre que l'on me fasse parvenir de Sarajevo mes affaires et mon billet de retour. Les Anglais m'ont expédié un carton et un sac poubelle. Ils avaient laissé les Ukrainiens entrer dans mon appartement et me voler tous mes biens.

Je n'ai même pas pu dire adieu à tous ces gens avec qui j'avais travaillé et vécu. Je n'étais plus rien. Quelques jours plus tôt, j'accordais des entrevues à toutes les chaînes télé du monde et, là, je n'étais bon qu'à recevoir un coup de pied au cul, comme un enfant malpropre.

J'ai acheté un billet de train pour Paris.

14

Au service de la République

Je suis remonté à Paris, la mort dans l'âme.

J'ai appris que MSF avait besoin d'un logisticien pour le Mozambique. J'étais preneur. Il était convenu qu'Una viendrait m'y retrouver. Mon mandat consistait à ouvrir un bureau à Malange, à la frontière du Malawi, sur l'autre versant du mont Mulange. La guerre était finie. Les accords de paix avaient été signés. On préparait le retour des réfugiés. Travail rapide pour moi : toilettes, centre de nutrition, etc. Un poste intérimaire, car je devais ensuite prendre en main la coordination logistique de la mission dans la capitale.

Malange était un désert. Le vide complet. Le matin, il n'y avait que les oiseaux pour annoncer la vie. Il n'y avait ni radio, ni télé. Je ne savais plus ce qui se passait dans le monde, en particulier en Bosnie. Il me fallait traverser la frontière du côté du Malawi pour aller téléphoner à Una, à Sarajevo. Un exercice de haute technologie : ma voix était transmise par radio de Mulange à Blantyre. Un fil la transportait ensuite jusqu'à Lilongwe. De là, elle était transmise à Sarajevo par satellite. On ne s'entendait jamais. J'étais constamment obligé de hurler. Si elle me recevait parfaitement, je percevais à peine sa voix. Quand je pestais de rage, elle croyait que c'était à elle que je m'en prenais.

Peu à peu, c'était devenu confus dans ma tête. Les relents de la guerre me remontaient à l'esprit. Je voulais crier à Una de venir me rejoindre à Maputo le plus vite possible. Une lettre m'est parvenue quelques semaines plus tard : Una rompait, elle en avait marre de se faire engueuler au téléphone. Elle se disait heureuse de m'avoir connu, mais elle tenait à rester à Sarajevo, auprès de ses parents.

J'ai enfin été transféré à Maputo. Notre mandat était un classique des *Flying Doctors*. Les accords de paix avaient certes été ratifiés après trente ans de guerre, mais il restait à les mettre en application. Il fallait notamment unifier les régions qui étaient encore divisées entre positions rebelles et forces gouvernementales.

Nous avions trois unités dans la région du Zambèze, deux dans le centre et une au cœur, à Maputo. Je coordonnais tout le volet logistique. Je devais avaliser tous les achats, l'utilisation des avions, car chaque médecin disposait d'un appareil pour aller dans la brousse. J'étudiais les plans de mise sur pied des nouvelles infrastructures. Nous distribuions des médicaments, organisions des campagnes de vaccination.

J'ai revu Lucrecia, la petite actrice de Blantyre, par le plus grand des hasards. Elle était à une soirée à l'ambassade de France. Elle était en haut de l'escalier. Elle portait une minuscule robe blanche qui lui seyait à merveille. Elle était toute menue. Elle n'avait pas changé. Sa vue m'a ramené des mois en arrière. Je suis tout de suite allé la voir et je lui ai dit en portugais :

—Désolé, je ne parle pas bien le français, encore moins bien le portugais. Je voulais juste vous dire que vous êtes sans doute la plus belle femme du Mozambique.

— *Muito obrigada!*

Je ne savais plus quoi lui dire après. Je me sentais con. Je n'étais pas sûr qu'elle m'ait reconnu. J'ai encore balbutié d'autres mots en frantugais. Sentant que je me noyais, elle m'a accordé un sourire et m'a dit :

— Ça ne fait rien, je parle bien le français !

Merde. J'étais amoureux.

Quelques sorties plus tard, je l'ai raccompagnée chez elle au sixième étage d'un immeuble du centre de Maputo. Nous avons passé une heure entre les quatrième et cinquième étages. Et elle est devenue ma copine.

Auprès de Lucrecia qui passait à peu près toutes les nuits chez moi, j'ai repris goût au travail. L'humanitaire m'avait déçu. L'Irak m'avait révélé que toutes les opérations ne sont pas égales aux yeux des bailleurs de fonds. Sarajevo avait déboulonné le mythe des Nations unies. Le Mozambique était donc pour moi la chance d'un renouveau.

Je me disais que, à la fin de mon mandat, je pourrais rester au Mozambique et y faire fortune. Le pays entier était à reconstruire. Je me débrouillais avec le portugais, j'étais connu de presque tout le monde, je pouvais espérer y monter une entreprise prospère. J'ai volé sur ce petit nuage jusqu'au mois de novembre 1993. Le téléphone a sonné.

— C'est Jean-Christophe. Comment vas-tu ?

J'avais suivi l'actualité française. Je savais que la gauche avait perdu les élections législatives. François Léotard était le nouveau ministre de la Défense.

À MSF, ça avait bougé aussi. Rony Brauman avait annoncé son départ de l'organisation, et c'est Jean-Christophe Rufin qui était pressenti pour le remplacer. J'étais connu pour être ce que l'on appelait un Rufin-boy. Mais Jean-Christophe avait certaines qualités qui allaient lui nuire : il était spécialiste des questions de sciences politiques, il avait en plus une très impressionnante expérience du terrain, de l'Éthiopie à l'Amérique du Sud. On ne pouvait pas le rouler dans la farine avec de grands mots.

Un mouvement de contestation s'est constitué rue Saint-Sabin contre Rufin pour élire un garçon de la maison, plus accommodant. Comme dans toutes les ONG, ce sont les membres qui élisent le président. Ils ont choisi Philippe Biberson.

Entre-temps, Léotard avait demandé à Jean-Christophe de devenir son conseiller pour l'humanitaire. La France, qui entamait la professionnalisation de son armée, avait besoin de savoir quel rôle elle allait jouer dans les missions humanitaires ou dans celles des Nations unies. Même s'il ne faisait pas l'unanimité en France, Léotard était un visionnaire qui a eu le courage d'engager un humanitaire au ministère de la Défense.

— Marc, ça fait presque un an et demi que la France est à Sarajevo. Nos militaires sont en contact avec les humanitaires, les médias et plein d'autres groupes, mais ils n'ont pas les moyens de replacer les faits dans leur contexte et d'évaluer les répercussions de leur action. Au Quai d'Orsay, Juppé a décidé la réouverture de l'ambassade française en Bosnie.

L'ambassade de France se trouvait au quatrième étage du TV Building, voisin du PTT. L'ambassadeur était seul avec deux mecs du RAID (Recherche Assistance Intervention Dissuasion) et trois CRS pour assurer sa sécurité. Il y avait désormais plusieurs ONG à Sarajevo. Toutes demandaient à la France de l'argent, des services de protection et de génie. Du coup, le gros du boulot était accompli par les soldats.

Les Affaires étrangères désespéraient de trouver un fonctionnaire prêt à aller bosser dans ce coin suicide. La Défense ne pouvait pas se payer le luxe de patienter jusqu'à ce que les candidats se déclarent. Il lui fallait très vite un attaché humanitaire et aux droits de l'homme.

— Est-ce que le poste t'intéresse ? Tu es francophone, tu connais Sarajevo pour y avoir vécu six mois. Nous n'avons aucun civil qui y ait séjourné aussi longtemps que toi. Nous avons besoin de quelqu'un qui puisse être rapidement opérationnel et qui soit en mesure de nous donner une évaluation précise.

— Détail, Jean-Christophe : je ne suis pas français...

— Pas grave, aucun Français n'ayant répondu, nous avons le droit de faire appel à un francophone. Après tout, les Québécois, vous êtes nos cousins d'Amérique...

J'ai senti un sourire dans sa voix.

J'ai raisonné Lucrecia. Mon idée, c'était d'accepter l'offre de Rufin, de faire un gros coup d'argent, de rester quelques mois en Bosnie puis de revenir au Mozambique, qui devenait ma seconde patrie. J'y avais une maison, une voiture, et surtout une femme qui m'aimait et que j'aimais. Je suis parti à Paris.

Directement en réunion au 16, rue Saint-Dominique, au ministère de la Défense. On m'a conduit au bureau de Jean-Christophe avec mes chaussures mouillées. Il tombait un crachin tristounet. C'était Paris en automne.

Le bureau de Jean-Christophe ressemblait au salon d'un château. Nous sommes tombés dans les bras l'un de l'autre. Et nous avons repris la conversation là où nous l'avions laissée à mon dernier passage à Paris. Ensuite, nous sommes allés voir un conseiller de Léotard. Une sorte de barbouze, mais d'un genre moins primaire que les agents de la CIA, de la DGSE, ou d'autres services de renseignements. C'était un mec assez influent, un colonel qui connaissait sans doute tous les colonels ayant de l'influence sur les généraux. C'était lui qui s'occupait de tous les dossiers compliqués. Une sorte de chef logisticien au cabinet du ministre. Entre logisticiens, nous étions faits pour nous entendre.

Toutefois, malgré ce climat proche du dernier James Bond, il était clair qu'ils ne m'avaient pas engagé comme espion. J'avais une mission précise, en trois points : 1) définir, parmi les ONG, qui faisait quoi, pour qui et où ; 2) dire où allait l'argent français, et s'il était utilisé à bon escient ; 3) formuler des propositions pour améliorer l'image de l'armée française.

On m'a présenté à celui qui devait bosser avec moi à Sarajevo : un médecin, ancien militaire. Il ne restait plus qu'à m'attribuer un titre officiel : attaché humanitaire et aux droits de l'homme.

Le Quai d'Orsay m'a fait des cartes de visite.

Nous avons ensuite rencontré l'ambassadeur de France en Bosnie, Henry Jacolin, de passage à Paris, pour discuter des responsabilités de chacun et de notre *modus operandi*. Il était assez inquiet, car nous avions des fonctions proches de celles des barbouzes ; ce dont il se méfiait, lui qui était issu de la pure diplomatie. On lui a fait comprendre que nous n'avions pas le mandat de mener des opérations suspectes. Nous voulions juste nous assurer que l'aide militaire et humanitaire française était efficace.

Je suis reparti au Mozambique remettre ma démission à MSF et mes dossiers à mon successeur. Nous sommes convenus, Lucrecia et moi, que je serais absent six mois, pour ce mandat qui me rapportait 12 000 dollars par mois. Le fric servirait à acheter de l'équipement à Paris pour que je puisse lancer mon entreprise au Mozambique.

Dans l'avion qui m'amenait à Split, je prenais conscience que j'étais devenu quelqu'un. J'étais un quasi-diplomate. Moi, l'ancien petit voyou de Montréal. Mais je ne me sentais pas du tout un imposteur, je ne l'avais pas volé. J'étais peut-être juste un peu mal à l'aise dans les costards-cravates dont je devais m'attifer. Et cette carte qui clamait que je représentais un pays où je n'avais même pas un permis de séjour.

Nous sommes restés deux jours à Split. Même si nous étions encore assez loin du front, le médecin qui m'accompagnait a décidé qu'il n'avait plus envie de continuer l'aventure. Il avait été formé chez les nageurs de combat, les durs de durs. À cinquante ans passés, à quelques années de la retraite, il n'avait accepté cette mission que pour le salaire alléchant. Mais à Split, il a compris qu'on ne revenait pas indemne de Sarajevo. Ç'a été pour lui une décision difficile.

Il a frappé à ma porte.

— Marc, il faut que je te parle. Je n'y vais pas.

Je savais que, dans sa tête, c'était l'enfer. Je lui ai donc fait comprendre que c'était le plus beau geste d'amour qu'il pouvait offrir à sa femme. J'espère qu'ils sont heureux et qu'à cet âge-là je serai capable de faire les mêmes choix.

Il est rentré en France le lendemain. Vingt-quatre heures après, j'étais seul dans l'avion en route vers Sarajevo.

Sarajevo. Mon aéroport. Huit mois après l'avoir quitté sans dire au revoir. Le mont Igman de nouveau enneigé.

L'aéroport avait beaucoup changé. Les mesures de sécurité avaient été renforcées : encore plus de portes blindées, de sacs de sable, de militaires. Par contre, il y avait moins de bruit. Les combattants étaient épuisés, sans doute. La guerre semblait appartenir à un passé lointain.

L'électricité était revenue.

On a descendu ma voiture de fonction de l'avion, et j'ai demandé au militaire français si on avait prévu des véhicules blindés pour nous escorter jusqu'au PTT. Il m'a répondu que je pouvais m'y rendre seul. Sniper Alley n'était plus dangereuse. Les gens la parcouraient à pied. La voie centrale où passaient les tramways fleurissait de tomates.

Les grosses vagues de tueries avaient donc cessé. On n'entendait que très sporadiquement, au loin, des bombardements.

Le capitaine qui m'a accueilli en ville m'a montré ma chambre et mes bureaux au quatrième étage. J'étais diplomate français. En m'endormant ce soir-là, j'avais presque envie de rire.

Le lendemain, je me suis rendu aux bureaux du HCR. J'avais rendez-vous avec le général Soubirou, successeur de Morillon aux commandes des forces onusiennes de Sarajevo.

Quand je suis descendu de ma voiture, dont le statut diplomatique sautait aux yeux, je me suis retrouvé nez à nez avec Anthony Land, qui était encore le chef de la mission du HCR à Sarajevo.

Il riait moins. Il a voulu la jouer à l'amicale. Il m'a dit, d'une voix de fausset :

— Je suis content de ta nomination.

— Tant mieux.

— C'est donc toi qu'il faudra voir pour toutes les questions d'argent ?

— Essayez de ne pas venir trop souvent.

J'ai tourné les talons.

Una avait quitté le HCR. Elle étudiait en République tchèque. Amra avait également démissionné.

L'ambassadeur est arrivé à Sarajevo. Et le seul mec qui bossait avec lui était un Canadien dont il ne comprenait pas l'accent. Et cette obsédante impression que je lui donnais d'être un espion.

Je me suis lié d'amitié avec les policiers de l'ambassade et les deux mecs du RAID. Le tatouage que je portais à l'un de mes bras rappelait que je n'avais pas toujours été du bon côté de la loi. Il disait : ACAB, pour *All Cops Are Bastards*.

Des restaurants, des discothèques et des bars avaient rouvert à Sarajevo. Pour peu qu'on ait de l'argent, on pouvait tout s'offrir. On pouvait désormais se payer le luxe extrême de marcher dans la rue, d'aller au cimetière sans craindre les tireurs embusqués, même s'il en restait encore.

Il y avait davantage d'ONG et de militaires. Les Anglais étaient maintenant sous le commandement du général Rose.

Je suis retourné au café Obala. La fille des propriétaires avait grandi. La poupée géante que je lui avais rapportée de Zagreb un an plus tôt, alors que j'étais le seul à pouvoir circuler en Bosnie, paraissait maintenant moins impressionnante dans ses bras.

Le café Obala était devenu un vrai café-bar, et il roulait très fort. Il y avait une salle de théâtre. Le groupe électrogène du HCR que je leur avais laissé leur avait permis de projeter des films pour les enfants, même pendant la guerre.

J'ai été reçu comme un membre de la famille. J'étais content de revoir tout le monde. Puis, cette passion des femmes qui finit toujours par me rattraper : j'ai rencontré la belle Senela. Elle m'a fait perdre la raison et oublier ma Mozambicaine.

J'ai visité toutes les ONG qui avaient reçu des fonds du gouvernement français. J'ai rédigé un rapport de près de soixante pages pour le ministère de la Défense. Je scrutais minutieusement le fonctionnement de toutes les organisations. Je me souviens de cette ONG qui avait soumis en février une demande pour des vêtements d'hiver destinés aux enfants.

Absurde : même si elle avait reçu tout de suite l'argent, les fringues n'auraient pas été livrées avant fin avril. Trop tard pour l'hiver.

Des âneries de ce genre, j'en ai bien relevé des dizaines. Je recommandais des stratégies de promotion de l'action de ces militaires. Je crois que le rapport a été apprécié.

Quand les choses vont bien pour moi, il y a toujours des contrecoups qui viennent perturber mon existence, comme si je n'étais pas doué pour la tranquillité.

Tout a commencé par l'initiative des artistes d'Obala d'organiser en France une exposition d'œuvres d'artistes de Sarajevo. On voulait confier à l'armée française le transport de la précieuse cargaison vers Paris. J'ai invité au café trois colonels français pour leur présenter les propriétaires des lieux afin qu'ils dressent un plan d'action.

Nous quittions le café en voiture quand nous avons entendu l'assourdissante explosion. Mon cœur s'est crispé, tandis que mon pied écrasait le champignon. C'est au PTT que nous avons appris que la bombe était tombée sur le marché de Sarajevo. Encore aujourd'hui, on n'est pas certain du côté d'où elle venait. J'ai repris la voiture pour m'y rendre. L'horreur. Une version hivernale d'*Apocalypse Now*. Comme le marché était couvert, la bombe avait fait éclater le toit. Les victimes avaient donc été atteintes à la tête. Le sang se mêlait à la gadoue, à la neige et aux produits du marché. Les gens criaient. Les enfants pleuraient. Les hommes avaient l'œil hagard.

Dans ce genre de circonstances, je me sens toujours froid, calme et méthodique. Je ne sais pas combien d'aller-retour j'ai effectués vers l'hôpital. Le premier voyage s'est fait dans le bruit et le fracas. Au troisième, c'était déjà le silence. Je savais pourquoi. Les morts sont peu bavards.

Cet incident a marqué un tournant majeur de la guerre. Les forces occidentales ont décidé de s'engager plus activement dans le conflit. Le 9 février 1994, l'OTAN a adressé un ultimatum aux Serbes en les sommant de se retirer à vingt kilomètres au moins de Sarajevo dans un délai maximum de dix jours. C'est Alain Juppé, ministre français des Affaires étrangères, qui était chargé, au nom de l'OTAN, de porter l'ultimatum à Radovan Karadzic, à Pale. C'est moi qui ai accueilli Juppé à sa descente d'avion. Il a eu l'air un peu déçu de voir que c'était un Canadien qui représentait la France. Ma voiture, qui avait un statut officiel, s'est jointe au convoi. Jean Daniel, du *Nouvel Observateur*, et un des gardes du corps sont montés avec moi. Un des trois CRS de l'ambassade est tombé gravement malade, et c'est moi qui ai pris sa place. J'ai accompagné Juppé tout au long de sa mission. Je me baladais avec un Uzi sous mon imperméable jaune. Ça n'a pas été une partie de plaisir. Juppé était nerveux. Voilà un bon père de famille, un intellectuel, normalien, énarque, habitué aux bonnes manières mais à qui on avait demandé d'aller dire leur fait à une bande de pourris.

La tension est montée de plusieurs crans à Sarajevo. Une fois de plus, les ONG ont commencé à se retirer, redoutant un raidissement des Serbes. Des scènes d'évacuation que je connaissais déjà.

Trois jours plus tard, l'ambassade de France a reçu l'ordre de fermer à son tour. L'ambassadeur se repliait avec sa garde sur Zagreb. Je restais le seul « diplomate » français à Sarajevo, donc le plus important.

Au dernier jour de l'ultimatum, la ville s'était vidée de ses étrangers. La population faisait le dos rond en attendant le choc, car les Serbes campaient encore sur les hauteurs de la ville. Une neige fine amortissait les bruits.

Apparemment, les Serbes refusaient de reculer. Mais

personne n'en était sûr. Ni les satellites de surveillance, ni les espions sur le terrain.

Si l'OTAN intervenait, cela risquait de virer au massacre. Perspective peu réjouissante, mais je pensais que l'OTAN devait tenir parole et que, si l'ultimatum n'était pas respecté, les frappes devaient débuter immédiatement. C'était important pour la crédibilité de l'OTAN et l'imposition de la paix dans la région.

Ce soir-là, j'ai traversé les check-points musulmans, je suis allé à Pale. Les collines rondes couvertes d'arbres sans feuilles, la neige qui tombe en silence, tout ça me paraissait terriblement familier. C'était exactement le paysage des Laurentides, celui de mes séjours à Rawdon, au nord de Montréal, en foyer d'accueil. Il n'y avait eu aucun mouvement sur la route. Des blindés, ça laisse des traces dans la neige.

Puis soudain, la nuit tombée, j'ai vu venir vers moi un tank serbe, qui tirait un camion et trois canons T-45. Suivi d'un autre, puis d'un troisième. Il fallait que Paris le sache. J'ai appelé Jean-Christophe :

— Si tu as le pouvoir d'arrêter les choses, dis-leur de ne pas appuyer sur le bouton, les Serbes se retirent !

— Tu es sûr de ton info ?

Merde, c'est vrai que trois tanks ne font pas une armée. Mais le convoi des chars serbes se retirant discrètement dans la nuit ne semblait pas vouloir s'arrêter.

— Je confirme, Jean-Christophe !

J'avais envie de hurler de joie. Ça avait marché, putain ! Je suis rentré à Sarajevo.

Ma mission est entrée dans sa phase 3 : l'étude des stratégies d'amélioration de l'image de l'armée française en Bosnie.

Je me suis assis avec des mécaniciens français pour étudier un plan de réhabilitation des poulaillers. Nous avons trouvé des couveuses et nous les avons remontées. Puis, pour Pâques, nous avons fait venir de France plus de 10 000 œufs fécondés. Nous en avons remis 8 000 à Sarajevo et le reste aux Serbes. Quelques semaines plus tard, le marché était inondé de poulets. Le petit peuple de Sarajevo n'avait pas vu de cuisses de poulet depuis des mois.

Je ne me sentais pas pute. J'aimais bien ce mariage entre l'observation détachée et l'engagement humanitaire. La cause était noble, le geste riche. Certains chantent la paix en suggérant de troquer des fusils contre des fleurs, moi j'amenais des soldats français à veiller sur 10 000 œufs fragiles arrivant de Paris dans un Transall. Et, par-dessus le marché, ils aimaient ça.

Nous rétablissions le système économique de la ville.

J'avais conscience de m'être un peu éloigné de l'humanitaire classique. Les ONG me faisaient une drôle de tête. On me vouvoyait. J'étais l'attaché aux droits de l'homme. Toujours en cravate. J'avais le droit d'entrer dans tous les services et dans tous les bureaux. J'étais l'entremetteur entre les ONG, les bénéficiaires de l'aide humanitaire et la France, qui signait les chèques. Des leaders musulmans venaient me demander de dire à la France, qui faisait des largages de colis à Bihac, de les balancer plutôt dans tel ou tel autre point, parce que là où on le faisait d'habitude, seuls les plus forts parvenaient à se servir. Il fallait que je leur fasse comprendre qu'ils devaient cesser de toujours se tourner vers l'étranger pour régler leurs problèmes et que, s'ils étaient vraiment des leaders, ils n'avaient qu'à prendre leurs responsabilités. On intervenait en Bosnie parce qu'il y avait une guerre entre Bosniaques, Croates et Serbes. Nous n'allions pas en plus nous mettre à pacifier les musulmans entre eux.

Je recevais également les doléances des ONG, qui avaient chacune leur champ d'action : l'assainissement des eaux, la réfection des hôpitaux, l'assistance aux femmes. J'essayais de trouver de l'argent quand c'était possible et de faire le suivi de nos investissements. Et quand je pouvais mettre la main à la pâte, pourquoi pas. Si, en plus, l'opération rendait justice aux militaires français qui faisaient un boulot merveilleux, pourquoi en aurais-je été malheureux ? Je le devais bien à Juju, au colonel Sartre et à tous ces autres héros de l'ombre qui méritaient plus que les caricatures dégradantes qu'une certaine presse faisait d'eux.

J'ai aussi eu la visite d'une autre grosse pointure. Michel Rocard est venu faire son tour. Sur le tarmac, avec le général Soubirou, on se demandait comment il fallait s'adresser à un ex-premier ministre, qui n'était plus que le chef d'un parti de l'opposition et qui se présentait sans mandat officiel.

— Vous devez le savoir, vous êtes français.

— Moi, je ne suis qu'un militaire. C'est vous, le diplomate.

Quand Rocard est descendu de l'avion, je me suis donc avancé vers lui, je lui ai tendu la main en lui lançant un sonore :

— Bonjour à vous ! Je m'appelle Marc Vachon.

Il a eu un sourire en coin.

— Oui, je sais, on m'avait prévenu.

Le général Soubirou nous a fait son petit discours sur les règles de sécurité, puis le cortège s'est mis en marche. Deux véhicules blindés nous précédaient. Nous sommes d'abord allés au PTT pour une bouffe, puis nous avons visité les presses du quotidien *Oslodjenje*, intallées au sous-sol de l'édifice du journal en ruine, ensuite l'hôpital. Quand nous sommes passés par la route qui surplombe le stade de football, Rocard s'est rendu compte que ce dernier avait été reconverti en cimetière. Il m'a demandé de ranger la voiture au bord de la route. Les deux blindés qui ouvraient le convoi ont filé droit devant eux. C'est vrai que, avec moi, ils étaient habitués à ce genre d'écarts au protocole.

Nous sommes restés là une bonne minute. C'est long, au bord d'une route où personne ne voudrait s'arrêter pour rien au monde, juste sous la colline où les snipers étaient toujours embusqués. Rocard n'a rien dit. Il a regardé en silence les petites pierres tombales blanches et pointues qui couvraient la pelouse.

Je le regardais regarder, en me demandant ce qu'il pouvait bien penser de tout ça.

Même si les Serbes avaient desserré leur étau, ils encerclaient encore Sarajevo, et j'ai repris contact avec le HCR. L'aide humanitaire était alors un enjeu crucial. Les camions passaient par les check-points serbes qui apposaient un tampon d'autorisation de circulation, après avoir consulté la liste des produits livrés. Ensuite, ils devaient impérativement se rendre à l'aéroport et se délester de 25 % de leur chargement, que d'autres camions rapportaient à la population serbe. Après, seulement, le chauffeur pouvait entrer en ville, avec les 75 % qui restaient. Le HCR garantissait aux Serbes la livraison de leur quote-part.

Or, il y avait des ONG qui ne pouvaient se permettre de perdre un quart de leur cargaison. C'était énorme. Et, de plus, la FORPRONU était censée protéger les convois humanitaires.

Je trouvais qu'on s'agenouillait trop facilement devant les Serbes. Quand je bossais au HCR, ma voiture avait pris plus d'une cinquantaine de balles à force de passer les barrages, de monter sur la ligne de front, de négocier avec les chefs militaires. Et là, rien. On donnait sans discuter. Les Serbes n'avaient même pas à décharger les camions. On faisait le boulot à leur place. Du bon service, messieurs.

Plusieurs bailleurs de fonds commençaient à râler. L'Union européenne comme les ONG qui se faisaient taxer. D'autant plus que ces organisations avaient d'autres programmes du côté serbe. Elles ne comprenaient pas la raison d'être de cette double ponction.

Il fallait tirer cela au clair. Je m'y suis attelé avec d'autant plus d'entrain que j'avais des comptes personnels à régler avec certaines personnes du HCR : Larry Hollingworth, Anthony Land, qui en était le patron, le gros général qui m'avait renvoyé et qui se pavanait avec une Bosniaque trois fois plus jeune que lui. Je sentais que je tenais là ma revanche.

J'ai décidé de faire entrer dans la ville tout un convoi sans céder les 25 % promis aux Serbes. Prouver que le HCR mentait en affirmant que c'était impossible. Je suis allé voir Première Urgence pour lui proposer de ramener douze camions. Les chauffeurs devaient tous être français, pour que le show soit parfaitement franco-français. J'ai mis Paris au courant : autant la Défense que les Affaires étrangères. J'ai parlé au commandant français en Bosnie, qui m'a promis une escorte. On a informé les chauffeurs des risques, mais ils ont tous choisi de poursuivre l'aventure. Nous ne devions nous arrêter nulle part, à aucun barrage. Nous devions filer tout droit, jusqu'au cœur de Sarajevo. Comme par hasard, à chacun des check-points, il y avait deux tanks français, apparemment en panne. Mais, en fait, nous les avions postés là pour embêter les Serbes.

L'opération a été un succès, et nous nous en sommes réjouis dans la presse locale : oui, il était possible d'entrer, et non, il ne fallait pas forcément partager avec les Serbes. Le HCR était déculotté, et je jubilais. Toutes les ONG ont dès lors refusé de payer le tribut.

Moi, j'ai fait pire : j'ai envoyé à Paris un rapport sur le deal de la honte que le HCR avait conclu, avec copie à l'Union européenne, à Bruxelles. Les deux sont tombés à bras raccourcis sur Genève. Les représentants du HCR en Bosnie ont essayé de se défendre en mettant le tout sur le compte de la frustration que j'avais ressentie au moment de mon renvoi, mais les chiffres leur donnaient tort. Plusieurs d'entre eux ont été démis de leurs fonctions ou mutés. Anthony Land a été envoyé à Genève apprendre le français. Larry Hollingworth est devenu professeur d'université.

J'avais le cigare joyeux en les regardant plier bagage, à leur tour. J'ai payé une tournée générale aux chauffeurs. Et nous avons même organisé une soirée surprise à l'un d'entre eux qui célébrait son anniversaire. Entre gens bien, c'est si agréable.

15

Cruelle Afrique

Je suis retourné à mes fonctions d'attaché humanitaire à l'ambassade. En collaboration avec l'université, j'ai mis sur pied un projet de rédaction d'un bottin de Sarajevo par métiers : électriciens, plombiers, enseignants, etc. Une forme d'ANPE de Sarajevo, pour aider les ONG à trouver des collaborateurs compétents.

Puis, un nouvel incident. Un de trop, mais je ne le savais pas encore. C'était un soir. Je descendais de ma voiture pour entrer dans un café quand le coup a retenti. Il venait de l'autre côté de la rue, et le tireur m'avait visé, pour me tuer. Il a tiré trois fois. Il m'a raté trois fois. S'il m'avait touché, je ne me serais pas relevé, car à l'époque je ne portais plus de gilet pare-balles. On n'a jamais su qui avait commandité la tentative d'assassinat. Mais je ne m'étais pas fait que des amis avec mon opération de nettoyage au HCR. J'avais enquêté sur les marchés noirs, rien pour plaire aux trafiquants et à la mafia.

Les mecs du RAID sont venus me chercher dans le café où je m'étais planqué. Deux jours plus tard, Paris me conseillait de rentrer. Ça devenait trop chaud et j'avais de toute façon déjà accompli la mission qui m'avait été assignée.

J'ai appelé Maputo, et Lucrecia m'a appris qu'elle partait à la campagne s'imprégner de son rôle pour la prochaine pièce dans laquelle elle devait jouer une broussarde. J'avais donc le choix entre rentrer seul à Maputo ou essayer de repartir en mission.

Un colonel français qui m'avait nombre de fois donné un coup de main à Sarajevo m'a appelé :

— Marc, j'ai peut-être un plan sympathique pour toi. J'ai un de mes amis qui a un voilier en Guadeloupe et qui voudrait le ramener en France. Est-ce que ça te dirait de l'accompagner ?

Et voilà que je partais pour la Guadeloupe en compagnie d'un ex-militaire qui avait acheté un voilier pour faire le tour du monde avec sa femme. Celle-ci l'ayant quitté, il devait ramener son bateau au pays.

Je suis devenu marin.

Des Bermudes, j'ai appelé le ministère de la Défense pour savoir si j'allais être payé pour les deux mois qui restaient à mon contrat.

C'est là que j'ai appris la mauvaise nouvelle : Première Urgence venait de se faire arrêter par les Serbes, sous prétexte qu'on avait trouvé une arme dans le coffre d'une de ses voitures ; plus d'une dizaine d'expatriés étaient retenus prisonniers. On me demandait de rappliquer d'urgence à Paris.

J'ai pris un avion pour Philadelphie. Ma première visite en Amérique depuis mon départ pour l'Europe, plusieurs années plus tôt. C'était le 22 avril, le jour de la mort de Richard Nixon. Le lendemain, j'étais à Paris.

Je suis resté en *stand-by* pendant des jours à attendre des instructions. J'aurais aussi bien pu continuer ma croisière.

Jamais il n'a été nécessaire que je retourne en Bosnie. Donc, j'ai passé deux mois à me tourner les pouces et à faire la nouba. Aux frais de la princesse.

Quelques mois plus tôt, à mon retour du Mozambique, Jean-Christophe m'avait présenté une journaliste du nom d'Élisabeth Lévy. Elle travaillait souvent en Suisse. Elle ne venait à Paris que le week-end, et encore là, juste pour faire sa lessive et voir son copain. Elle m'avait alors proposé de dormir chez elle chaque fois que je serais de passage à Paris.

C'est ainsi que je suis devenu parisien.

Grâce à Juju, que j'ai beaucoup revu, j'ai fait la connaissance de son ami Christophe Morard, dit le Pompier. Il est devenu mon pote. J'ai également rencontré François Roustand, appelé le Corse ; il est devenu comme un frère.

J'ai profité de ce séjour parisien pour acheter tout l'équipement dont ma compagnie de construction allait avoir besoin. Tout a été mis dans un container que je devais ensuite retrouver au Mozambique.

Les mecs de Première Urgence ont enfin été libérés au moment précis où expirait mon contrat. Mais Lucrecia était encore dans la brousse et ne rentrerait pas avant des semaines. Ne voulant pas rester les bras croisés et me disant que de l'argent frais ne pourrait que profiter à mon entreprise, je suis allé voir MSF.

Le directeur logisticien m'a appris qu'il avait d'énormes difficultés dans son secteur avion au programme d'aide alimentaire au sud du Soudan. Comme j'avais, depuis Sarajevo, de l'expérience avec les avions, il m'a offert de reprendre le show.

— Le contrat, je te promets, sera court. Nous avons un budget d'un million de dollars seulement. Au prix où sont les avions, ce n'est pas énorme.

C'est ainsi que je me suis retrouvé dans le Bahr el-Ghazal, dans le sud du Soudan. C'était fini les cravates. Retour aux habits décontractés.

Cela fait tant d'années que dure la tragédie du Soudan. La présence humanitaire également. Régulièrement, nos écrans de télé sont envahis par ces scènes insoutenables où on voit de jeunes Soudanais mourir de faim.

Ma mission consistait à établir un pont aérien dans le sud du pays afin d'apporter un complément de nourriture, puisque le Programme alimentaire mondial ne suffisait pas à la tâche. L'administrateur du projet, basé à Nairobi, au Kenya, était un curieux personnage dont la femme, journaliste, pompait les infos du bureau de MSF. Le mec semblait avoir de sérieux problèmes de coke. À cette époque, à cause de la présence massive d'expatriés au Kenya, la drogue abondait et ne coûtait pas cher. À mon arrivée, l'administrateur m'a appris qu'il avait déjà signé un contrat avec une compagnie d'aviation : la Southern Air Transport.

Deux jours plus tard, je m'envolais vers Lokichokio, dans le nord du Kenya. De là, on a poursuivi vers le sud du Soudan, dans le Bahr el-Ghazal. C'est une région de marais qui tire son nom du fleuve Bahr el-Ghazal, la rivière des gazelles, qui se jette dans le Bahr el-Gebel, pour former le Nil blanc. Elle est surtout peuplée de Dinkas.

Sur place, je me suis tout de suite attelé à marquer le terrain afin de permettre le largage de vivres. L'avion devait descendre jusqu'à trois cents mètres, ouvrir ses sas et faire glisser les ballots de nourriture. Parce qu'on avait estimé qu'aménager une piste coûterait trop cher et prendrait trop de temps, les gros porteurs ne pouvaient guère se poser. Par contre, les avions plus petits atterrissaient, chargés des produits non largables, comme l'huile. Le premier avion nous apportait aussi un tracteur et sa remorque. Des véhicules tout terrain dont on allait se servir pour apporter des vivres dans les régions environnantes.

La première distribution s'est passée sans anicroche. L'unité MSF, qui était installée dans le Therapeutic Feed Center (Centre nutritionnel thérapeutique), ne chômait pas : plus de cinq cents personnes s'y trouvaient en traitement. L'équipe comptait sept expatriés.

Le coin faisait vraiment penser au trou du cul du monde. Rien à voir, rien à admirer, sauf les moustiques, les maladies, la malnutrition. Pas grand-chose à inscrire sur les prospectus touristiques. C'était cela, une mission à la dure.

Les Dinkas étaient un peuple curieux. Un homme pouvait être à votre service. Un jour, il se levait à trois heures de l'après-midi et partait, pour ne revenir que quatre jours plus tard. Sans explications. Inutile de poser des questions.

— Pourquoi avez-vous été absent ?

— Il fallait que je parte.

C'était tout ce qu'on pouvait lui soutirer.

Par ailleurs, des choses louches se produisaient avec les avions. Je connaissais les pilotes, des gars qui avaient servi à Sarajevo. Ils pilotaient de vieux C-130 de l'armée américaine, peints en blanc pour l'occasion au nom de la compagnie Southern Air Transport, enregistrée en Floride.

Quand j'effectuais des tournées avec eux, nous mettions quatre heures pour aller au Bahr el-Ghazal et en revenir. Mais, quand ils étaient seuls, il leur fallait deux heures de plus. Chose bizarre, ils ne nous facturaient pas un sou de plus, même s'ils consommaient forcément plus de kérosène.

Les pilotes m'ont expliqué que, dans leurs temps libres, ils organisaient des safaris. Ils m'en ont fait bénéficier, et c'est vrai que la balade était magnifique. Je me demandais toutefois s'ils ne manigançaient pas autre chose de plus sérieux.

Je me suis sévèrement accroché avec ma collaboratrice nutritionniste. Nous remettions la nourriture aux chefs des villages, qui se chargeaient de la partager parmi le clan. C'était cela, l'économie de guerre. Il était inutile de penser échapper aux rackets des combattants. Alors, autant donner au chef du hameau qui savait mieux que nous marchander la contribution de son village avec les forces du SPLA, l'armée populaire de la libération du Soudan, la guérilla qui contrôlait le Sud. Il pouvait ensuite distribuer le reste équitablement — ou du moins on l'espérait. Les Dinkas ne vivaient pas dans de gros villages, mais plutôt en petites communautés, ce qui rendait encore plus familiales les unités géographiques et laissait espérer une possible équité dans le partage des ressources.

Ma collègue n'était pas d'accord. Selon elle, il fallait remettre la nourriture directement aux femmes, piliers de la famille. Sur papier, ça faisait joli et attendrissant. La question de *gender equity* était devenue le dada de tous ces jeunes humanitaires issus des prestigieuses universités occidentales.

Donner la bouffe aux femmes ? Je n'y voyais absolument aucun inconvénient, au Mali ou au Sénégal. Pas au Soudan. Pas dans une zone de guerre. Pas dans ce vaste pays d'Afrique installé depuis des années dans une drôle de confrontation. Le silence relatif des armes ne signifiait pas la fin des hostilités. La distance qui séparait les escarmouches n'était qu'illusion. L'explosion était encore possible. Les chefs de guerre avaient toujours le dernier mot.

De fait, cela s'est mal passé. Les soldats du SPLA sont venus réclamer leur dû. Mais comme les provisions avaient été livrées aux femmes, celles-ci ont eu à subir les foudres de la milice, et plusieurs d'entre elles, qui tentaient de s'opposer, ont été cruellement battues. C'était tragique.

Je l'avais prédit. Je l'avais répété. On n'avait pas voulu

m'écouter. Il fallait revoir tout le plan d'intervention. Je suis allé à Nairobi pour leur faire comprendre que, si on recommençait cette connerie, ce n'étaient plus les femmes mais bien nous qui allions nous faire allumer.

Je le sentais. Ça puait très fort. Il y a des choses ainsi que l'on ne peut pas expliquer, mais que l'instinct devine. L'administrateur ne semblait pas encore sorti de ses vapeurs de came, il s'est contenté de me traiter de pourri. Je ne parvenais pas non plus à faire comprendre le danger de la mission à Paris, parce que l'administrateur affirmait avoir tout balisé avec les contacts SPLA dont il disposait à Nairobi. Il croyait en la parole du général X ou du colonel Y. Il ne se rendait pas compte que, entre les officiers du SPLA à Nairobi et les soldats aux pieds nus du Bahr el-Ghazal, il y avait un monde.

Mon *desk* de Paris devait choisir entre lui et moi. Il m'a donné tort. Il m'a demandé de retourner sur le terrain et de reprendre la distribution aux femmes.

Nous avons quitté notre base à quatre, dans une voiture bourrée de nourriture. Mais les choses ont vite dérapé. En début d'après-midi, nous étions prêts à commencer la distribution des vivres. Sans que nous puissions vraiment dire ce qui excitait la foule, les gens se sont mis à courir partout. Ça devenait dangereux de rester là ; nous avons à peine eu le temps de sauter dans la voiture pour rentrer à la base. Il était quatre heures du matin quand nous y sommes parvenus. Au terme d'un parcours exténuant. Plusieurs fois, la voiture s'est enlisée dans la boue ; nous ne pouvions presque pas allumer nos phares, de peur que nos poursuivants ne nous repèrent. L'enfer.

Le lendemain, nous sommes allés voir le commandant local qui nous a juré ne pas avoir entendu parler d'une quelconque attaque rebelle près de notre lieu de distribution. Impossible d'identifier les responsables du chaos de la veille, chaque camp rejetant le blâme sur l'autre. Et nous nous trouvions au milieu.

J'ai appelé Nairobi, mais je n'étais plus d'humeur causante.

Toutes les ONG dans la région ont décidé de se retirer, ne sachant pas si les incidents allaient faire boule de neige. L'administrateur psalmodiait au bout du fil comme un mantra :

— Je m'occupe de vous sortir de là !

Il n'a rien trouvé de mieux que d'envoyer un avion de douze places. Nous étions vingt et un à attendre l'évacuation. Inutile alors de hurler. C'était trop bête, trop triste, trop enrageant. Je devais rester pour m'assurer que tout le personnel était bien parti. Quatre expatriés se sont portés volontaires pour rester avec moi.

Nous nous sommes réfugiés dans le *compound* de MSF et nous avons prié que rien de fâcheux n'arrive avant le retour de l'avion. Mais il était midi, et nous doutions que l'appareil puisse effectuer l'aller-retour le même jour.

Comme un malheur n'arrive jamais seul, un orage a éclaté cette nuit-là.

L'avion n'était plus en mesure de se poser le lendemain. Nous étions coincés dans le sud du Soudan, entourés de hordes d'assassins qui s'approchaient de nous à grande vitesse. Le bouquet : un de mes collègues a, le pauvre, choisi ce moment pour nous faire une crise de paludisme. Ça ressemblait à un mauvais scénario de film d'horreur.

Heureusement, la pluie qui avait inondé le terrain a également ralenti les troupes à notre poursuite. Quatre jours plus tard, nous avons pu être évacués. Le camp s'était vidé de ses occupants. Les réfugiés qui le pouvaient s'étaient enfuis, redoutant une attaque d'un seigneur de la guerre.

Ce fut une bien courte mission. Parce qu'un administrateur avait été trop obtus pour réaliser son erreur. J'étais déçu que

MSF ait choisi de le croire, lui, plutôt que d'écouter celui qui était sur le terrain. Une population était laissée à sa faim.

Pour un humanitaire, rien n'est plus pénible que d'abandonner des populations en détresse. L'expérience que j'avais acquise m'avait permis de me faire une raison. Ce n'était pas ma guerre et, dans la mesure où j'avais fait de mon mieux, je pouvais repartir la conscience tranquille.

Mais rien ne prépare à voir s'éloigner dans la nuit sombre des femmes tenant dans leurs bras des enfants qui ne survivront probablement pas. Je ne peux non plus oublier le regard de cette infirmière de MSF qui s'est tournée vers moi au moment où elle montait dans l'avion pour me lancer : « T'es un salaud ! » Elle m'en voulait de l'obliger à partir, laissant derrière elle toutes ces mères auxquelles elle s'était attachée, les bébés qu'elle avait réussi à ramener à la vie. Les chiffres n'étaient pas abstraits pour elle, c'étaient des visages, des noms, des histoires personnelles, des drames évités ou non. C'étaient des adultes qu'il avait fallu nourrir au biberon pour qu'ils n'avalent pas trop vite leur première gorgée d'eau depuis des jours. C'étaient des êtres humains. Je ne lui en voulais pas de me traiter de salaud, mais le coup faisait mal. Surtout après que je m'étais démené pour éviter ce scénario catastrophe.

C'était quand même moi qui allais devoir rester une journée de plus en compagnie des réfugiés les plus mal en point, ceux qui étaient incapables de fuir. Je me retrouvais au milieu d'un nouvel Auschwitz. Des êtres décharnés qui tremblaient de désespoir, avec leurs yeux grands ouverts et la conscience que l'horreur était sur le point de s'abattre sur eux.

À ce moment-là, je me sentais petit, inutile. J'avais envie de rentrer pour ne plus voir, pour faire comme tous les autres Occidentaux. Loin des yeux, loin du cœur. Rentrer chez moi pour m'accorder, à mon tour, un peu de repos et le droit à l'indifférence.

Comble d'ironie, quand nous sommes arrivés à Nairobi, l'administrateur était parti en vacances « tellement il était fatigué ». Ç'a été sa chance, car j'avais prévu de lui arranger le portrait. Quitte à être rayé de MSF pour le restant de ma vie. Je suis rentré à Paris, résolu à sauter dans le premier vol pour le Mozambique. Marre. Marre de tout.

J'ai décidé de passer une semaine à Paris, pour m'éclater et pour oublier les mésaventures soudanaises. J'ai fait le tour des bars et des boîtes de nuit.

Mais sur tous les postes de télévision, la même histoire et les mêmes images d'un massacre de grande ampleur qui se déroulait au Rwanda. En ce début d'été de 1994, des journalistes avaient réussi à se rendre sur le terrain. Les témoignages des forces des Nations unies et des humanitaires restés sur place affluaient ; tous répétaient la même chose, annonçaient les mêmes chiffres ahurissants : près d'un million de Tutsis et de Hutus avaient péri dans ce qu'il convenait déjà d'appeler un génocide.

Outre le génocide, la violence faisait aussi rage sur le front militaire, à cause de la guerre que se livraient le Front patriotique rwandais (FPR), mouvement rebelle de réfugiés tutsis, et les Forces armées rwandaises (FAR).

Après des mois d'absence coupable, les Nations unies venaient d'autoriser l'opération Turquoise, proposée par la France, dans l'intention d'imposer un cessez-le-feu entre les FAR et le FPR, ainsi que de sécuriser les camps de réfugiés hutus qui commençaient à se constituer dans les pays limitrophes du Rwanda.

Fait nouveau dans l'histoire des génocides, la population

civile, encadrée par des milices, avait collaboré très activement aux massacres. Cette même population qui, devant la déroute des FAR, se résolvait à fuir le Rwanda pour aller s'établir dans l'est du Zaïre, dans une localité appelée Goma, au pied du volcan Nyiragongo. Près de 800 000 personnes, en un temps record de deux jours, avaient traversé la frontière.

Politiquement, la mission française a été dénoncée par ceux qui estimaient qu'elle allait surtout permettre aux FAR et aux miliciens responsables du génocide de prendre la fuite. Ils n'avaient pas tort, sauf que la plupart des cerveaux du génocide avaient déjà réussi à fuir. En outre, laisser la porte ouverte à la vengeance militaire n'aurait que provoqué une tragédie de plus dans un pays qui venait déjà de vivre le comble de la barbarie humaine.

C'est alors qu'est arrivé l'appel de MSF.

— Marc, est-ce que l'on pourrait te voir demain matin? Le plus tôt possible?

La situation était identique aux autres drames : des réfugiés en grand nombre, des camps d'accueil à construire, qu'est-ce que l'on devait faire, dans quel délai?

À ce moment-là, MSF Hollande était déjà à Goma et envoyait des messages affirmant que tout allait bien, que la situation était sous contrôle. La télévision s'entêtait à montrer le contraire. MSF France a décidé d'envoyer une mission sur place. N'ayant pas encore réussi à joindre Lucrecia, je me disais que ça ne me ferait pas trop de mal de me dérouiller un peu les muscles.

Vu qu'il y avait encore des combats dans certaines régions du Rwanda, on était convaincu que le flot des réfugiés n'était pas près de se tarir. Nous voulions construire un camp choléra à Bukavu, au sud de Goma.

J'ai préparé la commande pour l'équipement et je suis parti de toute urgence au Burundi. À Bujumbura, j'ai rejoint les équipes de MSF sur place, qui m'ont aidé à trouver rapidement des camions pour le transport du matériel : de l'équipement d'accueil pour au moins 60 000 réfugiés. Les six camions et les trois voitures se sont mis en branle, direction Bukavu.

Nous sommes arrivés vingt-quatre heures plus tard. Comme nous étions entrés sans autorisation, le logisticien du camp est allé négocier notre présence auprès des autorités locales. Ce n'était pas à moi de m'en occuper, j'étais là pour le choléra seulement. Mais, trois heures plus tard, nous étions encore bloqués. Je suis allé voir le douanier en chef.

— C'est quoi le problème ?

— Le problème, patron, c'est que vous n'avez pas de papiers et ce n'est pas bon…

C'était écrit en gros caractères sur son front : « Je veux un bakchich ! » Nous étions au Zaïre. Il y avait des coutumes indéracinables, même face à une délégation humanitaire.

— Je suis tout à fait d'accord avec vous, chef. Si j'étais à votre place, j'exigerais une amende…

— Ah bon ?

Son visage disait : « Qu'est-ce qu'il cause bien ce jeune homme quand il parle ainsi d'argent ! »

— Bien sûr. Au Canada, la sanction s'élèverait à 250 dollars par camion et à 50 dollars par voiture en infraction. Ce qui ferait en tout 1 650 dollars pour obtenir un laissez-passer de 48 heures pour entrer dans le pays et débarquer le matériel.

— En tout cas, patron, je crois que c'est une bonne initiative.

Il rosissait en pensant déjà aux billets qui allaient bientôt se retrouver dans ses poches.

Le logisticien, bien entendu, n'était pas content. Il avait espéré s'en sortir avec le discours « On est les bons, les gentils, nous allons aider vos frères et vous, vous n'oserez pas nous soutirer de l'argent ». Il ne comprenait pas que le douanier zaïrois se fichait éperdument des réfugiés rwandais. La loi du Tiers Monde, c'est « Chacun pour soi et Dieu pour soi ». Après tout, nous étions bien en infraction, non ? Nous n'allions pas passer des jours à parlementer. L'urgence était de l'autre côté.

Nous sommes arrivés à Bukavu vers trois heures du matin. Il n'y avait pas âme qui vive dans les rues. Nous avons rangé les autos et nous avons dormi. Le lendemain, je suis parti en reconnaissance dans la ville et j'ai vu deux voitures MSF garées devant un hôtel. C'était mon pote Luc Legrand. Il arrivait de Tanzanie. Le monsieur choléra qu'il était se devait d'être au Zaïre. Je me suis dit que nous allions faire un magnifique boulot. Le meilleur était parmi nous.

Bukavu était calme. Il n'y avait pas encore de réfugiés. La guerre se passait de l'autre côté du lac Kivu, du côté rwandais. Les troupes françaises avaient déjà pris position à Cyangugu, la dernière ville rwandaise. Par leur seule présence, elles dissuadaient les affrontements sur place. Les réfugiés n'allaient pas arriver de sitôt. Luc et moi avons décidé que nous n'allions pas rester dans la région, les bras croisés, à les attendre.

Nous avons donc scindé la mission en deux : un groupe allait rester sur place, prêt à parer à toute éventualité, l'autre, dont Luc et moi, irait donner un coup de main là où ça craignait le plus, à Goma.

Problème : le déplacement. Par route, il fallait transiter par le Rwanda et rallier Goma six heures plus tard. Impossible, les affrontements se poursuivaient à Kigali. Sinon, il fallait atteindre Goma par avion, un vol qui durait moins de vingt minutes. Luc est allé voir les militaires français, les seuls qui avaient des avions. Nous sommes partis le jour même.

16

Goma

Je ne savais pas qu'un si joli mot pourrait un jour traduire l'enfer. Goma, le dernier bout de la terre déserté de Dieu, de tous les dieux. Le diable s'y pavanait, le sourire triomphant.

Dans la ville même, des centaines de milliers de réfugiés rwandais, l'œil hagard, la mine défaite, erraient dans les rues ; d'autres étaient assis par terre, attendant je ne sais trop quoi. En dehors de Goma, sur les flancs du volcan Nyiragongo, 300 000 autres réfugiés.

Des cadavres partout. Des vivants tout aussi cadavériques.

Dès la sortie de l'aéroport, Luc m'a dit : « Marc, compte les cadavres côté gauche, moi je procède du côté droit. » Nous avons commencé à compter ces curieux cercueils que formaient les matelas enroulés autour des corps avec un petit bout de bois fiché dans le sol pour indiquer l'endroit aux secouristes. J'en étais à vingt-deux corps quand Luc m'a frappé sur le dos : « Marc, arrête. Ça ne sert à rien. Regarde tout simplement ! »

Il ne servait à rien en effet de compter. Des cadavres, il n'y avait que ça. Les vivants marchaient comme des zombies, trébuchaient sur les morts, ne baissaient même pas les yeux pour les regarder, se relevaient et recommençaient leur quête éperdue. Plus loin, on entendait les tirs dans la région rwandaise de Gisenyi ; là-bas la guerre se poursuivait, imperturbable.

Une poussière glauque et noire soulevée par des millions de pieds martelant le sol volcanique de Goma conférait à l'ensemble les apparences d'un film d'horreur futuriste.

Encore plus aberrant, c'était de se dire que la moitié de ces malheureux venaient de perpétrer le plus abominable crime contre l'humanité ou de s'en rendre complices. Qui étaient-ils ? Que se passait-il dans leur tête d'assassin ? Allais-je reconnaître *de facto* les criminels et les distinguer des vraies victimes ? Devant le mal et la souffrance, y a-t-il de bons et de mauvais coupables ? Fallait-il que je me pose ce genre de questions ? Fallait-il au contraire ne pas penser et agir ? Agir, bouger, s'activer pour ne pas laisser la mort gagner.

À côté de moi, je sentais le petit corps de Luc se contracter, prêt à l'action. Il n'était ni fébrile, ni angoissé, juste prêt. Un peu ébahi aussi.

Les habitants de Goma essayaient de continuer leur bonhomme de vie, ce qui ne rendait la vision qu'encore plus irréelle. Mon cerveau était figé, il ne parvenait pas à traiter toute l'information qui le bombardait. Pas de doute, c'était gros, très gros, trop gros. J'avais gueulé pour venir, j'étais servi.

Nous nous sommes installés dans une roulotte de MSF Hollande pour établir un plan d'action. Il y avait dans la voiture Xavier Emmanuelli, un des pères fondateurs de MSF, le directeur des urgences de MSF France, Marc Castillu, Luc Legrand, l'infirmier, Thierry Fournier, le logisticien, le *sanitarien*, François Antenne et moi. Nous sommes convenus que l'urgence, c'était la mise sur pied d'un camp choléra. Et il fallait qu'il soit géant. Minimum 700 lits.

Ce n'était pas mon évaluation, c'était celle de tous ces experts qui en avaient pourtant vu bien d'autres. Et c'est un Xavier Emmanuelli assommé qui m'a avoué :

— Marc, c'est pire que l'Éthiopie, pire, pire que le Biafra !

J'ai alors compris que nous étions dans une situation de crise format géant. Quand le fondateur de MSF en arrive à affirmer qu'on a dépassé le Biafra et l'Éthiopie, ça veut dire que c'est vraiment laid.

Comme si nous n'en avions pas assez vu, nous avons appris que des Hutus se faisaient lyncher par d'autres Hutus, parce qu'on les accusait de complicité avec l'ennemi tutsi. Plus loin, c'était un homme qui venait de se faire hacher à la machette. On disait qu'il n'était pas à 100 % hutu. Même dans la détresse, certains de ces réfugiés trouvaient encore le moyen de se rendre antipathiques.

Il y avait trop d'armes dans la région. Tout simplement parce que les premiers à s'enfuir avaient été les très peu braves FAR. Ils s'étaient établis plus haut sur la colline volcanique. Mais ils étaient surtout venus avec armes et munitions. Il y avait aussi bien des hélicoptères que des mortiers. Des fusils d'assaut comme des revolvers. Et puis des machettes, des tonnes de machettes. Transformées en instruments de génocide, les machettes étaient avant tout et sont encore aujourd'hui l'indispensable outil pour les travailleurs des champs rwandais. Mais celles-là avaient trempé dans le sang.

Il faut préciser qu'avant même ce flux de réfugiés hutus, il y avait là un camp d'exilés tutsis rwandais, chassés de leur pays lors des premiers massacres interethniques de 1959. Normalement, quand se produit un vaste déplacement de population, il faut le drainer hors des centres urbains, où les réseaux sanitaires ne pourraient suffire à la demande, causant une cascade d'autres tragédies. Il faut alors les diriger vers un espace ouvert et commencer à bâtir des infrastructures.

Les organisations humanitaires sur place ont appliqué cette règle d'or, mais avec un mélange de manque d'expérience, de précipitation et d'effarement devant l'ampleur de la tâche. Elles ont dit aux réfugiés de les suivre vers les collines volcaniques sur lesquelles elles souhaitaient établir les camps. Les réfugiés ont obtempéré, prêts à se cramponner au premier secours qui leur serait offert. Mais à peine 300 000 d'entre eux ont-ils quitté la ville que les forces armées zaïroises sont venues leur couper la route pour les empêcher de redescendre. Les Zaïrois en avaient eu marre de cette masse de réfugiés, cause de la ruine de leurs canaux d'approvisionnement en eau. Ils en avaient ras-le-bol qu'ils chient partout. Ça souille vite une ville, un million d'individus. Sans parler des cadavres, des mendiants, des voleurs, et de la violence. Leur énervement était somme toute légitime.

En s'installant dans les montagnes volcaniques, les organisations humanitaires se coupaient de l'accès à l'eau potable. Si l'on estime aujourd'hui qu'il y a eu entre 70 000 et 75 000 morts de choléra, la déshydratation provoquée par la mise sur pied de ces camps y a beaucoup contribué. Ironie du sort, Goma est située au bord d'un des plus grands lacs d'Afrique.

C'est conscients de toutes ces lacunes que nous avons élaboré notre *modus operandi* : MSF Hollande devait poursuivre son travail dans les camps de réfugiés qui se bâtissaient sur les flancs de la colline, tandis que MSF France allait s'occuper de ceux qui restaient dans les rues de la ville. François Antenne allait s'attacher exclusivement à la question de l'eau. Il fallait exploiter toutes les sources possibles, y compris le lac, purifier d'immenses quantités d'eau dans des réservoirs et ensuite la distribuer aux réfugiés avec la collaboration d'Oxfam.

Quant à moi, j'ai été affecté auprès de Luc Legrand pour mettre sur pied un camp choléra en ville. Dans la fièvre de la discussion, on m'a demandé combien de temps il me faudrait. Je ne sais pas ce qui m'a pris pour répondre prétentieusement : « Quatre jours ! » J'ai vu le regard de Luc se froncer de surprise, mais j'ai confirmé que je me sentais prêt à bâtir en quatre jours un hôpital de 700 lits.

En fait, je me disais que je pourrais créer une unité opérationnelle avant quatre jours et terminer le travail une fois que les patients seraient dans leurs lits.

Nous avons trouvé un terrain de football près du collège des Pères Blancs. Il y avait d'ailleurs des étudiants qui passaient encore leurs examens. Il m'a fallu une heure pour évaluer l'emplacement, pour penser en silence aux constructions à élever, aux éléments naturels à prendre en considération, aux outils nécessaires, aux ouvriers. Quand tout a été stocké dans mon ordinateur mental, j'étais prêt à passer à l'action.

La première mission a été de déplacer les dizaines de cadavres qu'on avait déjà entassés là. Un étudiant en terminale est venu me demander ce que je faisais. Je lui ai expliqué le projet d'hôpital d'urgence :

— Est-ce que ça te dirait de bosser pour moi ?

— Bien sûr. Je suis libre, justement.

— Très bien, tu commences maintenant.

— O.K., patron, que dois-je faire ?

— Tu as dix minutes pour me ramener cinq autres hommes forts.

Il me fallait réfléchir à une vitesse folle. C'était un gigantesque exercice de gestion de personnel. Mais je savais exactement ce que je voulais : des manœuvres habiles, aptes à faire n'importe quel boulot.

Cinq hommes se sont présentés à moi. Je les ai aussitôt envoyés chercher chacun cinq autres. En attendant, je suis allé à la direction de l'école et j'ai demandé que l'on rassemble tous les professeurs. J'ai demandé s'il y en avait un qui enseignait les mathématiques. Une main s'est levée.

— Parfait, tu es le comptable !

Les deux professeurs de lettres seraient administrateurs, celui de géographie, mon assistant chargé du magasin. J'ai installé mes bureaux dans une salle de classe. Avant la tombée de la nuit, j'avais réussi à me constituer une équipe de près de deux cents personnes : une trentaine de menuisiers, presque autant de maçons. Au plus fort de notre activité, je gérais une équipe de 430 employés.

J'avais déjà reçu tout mon outillage : pelles, machettes… J'avais délimité le terrain et étais convenu avec l'armée française qu'elle me prêterait un excavateur. Quand il est arrivé, j'ai demandé au type qui le conduisait de me creuser un fossé et non des latrines. J'avais l'idée de construire des chiottes en hauteur, comme dans le film *Platoon* : trois marches, un plancher et en dessous un fût que l'on pouvait vider chaque fois qu'il était plein.

J'étais prêt à inaugurer le chantier dès le lendemain.

La nuit a été courte.

J'ai organisé les équipes par unités de dix personnes pour que le travail ne s'arrête jamais. J'avais assez de personnel pour travailler ainsi jour et nuit. Je m'accordais quelques heures de sommeil une fois tous les deux jours.

Sur le chantier, ce n'étaient que bruits. Les cris des employés qui s'acharnaient au travail répondaient aux miens qui aboyaient des ordres. Personne ne savait vraiment ce qui allait sortir de tout cet exercice. J'étais le seul à posséder le plan final et il était bien ficelé dans ma tête. Quand les murs et les tentes ont commencé à s'élever, on m'a pris pour un génie.

J'avais délégué le dossier de la maçonnerie à un jeune logisticien qui venait d'arriver et celui de l'excavation à un deuxième, débarqué du même avion. Je m'occupais de la menuiserie et de la coordination générale. Un Congolais faisait fonction de chef d'équipe et ça allait bien entre nous.

Résultat : le matin du cinquième jour, le camp était prêt. Le soir même, nous avons pu recevoir 270 patients dans un camp doté d'électricité.

Ç'a été le plus grand camp choléra de l'histoire de MSF. Il comptait 740 lits. Il était divisé en deux : un côté pour le choléra, l'autre pour la shigellose. Il y avait de l'eau, un lavoir, une morgue, une cuisine. Même si les maçons n'avaient pas encore terminé la cheminée, on pouvait quand même cuire sur la pierre à côté. Pour les lits, nous avons eu recours à une compagnie locale qui a fait dans le sommaire, pour honorer en peu de temps ma commande de trois cents unités. Le patron de la boîte voulait trois semaines, je lui ai prêté quarante employés, et le délai a été respecté. Ça marchait.

Pendant que je m'activais ainsi, Luc Legrand avait fini de constituer l'équipe médicale. Il avait recruté ses assistants surtout parmi les Hutus sur place. Nous avions aussi stocké des médicaments sur les étagères à pharmacie ; une équipe se chargeait de les distribuer.

Un camp choléra, ce n'est que ça, finalement. Une succession de petits détails qu'il ne faut jamais perdre de vue : la douche, la morgue, un astucieux système d'évacuation (comment évacuer quarante tonnes d'eaux usées par jour ?), les voies de circulation, etc. Un élément fait défaut, et ce sont des vies humaines en danger.

MSF venait de donner au monde une magistrale leçon de gestion rapide d'une crise. Mais, surtout, nous allions réduire ce taux abominable de mille morts par jour.

Il a fallu deux semaines d'intense activité pour parachever le tout. Je travaillais trente-six heures d'affilée avant d'aller me coucher : le jour, la nuit, le jour, puis dodo ; le jour, la nuit, le jour, et encore dodo. Ce rythme m'a tué.

En réalité, dès le deuxième jour de ce monumental chantier, je n'allais pas très bien. J'avais à mon service de nombreux anciens des Forces armées rwandaises comme manœuvres, alors que les Congolais, eux, faisaient maçons et menuisiers. Des ouvriers qui n'avaient même pas pris la peine d'enlever leurs uniformes. Ils avaient les yeux encore injectés de sang tandis qu'ils creusaient mes tranchées et mes latrines comme des abrutis. Quand ils abattaient leurs pioches, on ressentait la douleur qui avait dû foudroyer leurs victimes quand ils avaient reçu sur la nuque d'autres coups, de machette ceux-là.

Un groupe de grande gueules a commencé à se former. L'après-midi, je n'ai pas prêté attention aux deux qui commençaient à élever la voix. Trois, puis cinq, puis huit autres se sont mis à les imiter. Soudain, tout le monde s'est arrêté.

J'ai posé mon crayon sur la table et suis sorti du bureau pour voir ce qui se passait. Avec la terrrible urgence que nous avions sur les bras, je n'avais certainement pas de temps à perdre. Je ne me suis même pas rendu compte du danger de ma position, seul Blanc au milieu de ces Hutus qui avaient les mains maculées de sang.

Ils ont déposé leurs outils et m'ont encerclé. Un des porte-parole s'est avancé.

— Patron, en tout cas, ça ne marche plus !

— Ah bon ?

— Non, on fait la grève.

Le sang s'est mis à bouillir dans ma tête. J'avais envie de tout lâcher, de m'en aller, pour faire comprendre à ces idiots que ce n'était pas le moment de me parler de grève, que ce camp, je n'en avais pas besoin, que c'étaient leurs gosses et leurs femmes qui crevaient. Moi, je pouvais plier bagage et rentrer à Paris, ou au Mozambique, rejoindre ma femme. J'ai eu un éclair : « Merde, j'ai oublié d'appeler Lucrecia. Je sens qu'elle va être en colère. »

J'étais le dernier à avoir intérêt à rester dans cet enfer. Et ces benêts venaient me parler de grève comme si ma compagnie allait faire faillite. Je le prenais très mal. Mais c'est d'une voix posée que je me suis enquis :

— Pardon ?

— En tout cas, patron, vous ne respectez pas les droits de l'homme.

— Comment ça ?

— Vous nous payez seulement 2 dollars par jour. Réellement, ce n'est pas assez. Nous souffrons vraiment.

J'avais envie d'assommer ce mec avec son regard plein d'espoir enfantin.

À ce moment précis, mon pick-up est arrivé. J'y suis monté pour surplomber tout le groupe. Et je ne me suis plus retenu :

— C'est quoi votre putain de problème, bande de crétins. Vous voulez que l'on parle des droits de l'homme, compagnie d'assassins d'enfants ?

Ils ne l'étaient certes pas tous, mais il y en avait un sacré paquet, surtout ceux qui se l'étaient trop ouverte.

— Répétez-le-moi un peu : droits de l'homme ?

Je revoyais les cadavres qui jonchaient la route menant de

mon hôtel à ce camp. Je distinguais parmi les morts ceux qui avaient été hachés au couteau la veille au soir.

— Je suis canadien, moi. Les droits de l'homme, je les connais. La démocratie, je la connais. Laissez-moi alors vous l'expliquer : la plus grande démocratie, c'est le patron ! Alors, qui est le patron, ici ? C'est moi. Avant de fomenter vos rébellions à la noix, c'est à moi que vous devez vous adresser. S'il y a des questions, vous levez la main et vous me les soumettez !

Le mec qui avait parlé au nom du groupe ainsi que trois autres bras se sont levés. Rien ne pouvait plus m'interrompre :

— Vous quatre qui venez de lever la main, vous vous demandiez ce que signife la démocratie ? Eh bien, c'est le droit du patron de mettre à la porte qui il veut. Vous êtes virés. Dégagez !

Personne ne s'attendait à cette issue, moi non plus.

J'ai fait venir les gardes pour qu'ils les sortent.

— Y en a-t-il d'autres qui en ont, des putains de questions ?

— Oui, patron, c'est à propos…

— Dehors. (Il n'a jamais eu le temps de finir sa phrase.) Les autres, écoutez-moi bien : Je m'appelle Marc Vachon. Si vous me faites encore chier, je saute dans l'avion et je dégage. Et vous êtes bons pour retourner au chômage. Reprenez le travail immédiatement. Je ne peux pas augmenter vos salaires, je n'ai pas d'argent. En plus des deux dollars, je vous nourris et vous donne à boire. Et puis, en travaillant pour nous, vous n'êtes pas enfermés dans ces camps et vous ne vous baladez pas sur ces trottoirs où vos copains se font massacrer à longueur de journée. Si vous n'êtes pas contents, dégagez, cinq mille candidats attendent vos places. Vous avez cinq minutes pour vous remettre au travail.

Trente secondes plus tard, le vacarme des outils creusant le sol redevenait assourdissant.

MSF Belgique a envoyé un caméraman pour m'interviewer à propos du camp choléra. Je devais raconter comment j'avais agencé les éléments pour que tout soit en ordre et opérationnel. MSF Belgique voulait posséder ce document dans ses archives, pour la formation de ses futurs logisticiens, le genre de cassette qu'on m'avait passée à Lézignan.

Naturellement, on a abordé la question de la gestion du personnel.

— Comment avez-vous réussi à faire travailler autant de gens d'ethnies, de cultures et de nationalités différentes ?

— Il faut éviter de louvoyer. Les Rwandais viennent d'être témoins d'un génocide — s'ils ne l'ont pas commis. Ils n'ont pour ainsi dire pas le cœur aux amabilités. Les Zaïrois quant à eux se font entuber depuis deux décennies par Mobutu et ne sont plus d'humeur à se laisser faire. Ce sont tous des gens droits, pour autant qu'on leur parle franchement. Le patron doit savoir s'imposer.

Je leur ai raconté comment mon staff était devenu efficace dès le lendemain de la pseudo-grève. J'avais reformé les équipes selon les affinités, et j'avais demandé à chacune de déléguer un représentant, seul habilité à me poser des questions. Ces ex-FAR avaient bien compris mes ordres. Ils s'étaient rassemblés par pelotons, commandés par des sous-officiers. À la fin de la réorganisation, je m'étais donc retrouvé à la tête d'un petit contingent de FAR.

Du côté des Congolais, ils s'étaient tout naturellement regroupés par corps de métiers : maçons d'un côté, menuisiers de l'autre. Pour distinguer parmi tout ce personnel, je leur avais distribué des casquettes de base-ball aux couleurs différentes : les rayures rouges aux maçons, les bleues aux menuisiers et les vertes aux manœuvres.

Et puis, enfer ou pas enfer, en Afrique, il ne faut jamais

oublier certaines coutumes : on célèbre l'inauguration et la fermeture des chantiers. C'était le Zaïre. C'est le meilleur peuple du monde pour faire la fête.

Quand le camp est devenu opérationnel, j'ai donné rendez-vous en ville à toute l'équipe. J'ai dévalisé un bistrot de toutes ses bières et limonades. La fiesta a tout de suite commencé. Les employés n'ont pas tardé à rouler les mécaniques et à siffler les filles.

Je ne le savais pas encore, mais j'allais payer cher mon entrevue à ces cinéastes belges.

17

Ce mal étrange qui me ronge

Nous avons peu à peu appris à nous faire à l'horreur. Je me rappelle cette soirée dans la maison de MSF France, les anciens bureaux d'Air Zaïre. J'étais avec Luc Legrand et François Antenne. Du premier étage, c'était une vision d'apocalypse. Quelque 50 000 réfugiés s'étaient collés les uns contre les autres autour de petits feux pour se réchauffer. Spectacle hallucinant que ces lampions qui racontaient toute une vie et qui s'éteignaient un après l'autre. En fond de scène, le volcan Nyiragongo, qui avait mal choisi son heure pour entrer en éruption. De très loin, il donnait l'impression d'être une imposante assiette rouge de laquelle s'élevaient des volutes de fumée blanche. Et puis ces râles incessants des gens en train de mourir. Les coups de feu qu'on entendait à l'occasion. Les scènes de lynchage de prétendus traîtres.

Le matin, quand on partait au travail, en descendant les marches des bureaux d'Air Zaïre, il nous fallait enjamber les cadavres de ceux qui avaient choisi de venir mourir chez nous la veille au soir. Parce qu'ils avaient appris que des Blancs vivaient dans cette maison. La nuit, ils n'osaient pas nous déranger et attendaient le matin pour que nous les emmenions au camp choléra. Souvent, il était trop tard. Il nous fallait pousser la porte bloquée par leur poids, faire semblant de ne pas les voir ni les entendre. Si l'enfer ne ressemble pas à ça, à quoi donc alors ?

Peu à peu, les choses ont commencé à s'organiser. Des équipes de récupération de cadavres se sont mises au travail. Nous n'étions plus les seuls sur le terrain ; il y avait les boy-scouts de Goma, l'ONG irlandaise GOAL, la Croix-Rouge. Les camps se mettaient en place. Les camions d'approvisionnement en eau accéléraient leurs rotations. La mort a commencé à reculer.

Pour des raisons politiques, Kinshasa a décidé d'envoyer des troupes désarmer les réfugiés rwandais et ramener l'ordre à Goma. La Garde républicaine a, dès son arrivée, employé la manière forte. Un camion circulait dans la ville, annonçant par haut-parleur que les réfugiés avaient vingt-quatre heures pour quitter la ville et remonter dans les camps sur la montagne.

Je me souviens encore de ce soir où les Zaïrois ont mis leur menace à exécution. Les bérets verts de la Garde républicaine de Mobutu, arborant des Ray-Ban, sont descendus de leur pick-up. Ils n'ont pas fait dans la dentelle. Ils ont marché dans la rue en tirant sur tout Rwandais qu'ils rencontraient. Leurs balles crachaient la mort dans un staccato métallique. Pendant la soirée et une grande partie de la nuit, le « nettoyage » de la ville s'est poursuivi au rythme de ces terrifiants tacatacatac. Ç'a été effroyable, impitoyable. Le lendemain, les survivants ont repris le chemin de l'exode, cette fois-ci vers les camps accrochés sur la colline Nyiragongo.

Je ne m'en rendais pas encore compte, mais j'étais de plus en plus atteint. Physiquement d'abord, par le manque de sommeil. Je devais fumer des pétards chaque soir pour m'empêcher de craquer. Mentalement, j'acceptais de moins en moins les scènes d'horreur. Goma a été le plus gros coup de ma vie, mais j'en ai payé un prix monumental. Tous les détails de ce séjour infernal restent ancrés dans ma tête.

Je me souviens de notre première visite à Gisenyi, la première ville rwandaise, de l'autre côté de la frontière. Les Rwandais tutsis étaient encore en train de ramasser leurs morts. C'est là que j'ai vu le génocide. Les charniers et les fosses communes qui débordaient d'hommes, de femmes et d'enfants coupés en rondelles, à la machette. Des vieillards et des handicapés rattrapés par la folie de ces débiles sadiques. Des cadavres, il y en avait à la tonne. Ça faisait des semaines qu'ils avaient été abandonnés, parvenus à un stade avancé de putréfaction. On les avait empilés les uns sur les autres au milieu des routes, puis les tueurs avaient placé des grenades entre les corps pour opposer des barrages explosifs à l'avancée des rebelles du FPR. Au milieu de ces sinistres édifications erraient des survivants, qui essayaient de reconnaître des visages. Mais la plupart d'entre eux restaient assis, indifférents, hagards, à moitié morts.

À l'intérieur du pays, à Ruhengeri, des morts dans les églises, des patients achevés sur leur lit d'hôpital. Puis l'odeur, cette odeur qui irrite les poumons et accroche le cerveau.

Je croyais m'en échapper en retournant sur Goma. Mais là non plus le diable ne désarmait pas. Je travaillais avec le casque de mon walkman qui hurlait de la musique rock pour ne plus entendre les râles des morts, ne plus voir les larmes des orphelins, ne plus percevoir le son mat des corps qui rejoignaient les autres dans les fosses communes. Mais aussitôt que je les enlevais, l'horreur me rattrapait.

Dans notre camp choléra, une demi-douzaine de patients étaient morts sans qu'on n'en comprenne vraiment la raison. Nous nous sommes plus tard rendu compte que, la nuit, des assassins se glissaient dans les tentes pour obstruer les conduits d'alimentation en sérum antiviral. Ils accusaient leurs victimes d'avoir des cousins tutsis. Nous retrouvions des bambins avec le crâne fracturé. Tout simplement parce que la mère les avait conçus avec un Tutsi. C'était hallucinant. Il fallait tous les jours se battre contre la maladie qui nous prenait son lot quotidien de vies, contre la bêtise de ces gens qui s'entêtaient à perpétuer le mal, mais surtout contre l'abattement qui nous envahissait devant les corps inanimés des patients achevés la veille au soir.

Un soir, nous avons décidé que nous devions faire cesser ces pertes inexpliquées. Après le service, nous avons contraint tous les employés à se soumettre à la fouille. Ils râlaient : « Ah, ça, patron, vraiment, c'est contre les droits de l'homme et les droits du travail. Vous nous prenez pour des bandits ! » Je comprenais leur humiliation, mais il fallait que Luc comprenne ce qui se passait. De fait, on a retrouvé, dissimulées sous la chemise d'un des infirmiers, le plus grand et le plus costaud, celui qui gueulait le plus fort, six boîtes de Siflox, un des médicaments que nous utilisions pour le traitement. Dans la tente dont il était le responsable, il y avait eu quatre ou cinq morts tous les jours. C'était un tueur. Le petit Luc a bondi trop vite pour que je puisse l'arrêter, il a attrapé le mec par les oreilles et lui a administré deux violents coups de genou dans le nez. Il aurait continué si les gardes ne l'avaient pas retenu. On a pensé remettre le voleur à la police, mais Luc ne voulait plus qu'une chose :

— Qu'il dégage, je ne veux même pas le revoir, même devant un tribunal. Qu'il disparaisse ! Car si je le rencontre encore, je vais le tuer, sans sommation.

Entre-temps, j'avais appris que le commandant des Casques bleus de l'opération Turquoise au Rwanda était le colonel Sartre, ma vieille connaissance de Bosnie. Quand une collègue qui devait ouvrir un camp de déplacés dans la zone hutue dans le sud-ouest du Rwanda est venue me demander des conseils, je lui ai aussitôt recommandé d'aller voir de ma part l'officier français. Au QG de l'armée française à Goma, on m'a mis en contact radio avec le colonel qui était quelque part au Rwanda entre Ruhengeri et Gisenyi. Il m'a tout de suite tutoyé :

— Ravi de t'entendre, Vachon.

Je n'ai pas eu besoin de lui demander quoi que ce soit.

— Écoute, fiston, si tu viens bosser de ce côté de la frontière et que tu as besoin de quelque chose, ne te gêne surtout pas !

— Justement, colonel, je vous envoie une collègue qui aura peut-être besoin de vous.

Quand elle est rentrée au Rwanda, la fille a réalisé qu'elle avait besoin de gros outils pour construire son camp. L'unité de génie de l'armée française lui a donné un coup de main.

Cet exercice qui a servi MSF a été mal vu de certains individus dans la boîte : « Ce n'est pas bon pour MSF de flirter ainsi avec l'armée française. Notre neutralité sera remise en question. C'est tout de même l'armée française qui a entraîné les mecs du FAR qui venaient d'encadrer le génocide du Rwanda. » Je n'étais pas fort en politique, mais je trouvais ce dogmatisme très hypocrite. Car si on devait remonter à la source des responsabilités, il est clair que l'armée ne décide jamais des accords de coopération militaire. Elle ne fait qu'obéir à des ordres et à des ententes contractées par les politiques. En France, à l'époque, la politique africaine dépendait de François Mitterrand et de son entourage. Et la plupart des membres de MSF pointaient à gauche. La plupart des dirigeants de MSF avaient fait carrière dans le Parti socialiste. Qui était donc les moins fréquentables, les militaires ou les ministres ?

J'avais constamment des maux de ventre et de la diarrhée. Je prenais des tonnes de médicaments. Tous les jours, je me sentais un peu plus faible. Un matin, une lettre anonyme est arrivée qui a fini de nous mettre tous à bout. Elle était adressée à une de nos assistantes, une Tutsie mariée à un Hutu. La missive était retenue par un couteau fiché dans le bois de la porte. Elle disait que la dame allait être assassinée le soir même si elle ne quittait pas MSF.

Luc Legrand est sorti de ses gonds. « Enculés », hurlait-il. Il a quitté le camp le lendemain. Il m'a serré la main, il a repris son petit sac et il est parti sans se retourner.

J'en étais malade. Je mangeais mal. Je ne dormais pas assez, cinq ou six heures toutes les deux nuits.

L'appel de Paris m'a trouvé dans un état d'extrême épuisement. La commande était de bâtir un centre de nutrition dans les plus brefs délais. J'ai lancé le chantier. Je ne l'ai réalisé qu'aux trois quarts. J'ai vu s'élever les bâtiments des phases 1 et 2. Je n'ai pas pu aller plus loin. Je n'étais même plus capable de me rendre à la salle de bains. J'avais perdu près de vingt kilos. Il fallait que je me sorte de ce merdier.

C'est à ce moment-là que j'ai enfin rencontré Sylvain Charbonneau, le fameux Canadien dont on m'avait si souvent parlé à MSF. Il arrivait à Goma comme administrateur. Il m'a annoncé qu'il m'avait arrangé une évacuation sur Paris via Bangui, en République centrafricaine, et N'Djamena, au Tchad. Il m'adjoignait un médecin et une infirmière, au cas où j'irais encore plus mal.

À Bangui le lendemain, j'allais encore plus mal. Pour m'empêcher de souiller les sièges, je devais porter des serviettes hygiéniques. Mais plus qu'un simple accès de coquetterie, cet accessoire devait m'éviter d'être mis en quarantaine à mon arrivée en France.

À l'aéroport, il y avait le colonel Sartre qui terminait sa mission au Rwanda. Il est venu me serrer la main. Le personnel de la compagnie aérienne le traitait comme une vedette. Quand le pilote lui a souhaité la bienvenue à bord, Sartre lui a glissé à l'oreille :

— Écoutez, s'il reste des places en première classe, j'aimerais bien inviter à me rejoindre des amis qui sont à l'arrière. Est-ce possible ?

— On fera de notre mieux, Colonel.

Peu avant le décollage, on est venu me chercher avec mes deux accompagnateurs pour nous conduire en classe de luxe. J'ai complètement oublié la maladie quand je me suis lové dans mon siège douillet, à écouter le colonel me raconter ses projets.

— Je devrais m'installer deux ans à Djibouti comme commandant des forces sur place. Je t'aime bien, jeune homme. Si tu veux me rejoindre là-bas, j'aurai du boulot pour toi, comme conseiller humanitaire, afin d'apprendre à nos hommes à travailler sous d'autres cieux.

Il m'a fait promettre de le rappeler.

Après quatre jours de vigoureux traitements contre la diarrhée, je me suis présenté chez MSF. La douche froide.

Dans les bureaux de MSF, où tout le monde rentrait de vacances, l'accueil a été glacial. Mais je m'en fichais. La seule chose qui m'intéressait, c'était de repartir au Mozambique, de retrouver ma délicieuse femme et de dormir. Mais je n'étais pas encore parvenu à rejoindre Lucrecia.

J'ai appris que MSF avait tenté une nouvelle mission au Soudan et que les trois mecs envoyés en repérage s'étaient fait arrêter par les rebelles du SPLA. Histoire rocambolesque. Charles Pasqua, alors ministre de l'Intérieur, avait réussi à mettre la main sur Carlos, dit le Chacal, un des terroristes les plus recherchés de la planète. Tout le monde savait que la France devrait payer un tribut pour cette prise réalisée au Soudan. Combien cela lui avait-il coûté, au fait ? Mystère. Des bruits couraient selon lesquels Paris aurait autorisé Khartoum à faire des incursions en République centrafricaine voisine pour aller approvisionner une de ses positions au sud : si Wao n'est jamais tombée aux mains des rebelles du SPLA, c'est donc vraisemblablement parce que les troupes n'ont jamais manqué de munitions. Autre récompense, la France aurait remis des photos aériennes des camps de formation des troupes du SPLA. Des clichés très précis, laissant penser qu'ils avaient été pris d'un avion plutôt que d'un satellite. Or, quels avions avaient le droit de survoler le sud du Soudan, à part les rotations de MSF pour faire du largage de nourriture ?

Me sont revenues en mémoire ces histoires d'avions de la Southern Air Transport qui disparaissaient prétendument pour faire du tourisme aérien.

— Putain de merde, on s'est fait avoir !

Pas cons, les mecs du SPLA avaient fait le lien entre MSF et ces photos. Je reste convaincu que MSF Paris n'a jamais trempé dans cette magouille. Mes doutes se portent plutôt sur l'administrateur à Nairobi. Reste à savoir s'il avait été manipulé à son insu ou s'il était conscient de ce qui se passait.

J'étais découragé de tout. De ces manigances, des Nations unies, qui avaient déserté le Rwanda, du Canada, qui faisait partie de ces lâcheurs qui s'étaient réfugiés derrière la lettre de la loi pour ne pas agir. Moi, en Irak, je n'avais jamais hésité à donner dans l'illégalité pour sauver des vies humaines. Parce que j'y croyais.

Des années plus tard, des militaires canadiens avoueront être moralement brisés parce qu'ils n'avaient pas reçu les ordres qui leur auraient permis de cesser de n'être que des témoins impuissants de la pire barbarie du XXᵉ siècle finissant. Brisés aussi parce que leur état-major n'avait pas eu le courage de s'affirmer quand il le fallait. Je pense que, lorsqu'il s'agit de sauver des vies humaines, soit on rentre à la maison et on fait semblant de ne pas savoir ce qui se passe, soit on reste, on prend la radio et on joue la comédie : « New York, New York, je ne vous reçois plus ! » Puis on ordonne à ses hommes de faire ce qui est humainement possible. Agir au lieu de se lamenter comme un chiot qui a perdu un jouet. Je les connais, ces soldats canadiens, ils auraient répondu à leur chef : « On mourra debout, on ne vivra pas à genoux. » Je ne parle pas de sauver le Rwanda tout entier, mais ils auraient sécurisé une partie de Kigali, créé un sanctuaire de paix où des Tutsis et des Hutus menacés auraient pu se réfugier. Ils ne l'ont pas fait.

Comme ils n'ont pas non plus envoyé des experts contredire la propagande des miliciens hutus sur les radios de la haine.

Je crois que, contrairement à ce que l'on se complaît à dire sur le Rwanda, la trahison est arrivée aussi du terrain, de ceux qui voyaient mais ne bougeaient pas. S'ils avaient engagé le combat afin de sécuriser quelques régions du pays, il aurait été trop tard pour que New York et Ottawa reculent. Le monde aurait été obligé d'envoyer des troupes de soutien. Les Français, les Canadiens, les Belges seraient intervenus. Il y aurait eu des parachutistes, des troupes d'élite pour arrêter les massacres. Il y aurait eu les premières dizaines de milliers de morts, mais ensuite on aurait évité que la situation n'empire, et 500 ou 600 000 vies auraient été épargnées. C'est énorme. Ça ne s'est pas fait. Parce que ceux qui étaient en Occident tournaient vigoureusement la tête ailleurs, et ceux qui étaient sur le terrain de l'horreur tentaient de se convaincre qu'ils pourraient faire taire les armes par la parole. Même les religieux n'auraient pas eu ces prétentions.

Je pestais contre ce général canadien, Dallaire, à la tête de sa petite troupe d'impuissants. Il aurait pu faire plus que passer son temps à râler contre les Nations unies, contre les ONG, contre les médias absents. Jamais contre sa lâcheté et contre son incapacité. J'ai entendu parler d'un autre Canadien, en Bosnie, le général MacKenzie, qui, lui, a osé. Au début de la guerre, à la tête de ses forces multinationales, il avait affronté le feu de tous les côtés pour rouvrir l'aéroport.

Après avoir été témoin des massacres, après avoir vu des milliers de corps déchiquetés, après avoir senti l'odeur fétide des vies en décomposition, j'étais accueilli par ceux qui rentraient de leurs vacances sur les plages du Sud. J'étais silencieux et sourd. Je ne voulais plus que boire, boire, encore boire, comme pour noyer ma douleur dans l'alcool brûlant. Il me fallait une bouteille et demie de whisky chaque soir pour dormir. Sinon, je faisais toujours ce même rêve : je suis dans un pick-up et il y a des cadavres au bord d'une route. La scène de mon arrivée à Goma. Elle jouait en boucle. Sans arrêt. Je transpirais. J'avais peur.

Je perdais pied. C'était trop : le désaveu de ma mission au Congo par MSF, la conscience que l'on avait malgré nous servi d'espions au Soudan, même si les trois agents de MSF ont été libérés quelques semaines plus tard, l'indifférence de la population française, les images qui hantaient mon sommeil, l'alcool, dont j'abusais maintenant du matin au soir. Je coulais. Je le sentais, mais je ne savais pas comment freiner la glissade.

J'ai fini par connaître la raison des réserves de MSF à mon endroit : la vidéo des Belges. Je ne m'étais pas rendu compte à l'époque que je vivais déjà sous un stress énorme et que j'y étais allé sans retenue dans mes propos. Mes explications avaient paru cyniques à certains. J'avais voulu tout expliquer, tout raconter. Le système de drainage des eaux usées. La morgue. Les premiers morts dont je devais m'occuper. Les difficultés pour convaincre des Congolais superstitieux de faire ce sale boulot. Exercice qui vous bouleverse les tripes chaque fois qu'on vous y colle. Mon premier mort était un jeune homme d'environ seize ans, fauché la gueule ouverte, dans une attitude manquant de grâce. Comme si ça importait à ce moment-là. Il fallait prendre à pleines mains de la ouate qu'on lui enfonçait dans la gorge pour lui boucher le gosier. Ensuite, faire une boule qu'on lui rentrait dans l'anus avec une pince. Lui boucher ainsi les deux extrémités, pour l'empêcher de se vider parce qu'il portait encore des vecteurs de choléra. Ensuite, l'arroser d'eau et de chlore pour le désinfecter. Puis l'enrouler dans du plastique comme un saucisson, l'attacher, et c'était là sa sépulture. Enfin le déposer au bord de la route pour attendre que les voitures de ramassage viennent le chercher.

Répéter l'opération une fois, deux fois, des dizaines de fois. Il y avait de quoi devenir fou. Il n'y avait que l'humour congolais pour nous empêcher de sombrer. Même dans les pires situations, les Congolais ont des ressources inépuisables de rire : « Ah, patron, aujourd'hui tu veux encore un peu de viande froide à emporter… » Ou alors, le matin, quand on les abordait :

— Salut, les amis, comment ça va ?

— Tranquille, patron. Nous avons eu seulement quatre clients aujourd'hui ! Ça ne marche vraiment pas. Je risque de déclarer faillite.

Sacrés Congolais.

C'est au milieu de cette atmosphère survoltée que m'avait trouvé l'équipe de tournage belge. Et je leur avais tout raconté, mes coups de gueule à propos des droits de l'homme quand les Congolais avaient refusé de bosser. C'est cette tirade qui avait choqué chez MSF. De toute ma mission à Goma n'a donc été retenue que cette envolée : « C'est comme ça que ça marche. Vous êtes virés ! »

C'est ce qui ne passait pas, bien sûr, chez ceux dont l'engagement humanitaire se réduit à frotter leurs fesses sur les chaises molletonnées des bureaux du 8, rue Saint-Sabin. La connerie des uns, déguisée en certitudes de fonctionnaires, voilà une des causes de l'échec de l'humanitaire.

Je suis parti au Mozambique.

Là-bas, un autre froid intense m'attendait, celui de Lucrecia. C'est vrai que j'étais parti depuis huit mois. On ne s'était pas beaucoup parlé.

La femme qu'on a ainsi perdue si longtemps de vue, il faut savoir la reconquérir. Mais je n'en avais plus la force. Je n'en étais plus capable. Je voulais juste qu'elle soit près de moi. Je voulais me coucher à côté d'elle. Qu'on ferme les rideaux et qu'on éteigne la lumière. Même pas lui faire l'amour ; seulement dormir et me réveiller trois semaines plus tard, débarrassé de tous mes cauchemars. C'était la seule chose que je voulais. Rien que dormir.

Mais rien ne s'est passé comme je l'espérais. À commencer par mon appartement. Au Mozambique, pays longtemps communiste, les immeubles appartenaient à l'État, qui vous remettait symboliquement une clef quand vous deveniez locataire. À cause de ma longue absence, une famille était venue squatter le mien. Le mari était un capitaine de l'armée. Inutile de songer à le mettre à la porte par la manière forte. J'avais acheté cet appartement, mais je ne pouvais me plaindre nulle part, car c'était illégal de vendre des propriétés de l'État. Je m'étais fait avoir comme un blaireau.

De mon pick-up, il ne restait que le nom et la carrosserie, on avait volé tout le reste. J'ai été obligé d'aller demander asile à MSF, qui était dirigé par deux amis. C'est seulement le lendemain que j'ai pu dénicher Lucrecia. Elle m'a accueilli avec une distance transocéanique. J'étais devenu un étranger pour elle.

J'avais la langue trop pâteuse pour lui expliquer. Pour lui faire comprendre. À la place, je suis allé dans un bar et je me suis payé une cuite. Je ne sais pas comment j'ai su prendre un taxi pour rentrer chez MSF. Discrètement, pour ne pas réveiller les mecs endormis, je me suis précipité sur la trousse d'urgence et j'ai vidé la boîte de Valium. J'ai dormi dix-huit heures. D'une traite.

Le lendemain, j'ai emmené ma femme casser la croûte au bord de l'eau. Une bouteille de vin, deux autres ensuite, j'étais de nouveau saoul.

Pendant deux semaines, j'ai vécu à ce rythme. Je ne faisais que boire, tomber dans un coma éthylique, dormir, et recommencer le lendemain. Je ne m'occupais même pas d'aller voir mes outils arrivés par container. Je n'avais plus de maison. Plus de voiture. Et, surtout, petit à petit, je perdais ma femme. Combien de temps aurais-je tenu ? Je ne sais pas. Il fallait que quelque chose se passe.

Un soir, je me suis retrouvé au bar du pub anglais, tenant le patron par le collet à un mètre du sol. Je m'apprêtais à lui démonter la tête. Les clients ont dû intervenir pour me mettre à la porte. Je ne pourrais plus remettre les pieds dans cet établissement, comme dans six ou sept autres de Maputo. Je cherchais des ennuis partout où je passais. Je m'étais battu contre des marins suédois. J'avais arrosé d'injures des militaires mozambicains en train de boire leur solde. J'avais agressé tellement de monde que même la police avait eu peur de m'arrêter.

Décidément, j'allais très mal, très très mal.

Pourtant, tout ce que je voulais, c'était dormir. Mais, chaque fois que je fermais l'œil, il y avait cette putain de vision qui revenait me hanter. Ces morts, ces morts dont les visages se précisaient chaque jour davantage au lieu de s'estomper.

Le lendemain de mon esclandre au pub anglais, j'ai appelé

Air France pour leur demander quand partait le prochain vol. J'ai fait ma réservation. Puis ce soir-là, j'ai écumé les bars de Maputo.

Le surlendemain, à neuf heures du matin, j'étais à l'aéroport, alors que le vol était prévu seulement douze heures plus tard. Je suis allé au bar sur le toit de l'aérogare et je me suis affalé sur une chaise. J'ai continué à ingurgiter de l'alcool et à pisser par terre.

Je suis parti sans dire au revoir à personne. Ni à Lucrecia, ni à mes collègues de MSF. Je venais de tout perdre ; j'avais tout raté. J'étais bon pour la casse. Il ne me restait plus que la bière pour fidèle et perfide amie.

Je ne savais même pas ce que j'allais faire à Paris. Je n'avais plus d'appartement là-bas puisque j'avais dit à Élisabeth que je partais vivre pour toujours au Mozambique.

J'avais échoué, lamentablement tout perdu. Putain de vacherie de Congo. Pourquoi m'as-tu fait ça ?

Quand l'avion a décollé, j'ai mis la tête sous la couverture et j'ai pleuré comme jamais dans ma vie.

18

Rédemption

Élisabeth m'a dit : « Oui, gros bêta, bien sûr que tu peux revenir à l'appartement. »

Elle ne m'a pas posé de questions. Elle n'a pas eu besoin d'explications. On n'interroge pas une ambulance, on sait.

J'ai repris le chemin des bars. Cette fois-ci pour oublier ma peine d'amour.

À mon retour du Soudan et avant mon départ au Congo, MSF m'avait appris qu'on projetait une mission exploratoire au Pakistan, le long de la frontière afghane, afin d'évaluer le terrain au cas où il se passerait des choses dans la région. On m'avait promis de me garder cette mission pour mon retour. Une manière de récompense que l'on m'avait réservée en reconnaissance de mes bons états de service. C'est là que je voulais aller.

J'ai revu Jean-Christophe Rufin qui m'a mis en garde : « Fais attention, grand, tu ne vas pas bien. Mais alors pas du tout. » C'est un toubib. Il sait déceler le mal. Mais je ne voulais pas l'écouter. MSF ne prévoyait de son côté aucun service de prise en charge pour ce qui sera par la suite connu comme le syndrome de stress post-traumatique, commun à la plupart des humanitaires témoins de grands drames. À mon retour du Congo, il y avait certes eu un médecin qui m'avait écouté une petite heure. Pas plus. Pas suffisant. Pas assez pour obtenir une vraie écoute : le mec vous fait entrer dans son bureau, appuie sur un bouton et vous annonce que vous avez une heure. Belle mise en condition pour se confier. Et toi, tu as tellement de choses à dire que tu ne sais par où commencer. Tu ne sais pas comment l'aborder. Tu as un peu honte aussi. Et tu bégayes. Tu dis tout de travers. Au bout d'une heure précise, le toubib te remet la carte d'un de ses collègues qui pourrait t'aider. Tu appelles ce dernier, qui te donne rendez-vous pour le mardi suivant. Rendez-vous dont tu ne te souviendras pas, car le week-end aura tellement été arrosé que lorsque tu te coucheras le lundi soir tu ne te réveilleras que le mercredi matin.

Un jour, en sortant des bureaux de la responsable des ressources humaines, je suis tombé sur un ancien collègue que j'avais connu au Soudan.

— Qu'est-ce que tu fais de bon ?

— Oh, là je pars pour le Pakistan. Faire la frontière. Une mission exploratoire...

C'était ma mission. On me la ravissait pour la lui donner. Même ça. J'ai fait demi-tour et j'ai foncé dans le bureau d'Anne-Marie Glougaen.

— Dites-moi ce qui se passe ! Je veux savoir.

— Tu es devenu NDPP, Marc.

— C'est-à-dire ?

— Ne Doit Plus Partir.

— Pourquoi ?

— Tu as eu une conduite anti-humanitaire à Goma. Si ça peut te rassurer, tu n'es pas le seul dans cette situation.

— Qu'ai-je fait ?

— Tu as usé de violence dans la construction du camp choléra. Tu as eu une conduite inacceptable aux yeux de MSF.

Je ne comprenais plus rien. On m'avait demandé de bâtir un camp en moins d'une semaine, mais j'aurais dû agir comme si j'avais un mois devant moi. L'explication que l'on me donnait maintenant était tellement injuste que j'ai été encore plus assommé qu'au pire moment de ma crise de cauchemars. Je suis sorti de MSF en me pinçant ; je ne rêvais pas. Même si j'avais travaillé ailleurs, je n'avais jamais cessé d'être un MSF. Ç'a été ma première famille dans l'humanitaire. Mais elle aussi me trahissait, m'abandonnait.

Un appel de mon ami Stéphane est venu me sortir de ma torpeur alcoolisée. C'était un mec avec qui je m'étais lié d'amitié au Malawi et à qui j'avais vendu ma moto à mon retour d'Irak.

— Marc, est-ce que ça te dirait d'aller faire un tour en Russie ?

— En Russie ?

— Oui, va voir Atlas Logistique, une ONG qui a ses bureaux à l'île Saint-Louis. Apporte ton CV. Ils ont de toute urgence besoin d'un logisticien.

Je me suis présenté dans les bureaux de cette petite boîte que je ne connaissais pas. Pour cause, elle venait d'ouvrir et avait moins de six employés permanents. J'ai appris que le projet se déroulerait au Kirghizistan. Il s'agissait d'y distribuer de l'aide alimentaire.

—Nous avons besoin d'un logisticien de grand calibre pour démarrer ce show… Est-ce que ça vous dirait ?

Quand je suis arrivé à Bichkek, j'ai tout de suite su que j'allais pouvoir m'en sortir.

Déjà, la population n'avait rien d'africain. Elle était principalement asiatique, ou d'ascendance caucasienne. Pas de risque de confondre avec les visages du Rwanda.

Par ailleurs, il faisait froid, déjà. On était en octobre 1994. L'hiver approchait et les petites maisons en ciment étaient mal isolées.

La seule autre ONG sur place était France Liberté, qui employait six expatriés, tout aussi largués que nous dans ce coin perdu de la planète Terre. Cette ambiance de bout du monde m'a permis de me sortir du Rwanda. Et de m'occuper. Définir la tâche de chacun d'entre nous, structurer un bureau un tant soit peu présentable. M'est alors arrivée cette drôle de maladie : une orchite. Ma couille gauche a enflé jusqu'à devenir plus grosse qu'un poing.

À l'hôpital de Bichkek, le toubib m'a administré de la tétracycline, mais ce n'était pas assez fort. Entre-temps, le docteur de l'ambassade américaine m'a prévenu que si, dans les dix jours, le mal ne reculait pas, il faudrait me rapatrier en France pour me faire traiter par un vrai spécialiste.

Un de mes collègues dentiste m'a appris que, lorsqu'un patient avait une inflammation des parois buccales, les soignants lui recommandaient de prendre de l'aspirine. Je m'en suis empiffré dans l'espoir de faire dégonfler ma couille. Des Kirghizes m'ont suggéré des compresses de vodka. Ça n'a pas été une bonne idée, car ça aggravait l'inflammation.

Ce mal, qui avait débuté dès mon arrivée, m'avait à peine laissé le temps de commencer à mettre de l'ordre dans les entrepôts avec l'aide des employés locaux que j'avais recrutés et d'organiser la division du travail. Il y avait ce jeune « première mission », Loïc (il sera un jour *desk* à MSF), qui ne trouvait plus ses repères, déchiré entre les ordres du chef de mission et ceux du coordonnateur logistique, moi, en l'occurrence. L'un disait une chose, l'autre agissait différemment. Il a fini par décider qu'il obéirait à mes directives.

Ainsi, tous les soirs, alité à cause de ma couille récalcitrante, j'avais Loïc à mon chevet qui me faisait le bilan de sa journée et s'enquérait de ce qu'il devait faire par la suite.

Au dixième jour, on a arrêté le traitement et décidé mon évacuation sur la France.

À Paris, on m'a hospitalisé d'urgence. Mon taux d'hémoglobine était dangereusement bas. On m'a découvert à l'estomac un ulcère saignant de sept millimètres : c'était l'acide des aspirines. Le sang avait commencé à inonder mes organes. Deux jours de plus en ex-URSS et je trépassais. J'en ai été quitte pour quatre transfusions.

Heureusement, j'étais à l'hôpital de la Pitié-Salpêtrière. Un des médecins du service des maladies tropicales avait été à Goma en même temps que moi. Quand il a su que j'étais là, à la section des infections rénales, il est venu me chercher pour me ramener dans son secteur.

Il a fallu huit jours pour venir à bout de l'orchite et de mon ulcère.

Cette expérience m'a permis de réaliser l'importance de disposer d'un paramédical dans l'équipe quand on est en mission humanitaire. Grâce à Juju, j'avais connu Christophe, qui, à titre d'ancien pompier, avait reçu une formation en secourisme d'urgence. Je lui ai demandé s'il voulait venir me retrouver en ex-URSS. J'ai défendu son poste dans un nouvel organigramme que j'ai présenté à mon patron, à Paris.

— Donne-lui sa chance. On aura besoin de lui, plus que d'un chef de mission à qui personne n'obéit de toute façon.

Moins de trois jours après ma sortie d'hôpital, je suis

reparti au Kirghizistan. Atlas Logistique a décidé de remercier le chef de mission, on m'a confié la direction, et Christophe est devenu logisticien. Je venais de me constituer une famille à Bichkek.

C'est ce qui m'a sauvé la vie.

Et puis, les Russes étaient aimables avec nous.

La neige s'est mise à tomber. Nous sillonnions ces montagnes splendides derrière l'Himalaya pour aller livrer de la nourriture. Le lac Issyk-Köl, le lac qui ne gèle jamais, était toujours bleu. Je ne pouvais imaginer meilleure thérapie. Peu à peu, les cauchemars se sont estompés. J'ai appris à penser à autre chose. J'ai recommencé à rire.

Je me souviens du 31 décembre de cette année-là. Je n'ai rien célébré. J'avais besoin de faire le point sur cette année de merde que j'avais vécue entre Goma, le Soudan, la Bosnie, ma femme et l'ulcère. J'ai passé la soirée tout seul, dehors, devant le Flambeau de la femme kirghize, cette belle statue au milieu de la ville. Seul, avec mon demi-litre de vodka, à faire le point.

J'ai compris que j'allais mieux puisque j'étais capable de raisonner.

Une semaine après les fêtes de fin d'année, une équipe de l'Union européenne nous a rendu visite à Bichkek. J'en connaissais un des membres. Il revenait du Tadjikistan où il avait croisé une mission MSF. Il m'a raconté que là-bas, un soir, autour d'un verre, il y a des gens qui avaient fait allusion à Goma. Le nom de Marc Vachon aurait surgi dans la conversation. Un fou furieux, aurait-on dit. Un mec qui aurait battu des nègres. J'aurais commis tous les péchés de la religion humanitaire : détournement de voitures, vente d'armes. Dans cette histoire, j'étais presque devenu agent des services secrets. J'en étais fou de rage.

Je travaillais au Kirghizistan, merde ! Là-bas, même en

blague, on ne discute pas à la légère d'accusations d'espionnage. Surtout quand c'est faux. J'ai appelé MSF à Paris. Je suis tombé sur une certaine Martine Lochin, des ressources humaines :

— Écoutez, que vous ne vouliez plus de moi, c'est O.K., c'est votre droit. Mais dites à votre bande de zigotos qui sont sur le terrain que je n'ai plus envie de les entendre prononcer mon nom. Ils ne savent pas ce qui s'est passé, ils se contentent de colporter des rumeurs comme si c'était un banal roman. C'est injuste de votre part, de MSF à qui j'ai consacré tant d'années de service…

— Oui, Marc, mais les gens sur le terrain, on ne peut pas les empêcher de parler. Nous n'allons quand même pas leur coudre la bouche.

— Parfait, Martine. Alors, rien ne m'empêchera, moi, d'y aller. Si j'entends encore une fois une remarque, je descendrai personnellement à Dushanbe au Tadjikistan, et je réglerai la question à ma manière.

J'y pensais sérieusement.

— Calme-toi, Marc, quand tu remontes sur Paris, viens nous voir et on s'expliquera.

— On verra…

Cet appel m'a fait un mal fou. Mais, depuis ma résurrection, je sentais que plus rien jamais ne saurait me mettre K.-O.

J'ai commencé à m'ennuyer au Kirghizistan. Ça manquait d'action, je tournais en rond. De plus, ça commençait à sentir mauvais avec la patronne parisienne de France Liberté. L'organisation avait un programme farfelu de distribution de betteraves ou de cornichons en conserve. Du point de vue nutritionnel, les cornichons n'apportent rien. Si on avait assez d'argent, pourquoi ne pas acheter autre chose, du sucre par exemple, ou des pâtes, de la farine ? Surtout que, dans le coin, tout le monde a son bout de jardin et peut faire pousser des cornichons.

J'en avais assez vu du Kirghizistan. J'ai suggéré et obtenu que Loïc devienne chef de mission. Christophe resterait encore un an comme logisticien.

Je suis rentré en France. Avec l'intention de mettre les points sur les *i* avec MSF.

Au terme de notre entretien, le chef des urgences de MSF a déclaré : « O.K., Marc. On va te donner une autre chance. » Je ne comprenais pas pourquoi il estimait me donner une chance. Surtout que je ne l'avais pas demandée, ni présenté d'excuses pour mes actions au Congo. Mais enfin. Il a repris :

— Ça tombe bien que tu sois là. On a besoin de quelqu'un comme toi en Guinée. Il y a des réfugiés qui arrivent de la Sierra Leone. On voudrait que tu ailles y construire des camps !

La Guinée était censée recevoir quotidiennement de 2 000 à 3 000 réfugiés sierra-léonais. Il y avait déjà sur place une équipe MSF d'infirmières chargées de la vaccination. On s'apprêtait à établir une mission qui devait travailler avec le HCR afin de mieux structurer ces camps.

En l'espace de deux jours, le gros du travail était fait. J'avais déterminé les terrains propices à l'implantation des camps et j'avais acheté des cartes du pays. Nous allions établir au bord du fleuve une dizaine de petits centres d'une capacité d'accueil de 5 000 à 10 000 personnes, plutôt qu'un seul gros.

Je me rendais le matin à la frontière et j'étais impressionné par la vague de réfugiés qui la traversaient. Une marée humaine qui mettait des heures avant de tarir. Des femmes et des hommes silencieux comme le sont souvent ceux qui ont été témoins d'horreurs.

Mais, chose curieuse, en fin de journée, quand on se promenait, on ne voyait plus aucun réfugié. Où donc étaient-ils passés ? Les familles guinéennes ne pouvaient pas absorber si vite 2 000 réfugiés par jour. Les infirmières s'affolaient, parce qu'elles devaient vacciner les enfants. Mais les gamins non plus, on ne les voyait pas. Au lieu des 500 ou 600 vaccins par jour auxquels on s'attendait, il n'y en avait qu'une petite douzaine. C'était bizarre. Les infirmières avaient constitué trois équipes pour s'adonner à une infructueuse chasse aux gamins.

Je me suis dit que nous avions tout faux quelque part. Mais je n'osais pas le dire à voix haute, de peur qu'on me reproche encore d'être un fauteur de troubles. Un jour, aux aurores, je suis parti vers la frontière. À mon arrivée, il n'y avait encore personne. La barrière du poste-frontière était fermée, les gardiens dormaient. Je me suis confortablement installé dans la voiture avec mon café et j'ai attendu.

À six heures, la barrière s'est levée et, surgissant de nulle part, les réfugiés ont commencé à affluer. J'en ai compté environ 1 800. Puis, le flux s'est peu à peu tari. Et vers neuf heures du matin, il n'arrivait presque plus personne. Je suis allé discuter avec les gardes-frontières.

— Il y en a autant tous les matins ?

— Bien sûr, c'est tous les jours pareil.

— Est-ce que ça fait longtemps que ça dure ?

— À peu près un mois. Hein, n'est-ce pas, caporal ? Un mois…

Je n'y comprenais plus rien. Deux mille par jour en un mois, ça faisait 60 000 personnes. Comment faisaient-elles alors pour s'évanouir dans la nature ?

— Mais alors, où sont-ils ?

— Ils travaillent, bien sûr.

— Comment ça ?

— Ce sont des travailleurs, patron. Ils entrent le matin et ressortent le soir…

Je n'ai pas pu retenir un éclat de rire. Tout s'expliquait et nous, les humanitaires, dans l'attente de réfugiés, nous étions les dindons de la farce.

— Qu'est-ce que vous me racontez là ? Vous voulez dire que si je revenais cet après-midi, je les verrais repartir ?

— Vous êtes bienvenu.

Comme de fait, le soir, j'ai vu la même file de pseudo-réfugiés quitter la Guinée pour retourner en Sierra Leone. À trop avoir la main sur le cœur, on avait oublié que l'Afrique pouvait aussi connaître un grand déplacement humain quotidien sans que cela ne préfigure un drame.

Sur le coup, on l'a trouvée bien bonne.

Puis il a vite fallu se demander si on poursuivait la mission ou si on se retirait.

Hélas, quelques mois plus tard, l'Histoire nous donnait raison. La guerre a explosé pour de bon en Sierra Leone. Nos camps ont alors servi à recevoir de vrais réfugiés. Dans une vraie détresse. Ils ont trouvé des structures toutes prêtes, du matériel bien stocké, des latrines utilisables.

En Guinée, je me suis lié d'amitié avec un Anglais d'Oxfam qui s'appelait Richard Luff. C'était un ingénieur chargé des questions de l'eau. Nous sommes devenus potes. Avant de partir, Richard m'a suggéré d'envoyer mon CV à Oxfam UK.

— Si tu en as assez de MSF, ça te changera les idées de bosser un temps avec nous. Nous sommes constamment à la recherche de logisticiens…

Je l'ai fait avant même de rentrer à Paris pour demander à MSF s'il y avait d'autres missions pour moi. Moins d'une semaine après, j'étais convoqué à Oxford pour des entrevues. Le surlendemain, on m'offrait un contrat d'un an comme logisticien. C'était la première fois qu'Oxfam créait un tel poste. À Goma, l'organisation s'était rendu compte qu'elle en avait vachement besoin quand elle s'était retrouvée avec des réservoirs d'eau, mais sans boulons pour les monter.

Cette fois-ci, c'est moi qui décidais de quitter MSF. Comme à quinze ans, comme à vingt-six ans, je faisais le choix de quitter une famille.

19

Kaboul

Je suis parti pour l'Afghanistan en compagnie d'Anne, une Irlandaise catholique. Oxfam était connue pour être la boîte la plus sensible aux fameuses questions de *gender equity*. Avec les copains, on avait même ouvert les paris pour savoir combien de temps je tiendrais avec Anne en Afghanistan sans devenir fou ou être viré. Car c'était elle qui avait tout le pouvoir. Il lui suffirait d'écrire une note négative sur moi pour que je sois remercié. Il me fallait vraiment faire gaffe.

Anne me paraissait gentille et professionnelle, mais son accent irlandais était à couper au couteau, c'est à peine si on se comprenait. Et nous étions le couple chargé d'ouvrir Kaboul.

Le pays était alors encore aux mains des combattants du commandant Ahmad Shah Massoud et de ces autres factions armées qui avaient résisté à l'occupation du pays par les forces russes. Une fois les Russes partis, les différents groupes armés s'étaient emparés de Kaboul, mais n'avaient pas réussi à s'entendre sur le partage du pouvoir. Très vite, ils avaient recommencé à se parler à coups de canons et de missiles.

C'est alors qu'était apparu un mouvement de jeunes étudiants en théologie formés dans les madrasas, les écoles coraniques des zones tribales pakistanaises, sur la frontière avec l'Afghanistan. Ces jeunes combattants appelés talibans, conduits par un énigmatique chef répondant au nom de Mullah Omar, prônaient un ordre structuré autour de la *charia*, la loi islamique, réprouvant en théorie le trafic de drogue qui écrasait le pays, interdisant aux femmes de travailler, etc. Constitués en un mouvement armé, ils avaient commencé à marcher sur l'Afghanistan en rencontrant très peu de résistance.

Au mois de mai 1995, les talibans s'étaient déjà emparés d'une grande ville symbolique du Sud, Jalalabad, et poursuivaient leur avancée vers Kaboul. La capitale justement en avait fini avec les gros bombardements, mais tantôt les hommes de Gulbuddin Hekmatyar, tantôt ceux de Rashid Dostom, tantôt les Tadjiks de Massoud lançaient des raids contre leurs adversaires, et la riposte de ceux-ci replaçait le pays dans une logique de confrontation ouverte.

Je devais trouver des bureaux, le futur siège d'Oxfam, acheter des véhicules, engager du personnel, chauffeurs, gardes, secrétaires, installer la radio, entraîner un opérateur. Entre-temps, Anne devait concevoir et rédiger des projets. Elle travaillait avec de petites organisations locales de femmes.

J'ai déniché une belle maison à louer, juste derrière la Croix-Rouge. J'avais déjà trouvé des bureaux, tout près de là.

Je suis allé en voisin rendre une visite de courtoisie au Comité international de la Croix-Rouge, et là, je suis tombé sur une rousse tout simplement canon. Un mètre soixante-quinze, athlétique, les cheveux cascadant jusqu'au milieu du dos, la poitrine provocante et un sourire à damner un moudjahidin. La Suissesse des plus belles cartes postales.

— Bonjour, je m'appelle Laurence.

J'ai senti tout de suite que j'aimerais entendre plus souvent son accent traînant. Je l'ai revue deux jours plus tard au Club des Nations unies. La Croix-Rouge donnait une fête le surlendemain, elle m'a invité. Je ne l'ai plus quittée de tout le temps que j'ai passé en Afghanistan.

Un peu plus tard, celui qui devait se charger de la réfection de tout le système d'approvisionnement en eau potable de la ville est arrivé. C'était un homme dans la cinquantaine, professeur en engineering dans une université anglaise, un professionnel qui n'était pas effrayé par la gigantesque mission de remise en marche de tout le réseau du grand Kaboul. J'étais fasciné par tout ce que j'apprenais de lui.

Je me chargeais de préparer toute la logistique requise pour la mise en application de ses plans. Je devais aller à Dubaï, dans les Émirats arabes unis, étudier la possibilité de faire atterrir un avion de l'Ariana Afghan Airlines pour charger du matériel. Je m'éclatais. J'ai effectué par camion une mission exploratoire à Herat, sans doute la plus belle cité du pays, située au nord-ouest.

Le week-end, avec Laurence, nous quittions Kaboul pour aller visiter d'autres lieux mythiques, comme la vallée du Panshir, petite enclave dans les montagnes du nord de l'Afghanistan où le commandant Massoud avait tenu tête pendant de longues années, d'abord aux Russes puis aux talibans, au point de mériter le surnom du « lion du Panshir ».

À quelques reprises, j'ai traversé la fameuse Khyber Pass : nom magique pour un passage extraordinaire reliant le Pakistan à l'Afghanistan. Long de cinquante-huit kilomètres, le col fait un kilomètre et demi dans sa partie la plus large et seize mètres dans la plus étroite. Je devais y négocier avec les talibans le passage de camions arrivant du Pakistan. Les talibans étaient gentils et coopératifs avec nous.

Je me plaisais bien dans ce pays, mais je savais que ça n'allait pas durer. On sentait que l'explosion finale était proche. On sentait que cette violence sourde allait forcément mener à de grands bouleversements. La population répandait la nouvelle que les talibans étaient arrivés à Jalalabad.

Quand je parvenais à amener nos employés locaux à s'ouvrir à moi, je me rendais compte de leurs sentiments mêlés d'excitation et d'angoisse. Mon assistant était marié à une institutrice qui n'allait plus à l'école tellement les rues de la ville étaient dangereuses. Le jardinier me disait à voix basse que Kaboul avait surtout besoin d'ordre. Avant toute chose. D'ordre et de paix.

Le problème de ce pays, c'était aussi que la plupart des intellectuels avaient été formés en ex-URSS et avaient appris des notions inexploitables dans une société sous influence religieuse. Par exemple, le gardien de notre maison était allé à Moscou recevoir une formation en planning familial. De retour dans son pays, c'était une expression qu'il ne pouvait employer ni avec les moudjahidin, ni avec les talibans. C'est un mot que la tradition coranique ignore. Il n'avait donc pu obtenir d'emploi à la hauteur de sa formation et il s'était recyclé en gardien de maison. Il y en avait plein d'autres comme lui qui traînaient dans les rues de la ville, qui dissimulaient leur désarroi sous les plis du pantalon ample et de la large chemise, le traditionnel *shalwar-kamiz.*

En outre, d'inextricables divisions ethniques et claniques avaient miné l'unité des forces moudjahidin antisoviétiques. Les Hazaras comme les Tadjiks, les Ouzbeks, les Pashtouns s'affrontaient sans cesse.

C'est pour cela que, sous couvert d'anonymat, la plupart des Kaboulis disaient préférer les talibans et avaient hâte de les voir marcher sur la capitale. Ils n'en pouvaient plus de cette violence permanente, de l'incertitude du lendemain, de l'indifférence du monde, du trafic de la drogue. Bien sûr, les seigneurs de la guerre ne l'admettront jamais, non plus que ces exilés afghans à Londres et à Paris, qui condamnaient par anticipation l'imminente arrivée au pouvoir des talibans, sans vraiment entendre le ras-le-bol de leurs concitoyens face au *statu quo*. Dans la catégorie des mécontents, il fallait compter ces trafiquants de drogue qui se faisaient passer pour d'honnêtes citoyens, et les défenseurs des droits de l'homme qui s'inquiétaient, avec raison, des lois islamiques radicales instaurées par les talibans sur les territoires sous leur contrôle.

Mais le citoyen moyen de Kaboul était prêt à brader une part de sa liberté pour une plus grande sécurité et une certaine dignité. Les talibans les lui promettaient. C'est après qu'ils ont dérapé. C'est après qu'ils ont exagéré, qu'ils sont devenus impopulaires, voire honnis, à leur tour.

J'ai donc vu les talibans se rapprocher peu à peu de Kaboul. Je les ai rencontrés deux ou trois fois à Jalalabad. Dans la ville, les femmes n'avaient rien à envier à celles de la capitale. Toutes voilées, à l'exception des fillettes qui se rendaient à l'école. Les talibans ont certes obligé les femmes à marcher derrière leur mari, mais c'était le cas depuis des siècles. Ils ont imposé le tchador et la *burqua,* qui étaient déjà portés par 95 % des femmes pour des raisons de sécurité. Quand un moudjahid réussissait à voir un bout de chair ou croisait une femme d'une autre tribu, il estimait avoir droit à tout.

On devinait également les alliances internationales derrière ce drame national : les Pakistanais derrière les Pashtouns, la mafia russe disputant le marché de l'opium aux Italiens qui exportaient à leur tour aux USA.

Ces étrangers dans l'ombre étaient discrets, mais on reconnaissait leurs méthodes. L'opium était traité à la campagne et rangé dans de petits sacs. Comme nous habitions près de l'artère principale de Kaboul, la nuit tombée, on voyait passer un blindé et un deuxième, suivis d'une demi-douzaine de camions bâchés, gardé chacun par cinq ou six militaires armés jusqu'aux dents. Ils traversaient la ville pour aller livrer la précieuse marchandise à des clients inconnus. Les blindés n'étaient pas là pour protéger les camions, déjà bien gardés, ils servaient à les tirer des terrains boueux en cas d'enlisement.

Les chefs de guerre, qui se disputaient le pouvoir, étaient par contre tous d'accord pour laisser passer la drogue que l'on trouverait bientôt dans les rues de Paris ou de New York. Les gros dividendes qu'engendrait ce trafic étaient ensuite partagés entre les groupes armés, qui s'empressaient de refaire leur plein de munitions pour relancer les hostilités.

Il se pratiquait également une justice primaire, expéditive. Celui qui était trouvé coupable d'un crime quelconque, aussi minime soit-il, était abattu sur-le-champ. Sans autre forme de procès.

Il fallait que ça explose. Ça allait exploser. Ç'a explosé.

Mais je n'étais plus là. Ma mission était finie. Je devais retourner à Oxford pour m'occuper de la prochaine affectation. J'ai fait mes adieux à Laurence. J'ai reçu un satisfecit pour mon travail et la permission de me rendre à Paris faire la fête pendant deux semaines.

C'est Oxfam qui m'a tiré de mes vapeurs pour m'apprendre que le Liberia était apparu à l'ordre du jour et que j'étais attendu d'urgence à Oxford pour en repartir aussitôt. Mais la guerre de Tchétchénie venait d'éclater, et je me demandais pourquoi on ne se déployait pas plutôt là-bas.

Dans les réunions d'équipe, je ne cessais de poser la question. Les anciens d'Oxfam ne s'en cachaient pas, c'était trop dangereux. Le département d'urgence était en faveur d'une mission, mais les administrateurs tenaient trop aux hypothèques de leurs coquettes maisons d'Oxford pour aller risquer leur peau en Tchétchénie. Je revenais toujours à la charge sans que personne n'accepte de m'expliquer les raisons inavouées de ces refus. Je commençais à me faire royalement chier.

Il y a eu ce collègue, responsable des questions de l'eau, décoré par la reine pour son travail au Congo, après le génocide du Rwanda. Il s'est levé au milieu des applaudissements de la salle. J'ai eu un pincement au cœur, car s'il avait apporté les réservoirs, je connaissais celui qui avait trouvé l'eau. Ce n'était pas Oxfam, c'était un ami de MSF.

Je m'irritais de plus en plus d'entendre le patron raconter sa petite balade en Haïti, alors qu'on me demandait de la fermer chaque fois que je remettais sur le tapis l'histoire de la Tchétchénie. Ils s'excitaient à se raconter leurs petits projets pour l'égalité des femmes. Ça me faisait penser à des rencontres d'obèses qui se congratulent, sans oser se prétendre belles mais en se disant qu'elles s'aiment quand même.

Je détestais de plus en plus l'hypocrisie des mecs qui se la jouait *gender equity* le jour et qui le soir, dans les pubs, balançaient des remarques sexistes dignes de n'importe quel hooligan. Ça débattait alors plus des nichons de l'une et des cuisses de l'autre que des alinéas du code de la femme. Plus loufoque encore, dans les réunions, on se faisait passer des cassettes du genre : « Écoutez, je vous ai ramené une chanson que l'équipe du pays X, d'où j'arrive, vous a dédiée, en reconnaissance de votre engagement en faveur du droit des femmes… » Quelqu'un appuyait sur le bouton, et on entendait la ridicule chanson dans la langue locale dont on ne comprenait rien : *Laoulile sibew, lawouala sibwa…* Et les cinquante employés, agglutinés autour du directeur, faisaient semblant de s'essuyer les yeux d'émotion et dodelinaient de la tête en se disant qu'ils payeraient cher pour être ailleurs plutôt que d'écouter ces stupidités. Personne ne bougeait cependant, et de larges sourires niais fendaient les visages. Ça me gonflait terriblement. Et ça paraissait. Je me suis levé et je suis sorti.

On m'a appelé à la direction. C'est Paul Smith-Lomas qui m'a reçu, un gars que je respecte. Il deviendra plus tard patron de la boîte.

— Est-ce qu'il y a un problème, Marc ?

— Oui, je m'ennuie. On ne va plus au Liberia parce que ça ne vous tente plus. Vous ne voulez pas que l'on parte en Tchétchénie parce que vous avez peur. Vous me demandez de faire de menus travaux que je trouve inutiles. Oui, ça ne va pas.

— Calme-toi, Marc. Je vois les choses différemment. Tu vas repartir très vite et ce ne sera pas dans un truc de *gender equity*.

— Merci, mais laisse tomber, Paul, on arrête tout. Je ne crois plus en nos méthodes.

Je lui ai serré la main et je suis parti.

20

L'Africain blond

Pour ma deuxième mission avec MSF Hollande, on m'a envoyé à N'Zeto en Angola.

J'y retrouvais une sorte de Mozambique, la guerre en plus. Au lieu de la RENAMO contre le FRELIMO du Mozambique, c'était l'UNITA (Union pour l'indépendance totale de l'Angola) du rebelle Jonas Savimbi contre le MPLA (Mouvement populaire pour la libération de l'Angola) du président Jose Eduardo Dos Santos.

Je devais y rester trois mois avant de prendre la coordination logistique de Luanda, la capitale. Mais Ian, celui que je devais remplacer, est tombé amoureux d'une Américaine et n'a plus voulu partir. Ça m'embêtait beaucoup : d'abord, parce que, après avoir passé des années dans des missions en région, je rêvais enfin d'un poste en ville ; ensuite, parce que ce poste s'accompagnait d'une substantielle augmentation salariale. L'un de nous deux devait céder : j'ai remis ma lettre de démission et je me suis préparé à quitter N'Zeto.

J'ai reçu un appel radio du bureau MSF à Luanda qui me

disait que des gens du Programme des Nations unies pour le développement (PNUD) cherchaient à me rencontrer. C'est en allant accueillir mon remplaçant à Luanda que je me suis arrêté au PNUD. Le chef de la mission des Nations unies m'a annoncé qu'il aurait un boulot pour moi dans deux semaines :

— Nous cherchons un logisticien pour coordonner la mise en place des bureaux et locaux des commissions de réconciliation nationale à l'usage de l'Institut pour la réconciliation sociale des ex-militaires (IRSEM).

Il s'agissait d'un programme prévu dans les accords de paix qui consistait en la démobilisation des soldats rebelles et en leur réintégration dans la société angolaise. Ils étaient réunis dans des camps financés par les Nations unies et étaient censés recevoir une formation leur permettant de troquer la kalachnikov contre une pelle. Le programme était en retard, le PNUD avait donc besoin d'un logisticien habitué à travailler sous pression.

Une semaine plus tard, j'ai emménagé dans une jolie maison avec vue sur l'océan, près d'un restaurant chinois, sur la presqu'île de Luanda. Cette maison est devenue ma demeure pendant toute l'année suivante. Elle avait trois pièces dans lesquelles je me baladais comme un pacha.

Comme je ne voulais pas avoir une ribambelle d'expatriés sur le dos, je les ai devancés en invitant un gardien de sécurité angolais, qui travaillait pour MSF France, à venir habiter avec moi. Une femme de ménage venait une fois la semaine dépoussiérer la maison.

Au travail aussi, je m'éclatais. Un avion était affecté presque uniquement à mes déplacements dans le pays. Mes sorties étaient prioritaires. Tous les autres devaient s'y ajuster. Je passais la moitié de la semaine dans les airs. J'arrivais à l'aéroport tôt le matin et ne rentrais qu'à la nuit tombée. Toujours avec le même pilote, qui a fini par devenir un bon copain.

De là-haut, dans les nuages, l'Angola ressemblait au Mozambique. J'ai vu tous les coins du pays : Malange, Huambo, Kuito, Benguela, Mushiko, Luana. J'allais partout rencontrer les responsables de l'IRSEM, visiter leurs bureaux et faire des estimations quant au coût de leur réouverture. Je dressais la liste de l'équipement requis, établissais un budget que je transmettais au service des finances. Dès l'approbation des dépenses, je revenais dans la localité superviser le début des opérations. J'ai poussé le zèle jusqu'à refaire les bureaux de l'IRSEM à Luanda. Ils étaient situés au treizième étage d'un immeuble.

Leonardo Di Caprio pouvait aller se rhabiller, le roi de la Terre, c'était moi. Je me promenais dans une grosse bagnole, avec chauffeur s'il vous plaît, j'avais une belle maison, une copine qui était l'incarnation même de la beauté africaine — Paola aurait pu jouer dans un clip de rappeur américain —, un salaire de nabab, du soleil à satiété, une santé de fer et une jeunesse insouciante. Que désirer de plus ? Paola allait au marché et rapportait du poisson frais, des bouteilles de vin et de whisky, puis revenait avec deux ou trois copines. Elles se mettaient à discuter, à rire, et l'odeur du poisson en train de frire embaumait la maison. Je ne me mêlais pas de leurs conversations. Je me contentais d'admirer ces survivantes de la guerre. Elles rayonnaient, le dos tourné aux malheurs. Même quand elles parlaient de politique, l'humour était de mise. Je les regardais encore quand la nuit noire enveloppait leur peau sombre. Je les regardais et j'étais heureux.

Au bureau, les choses se sont gâtées quand on a changé de patron. C'est un Rwandais qui a été nommé. Après les massacres de 1994, comme elles se sentaient un peu coupables envers le Rwanda, les Nations unies se sont mises à accorder des promotions aux Rwandais partout en Afrique. Officiellement, on déclarait que, s'ils avaient survécu, c'est qu'ils étaient en mesure de gérer les pires crises. En réalité, ceux à qui on confiait ces postes n'étaient même pas dans leur pays durant le génocide.

Le nouveau patron n'a pas voulu apprendre le portugais. Ce n'était pas dans les règlements des Nations unies, il ne voyait pas de raison de faire du zèle. Son anglais et son français lui suffisaient, la boîte n'avait qu'à engager un traducteur.

Il s'est mis à changer le personnel, à renvoyer les Occidentaux, à les remplacer par des Africains : un Éthiopien ici, un Camerounais là, un Ghanéen là encore. On se la jouait vraiment Black Power.

Ce qui manque souvent à ces fonctionnaires originaires d'Afrique et qui passent leur temps dans les cocktails, c'est la logique. Ce n'est pas sur le banc de l'école que tu l'apprends, les diplômes de la Sorbonne ou de Yale dont ils sont bardés n'y changent rien. C'est par l'analyse froide des enjeux qu'on comprend quelles décisions il faut prendre. Or, ils sont trop souvent émotifs quand il s'agit de leur continent, ils en perdent toute raison et tout réalisme.

J'ai été le seul logisticien et l'un des rares Blancs à ne pas être muté. J'étais devenu l'Africain aux cheveux blonds. Mais il y avait un début de malaise dans le bureau.

Au même moment, l'ONU a commencé à tourner le dos à l'Angola. L'argent ne rentrait plus. Les soldats de l'UNITA étaient enfermés dans leurs camps comme des bêtes en cage. Alors que ça faisait six ou huit mois qu'ils avaient déposé les armes, je sentais qu'ils étaient à bout.

D'autre part, dans cette volonté d'africanisation du personnel, de graves erreurs avaient été commises. Les camps des ex-rebelles étaient administrés par des médecins angolais, recrutés à Luanda, donc susceptibles d'être pro-MPLA. Ils traitaient les soldats de l'UNITA comme des chiens. J'ai vu de mes propres yeux nos avions atterrir avec des cargaisons de médicaments. Le soir, les administrateurs les prenaient, les chargeaient dans des voitures, direction Luanda, pour les apporter dans leurs cliniques ou leurs pharmacies privées.

Les mecs de l'UNITA mouraient comme des mouches dans ces camps. Choléra, paludisme, dysenterie, toutes les maladies s'acharnaient sur eux. Entre-temps, aux Nations unies, on s'époumonait dans les discours « *Peace is cool* ». Tout allait très bien, Madame la Marquise.

À Huambo, dans les bureaux de la mission onusienne, il y avait une exposition sur les Casques bleus des Nations unies. À Huije, le contingent indien de l'ONU avait baptisé le camp qu'il occupait Zanadoo, c'est-à-dire « le Paradis ». Pendant que les soldats de l'UNITA continuaient à mourir, drapés de leur seul orgueil de combattants.

Ça allait exploser.

Déjà, Jonas Savimbi, le chef des rebelles, menaçait de reprendre les hostilités. Le monde lui répondait avec dédain. On le considérait comme un vieux trafiquant incapable de chausser les souliers de l'homme de paix. On avait tort, c'était la mainmise sur ses hommes qu'il risquait de perdre s'il ne les empêchait pas de crever comme des rats. Des évaluateurs de New York sont arrivés. Je leur ai fait faire le tour du pays et des camps. Ils ont vu. Ils ont compris que ces histoires d'accords de paix allaient mal se terminer. Ils m'ont dit : « Il faut vite revoir nos méthodes, Marc. Nous allons nommer auprès de vous un administrateur indépendant. Faites ce que vous pouvez. Vous travaillerez avec nos bureaux en Afrique du Sud pour tous les achats. »

Certes, ils me laissaient les outils nécessaires pour être un peu plus efficace, mais je savais que je n'allais pas manquer de me faire des ennemis, aussi bien dans nos bureaux que dans le milieu des affaires angolais, qui profitait de la manne onusienne.

Un incident a eu lieu quelques jours plus tard. Pour les projets et les programmes de réfection des infrastructures, les Nations unies exigent de procéder par appel d'offres.

Je venais justement d'en lancer un pour un projet à Huambo, d'une valeur de près de 100 000 dollars.

Je ne sais pas comment l'homme a fait pour entrer dans la chambre où je dormais. Paola était dans mes bras. C'est le froid du métal sur ma tempe qui m'a réveillé. J'ai d'abord vu la bouche noire et menaçante du Makarov, le doigt sur la détente, avant de remonter vers le visage de celui qui tenait l'arme. C'était un Angolais en civil. Ça réveille. Sec. J'étais sûr que c'était un de ces affamés qui venait tout simplement me piller. Mon cerveau fonctionnait à une vitesse folle pour me permettre de garder la maîtrise de la situation, offrir au cambrioleur ce qu'il voulait et le faire partir sans qu'il ne commette l'irréparable.

Paola continuait à dormir de son doux sommeil innocent.

« Lumière ! » m'a intimé l'assaillant.

J'ai obéi. La petite a grogné, mais je l'ai calmée d'une caresse à l'épaule. Elle s'est tournée vers moi, les yeux embués de sommeil. Elle a compris immédiatement, et j'ai vu l'effroi creuser son visage. J'ai remonté le drap pour recouvrir son corps nu avant que l'agresseur n'ait d'idées plus sordides. Mais il semblait savoir exactement ce qu'il voulait :

— Demain, vous devez faire affaire avec M. Oliveira pour le marché de Huambo. Compris ?

Il a remonté le cran de sûreté.

— Oui, j'ai compris. Tout doux. *No fasse mal.*

Il a disparu comme il était venu. J'ai passé le reste de la nuit à calmer Paola. Elle s'est rendormie au petit matin.

Il n'était pas question que je prenne l'habitude de me faire réveiller à trois heures du matin par des armes braquées sur ma tempe. Je me suis levé, je me suis rasé, j'ai mis ma cravate et je suis parti au bureau. Je suis allé voir mon patron et je lui ai remis ma démission.

Je lui ai dit que j'avais perdu confiance dans le PNUD. Personne n'assumait la responsabilité des questions médicales dans les camps. Question sécurité, les Casques bleus étaient largués. Je voyais venir la reprise des hostilités, et je ne voulais pas être responsable de ce qui allait se passer. Je suis parti.

À l'époque, l'antenne à Luanda de MSF France, dont les bureaux se trouvaient à cent mètres de chez moi, était dirigé par Catherine, mariée à Didier, un médecin que j'avais connu à Goma. Le Zaïre avait tissé un lien indéfectible entre Didier et moi. Sa femme, elle, a mis du temps avant de m'apprécier.

Le logisticien de MSF s'appelait Moustache, un vieux baroudeur qui avait des problèmes d'alcool. Mon départ du PNUD a coïncidé avec le moment où MSF prenait la décision de se séparer de lui. Il était parti pour deux semaines de vacances en France. Et il n'était rentré que trois semaines plus tard, rond comme une barrique. Ce qui n'arrangeait rien, il était en plein divorce. Il se saoulait encore, tous les soirs. Didier lui a alors poliment demandé de rentrer.

On m'a engagé comme logisticien coordonnateur de MSF France sur Luanda. Ironie du sort, je me retrouvais exactement là où j'étais censé être quand je m'étais engagé avec les Hollandais.

Mais plus rien ne ressemblait au scénario de départ. D'abord, je venais de passer quatre mois à l'emploi de l'ONU, en touchant trois fois plus d'argent que ce que j'allais recevoir de MSF. En plus, au cours d'une de mes missions à Benguela, j'avais fait la connaissance d'une charmante petite infirmière française du nom de Viviane. On avait sympathisé dès ma première visite.

À l'époque, dans l'humanitaire, la maladie in était la trypanosomiase, la maladie du sommeil, causée par la mouche tsé-tsé. Toutes les organisations avaient des budgets pour la tsé-tsé, et rien pour les famines. On s'en foutait un peu, des famines, parce qu'on les disait récurrentes en Afrique. Pas une année sans affamés. Il serait toujours temps d'y revenir. Dans les projets nutrition, on travaillait donc avec des moyens réduits.

Je me suis attelé à bâtir un nouveau centre de nutrition. J'ai chiffré son coût à 75 000 dollars.

— Démerde-toi pour que ça ne dépasse pas 25 000, m'a-t-on répondu.

Mais j'ai reçu un coup de main inattendu. La copine américaine de Ian le Hollandais, à qui j'avais laissé le boulot de MSF à Luanda, avait été nommée administratrice pour l'Angola à USAID, la grande agence américaine d'aide au développement. Elle n'avait pas de rancœur envers moi. Au contraire. Parce que, si j'avais insisté, j'aurais obtenu le départ de son copain. À la place, c'est moi qui étais parti, laissant gentiment les deux tourtereaux poursuivre leur lune de miel.

Je l'ai invitée à Benguela. Je lui ai fait faire le tour du propriétaire en lui expliquant ce que je comptais apporter comme amélioration à l'ensemble. Elle a compris, mieux, elle a surenchéri. Elle a voulu que le camp ait des arbres. Oh! De la couleur aussi. Et pourquoi pas une aire de jeu pour les enfants? Le budget est monté jusqu'à près de 100 000 dollars. Elle s'est engagée à combler ce qui manquait à la somme allouée par MSF.

Il a fallu revenir à Luanda.

Je faisais la tournée de nos différentes missions pour m'assurer que rien ne leur manquait. Didier et moi sommes également partis étudier la nécessité d'ouvrir une base pour la lutte à la trypanosomiase, justement. J'y suis retourné ensuite avec Catherine, cette fois-ci pour signer les accords.

La vie passait, tranquille. Et tout doucement, sans résister, je me découvrais amoureux de Viviane. Non seulement une femme superbe, mais en plus d'une vaste culture.

J'ai cru que je savais peut-être enfin être heureux.

Après plusieurs mois sur le terrain, Didier et Catherine ont décidé de ne pas renouveler leur contrat. Didier voulait réorienter sa carrière de médecin vers la lutte contre le sida. Il en avait assez de la théorie, il lui fallait dorénavant des patients pour acquérir une connaissance pratique. Catherine a choisi de le suivre.

C'était une belle journée ensoleillée de fin décembre 1996. On a reçu un télex de Paris. C'est moi qui l'ai arraché. Il était destiné à Catherine. « Rappelez ce numéro. Confirme arrivée du nouveau chef de mission. Il faut que Marc Vachon soit parti avant cette date. »

Je n'ai pas compris. Le message arrivait le jour du vingt-cinquième anniversaire de MSF. MSF Belgique avait organisé une grande fête à laquelle était convié tout le corps diplomatique de Luanda et les autorités locales. Il y aurait un grand barbecue, un orchestre.

En l'absence de Didier, reparti à Paris, il n'y avait que Catherine et moi pour représenter MSF France, l'organisation mère de tous les MSF. Il a bien fallu que je me rende à la soirée.

J'étais à l'entrée, je serrais la main de tous les convives. Je portais une cravate et un veston élégant. Dans la poche intérieure, il y avait le papier qui disait qu'il fallait que je dégage avant que le nouveau chef de mission arrive. J'ai appelé Paris pour demander ce qui se passait.

— Désolé, Marc, mais le nouveau responsable ne veut pas bosser avec toi.

— Mais je ne connais même pas ce mec !

— Ouais, mais lui, il a entendu parler de toi. Kinshasa, Marc. Ça n'a pas plu…

C'était donc cela : on me reprochait d'avoir refusé quelques semaines plus tôt d'aller ouvrir une unité d'achats à Kinshasa. J'avais entendu parler de ce Kabila qui marchait sur le Zaïre pour renverser le président Mobutu. Je ne comprenais pas pourquoi MSF choisissait d'installer un centre d'approvisionnement sur ce volcan en ébullition. J'avais plutôt suggéré la Namibie. Alors, si on se froissait à ce point de mon opposition à leur premier choix, c'est qu'il devait y avoir d'autres intérêts qu'on m'avait cachés.

J'ai envoyé mon CV ici et là. Quelques jours plus tard, j'ai reçu un appel du Norwegian Refugee Council (NRC). Ils avaient besoin d'un logisticien pour s'occuper des réfugiés angolais qui arrivaient du Congo.

J'ai fait mon petit bout de chemin avec NRC, jusqu'à ce que je sois épuisé. J'en ai eu assez de l'Angola, des Angolais, de la violence. Luanda était devenue une des villes les plus dangereuses que j'aie connue. Trop d'armes échappaient au contrôle de l'État. Puis ma copine était trop loin de moi, quatre cents kilomètres nous séparaient. J'en ai eu assez. Je devenais trop agressif, trop irritable. Il fallait que je me sorte de là avant que je ne me remette à faire des bêtises.

Viviane a décidé elle aussi de quitter l'Angola. Je l'ai attendue. Nous sommes repartis ensemble en France. À Paris, nous avons trouvé deux billets pour Quito, en Équateur. Nous étions tous les deux un peu SDF. C'est beau l'Équateur, mais au bout de sept semaines de vacances, nous avions envie de revenir.

Ça ne faisait pas longtemps que j'étais avec Viviane. Et là, en Équateur, pour la première fois seuls, sans soucis professionnels, nous manquions de sujets de conversation.

C'est MSF Luxembourg qui nous a repêchés. Un poste s'ouvrait pour couple au Mali. Une petite mission de développement communautaire étalée sur quatre ans. C'était intéressant, d'autant plus que le Mali était un pays en paix.

Le projet devait s'établir à Sélingué, une ville neuve bâtie pour reloger des villageois déplacés par la construction d'un barrage hydroélectrique, à moins de deux heures de Bamako, la capitale.

La mission du Mali a été la plus belle de toute ma carrière. C'est pour cela qu'elle a également été la plus longue : elle a duré un an.

Parce que je ne travaillais pas avec des populations en train de détruire leur cadre de vie, mais plutôt en train de le construire, de l'embellir.

Notre projet voulait rassembler des villages afin qu'ils engagent de la main-d'œuvre pour la construction de leur centre de santé. Nous apportions l'appui technique, l'équipement et le savoir-faire. L'objectif visé était de former des associations de 15 000 personnes, soit environ une dizaine de villages, pour que le centre soit rentable. En plus d'apporter des services de qualité à la population, cela désengorgerait le système de santé malien, qui courait à la faillite. Heureusement, les Maliens ont eu l'idée de se tourner vers le système de ces coopératives appelées CESCOM pour Centre de santé communautaire.

C'était une face cachée de l'Afrique, la plus importante en fait, que je découvrais. Une Afrique agissante, rieuse, pacifique, hospitalière, volontaire et digne. Le Mali est pauvre mais courageux. Et sa musique, simplement divine.

Le couple que Viviane et moi remplaçions était baba cool, peace-and-love, cheveux-longs, on-mange-mains-nues-dansle-même-bol-que-les-Africains, on-assiste-à-l'égorgement-de-la-poule-parce-que-ça-fait-traditionnel, mais il avait oublié d'être rigoureux avec ses dossiers. La mission avait donc pris énormément de retard. Un an après son ouverture, elle n'avait encore accouché que de la moitié d'un CESCOM.

Même la moitié construite était bancale. Les portes étaient à l'envers, les murs branlants. Notre rapport sur l'état des lieux a énervé MSF Luxembourg, qui a cru qu'on les traitait de débutants. Il nous a envoyé un responsable du *desk*. Il est venu passer une semaine avec nous. Il s'est rendu compte que nous avions raison.

En plus, on avait oublié de nous associer avec l'hôpital du district, qui se sentait menacé par ces projets de MSF. Nous ne pouvions pas nous contenter d'équiper ces centres de santé communautaires et laisser dans l'oubli l'hôpital général, qui devait prendre en charge les cas lourds. Ça ne servait à rien d'équiper nos CESCOM de radios si l'hôpital ne disposait pas d'ambulances pour venir chercher les patients les plus gravement atteints.

Avec ce représentant du Luxembourg, nous avons revu le projet, y compris le volet de réfection de l'hôpital. Nous avons révisé les budgets à la hausse de 8 000 dollars à peine. Le siège nous a accordé sa bénédiction et nous avons enfin pu travailler.

Nos constructions étaient de qualité. Nous avons fait creuser vingt-six puits, réparé une quarantaine de forages, ainsi que le bac pour traverser le fleuve.

Tout allait bien pour Viviane aussi. Nous menions une vie heureuse. J'avais même un Zodiac pour aller à la pêche. J'y emmenais le représentant de MSF, Olivier Marchetti, devenu un bon copain depuis que je l'avais associé à une campagne de vaccination contre la polio. Nous lui avions confié la population Bozo, c'est-à-dire les hommes du fleuve Niger. À cette époque de l'année, il était difficile pour les Bozos de se rendre aux centres de santé. Nous avions emprunté une grosse barque et, à trois, notre ami Cissé, le représentant de MSF France et moi, nous sommes allés à leur rencontre. Ç'avait été une équipée envoûtante. Nous avions même vacciné des gens que nous croisions sur le lac, sans quitter nos bateaux.

Un an après notre arrivée, nous avions déjà mis sur pied quatre CESCOM, presque tous opérationnels sur le plan des infrastructures et celui du personnel. Nous avions réalisé en douze mois ce qu'on avait prévu s'étaler sur quatre ans. Nous avions rattrapé le retard de nos prédécesseurs, et nos remplaçants auraient désormais tout le temps nécessaire pour former le personnel technique.

Curieusement, MSF Luxembourg n'a pas voulu renouveler notre contrat. En revanche, il nous restait une dernière mission d'étude démographique à effectuer avec l'équipe de MSF France au Mali. Mais, un matin, l'appel assassin :

— Vous ne partez plus, ça ne marche plus !

Nous avons appris que MSF Luxembourg avait demandé à Paris de ne pas me laisser repartir au Mali. Pourquoi ? Avaient-ils peur que notre succès auprès des populations locales ne fasse ombrage à leur personnel ?

C'est ce jour-là que j'ai vraiment vomi MSF. Je m'étais fait violence pour leur pardonner tous les coups passés, pour marcher sur mon orgueil et repartir avec eux.

Mais on s'acharnait à me faire comprendre qu'on ne récompensait que la médiocrité et que le succès était une tare à leurs yeux. C'est aussi un peu ça l'humanitaire : un grand cœur pour excuser bien des incompétences. J'en ai eu la nausée.

J'étais mal pour Viviane, on la punissait pour se venger de moi. Elle avait eu une mission difficile. Elle s'était battue pour se faire accepter dans une société de machos. Elle avait réussi là où plein d'autres avaient échoué avant elle. Il faut dire que nous étions allés au-delà du simple mandat de construction des CES-COM. Nous nous étions activement engagés dans la société malienne. Il y avait même une équipe de football qui portait les couleurs de MSF Luxembourg. Elle a gagné une coupe provinciale.

Un an plus tard, par le plus grand des hasards, j'ai appris que MSF Luxembourg avait reçu une récompense du gouvernement malien. Personne n'avait estimé nécessaire de nous appeler pour nous faire part de cette reconnaissance dont nous avions été, après tout, les principaux artisans.

Ça a été le coup fatal. Je me suis promis de ne jamais remettre les pieds à MSF. J'ai tenu parole.

Une idée que je mûrissais depuis des mois a commencé à s'imposer à moi.

Tout avait commencé au Kenya après notre échec du Soudan. L'administrateur avait réussi à s'en tirer uniquement parce qu'il s'exprimait mieux que moi, qu'il avait rédigé un meilleur rapport. Au Mali, quand un médecin qui collaborait avec nous m'avait demandé de lui trouver une bourse pour aller poursuivre ses études, j'étais allé m'informer auprès de l'ambassade du Canada à Bamako.

J'avais fraternisé avec la dame responsable des échanges culturels et scientifiques.

Je l'avais revue deux jours plur tard avec son mari. En s'informant de mon *background,* elle avait été sciée d'apprendre que je n'avais pas fini mon cours secondaire.

— N'as-tu jamais été tenté de retourner à l'école afin de décrocher un diplôme?

— Non. Oui. Non.

— Écoute, je vais voir s'il n'y a pas de spécialités en

gestion de projets, coopération internationale ou des choses de ce genre.

Je ne comprenais pas ce qu'elle voulait dire, mais ce n'était pas grave, elle avait l'air gentille. Quelque temps après, elle m'appelait pour me dire qu'elle avait deux courriers à mon nom. Le premier était la description du programme de management international à l'École nationale d'administration publique, et l'autre faisait état d'une maîtrise en gestion de projets de l'Université du Québec.

C'est ainsi que s'est insinuée en moi, chaque jour un peu plus forte, l'envie de retourner sur les bancs de l'école.

21

Le soleil, et l'ombre d'Al-Qaida

J'ai opté pour le programme de l'ENAP.

De toute façon, je n'avais plus le choix. Avec toutes mes expériences et mes réalisations sur le terrain, je ne pouvais plus continuer à être simple logisticien. Je ne voulais plus évoluer à l'horizontale. J'étais condamné à m'élever ou à disparaître. Mais pour aller plus haut, il me fallait un diplôme.

L'ENAP, respectueuse de mon bagage professionnel et de mes références (Jean-Christophe et Geneviève s'étaient fendus d'une lettre), m'a proposé de commencer par un programme court de quinze crédits. Si je décrochais le certificat, je pourrais être admis à faire un DESS. Et si je réussissais encore cette étape, je pouvais entrer en maîtrise.

En attendant que je puisse m'inscrire — il était trop tard pour l'année 1998-1999 —, Viviane et moi avons postulé pour du boulot avec Action contre la faim (ACF). On a qualifié cette organisation fondée en 1979 par un groupe d'intellectuels français, dont Françoise Giroud, Marek Halter, Bernard-Henri Lévy, Guy Sorman, de « French Doctors deuxième génération ». On voulait, dans le contexte de la guerre en Afghanistan, souligner le problème de la faim qui, jusque-là, faisait simplement partie des luttes humanitaires plus générales.

En allant passer les entrevues, nous étions conscients que nos multiples années d'expérience rendaient nos candidatures intéressantes. Seule difficulté, nous exigions d'être en couple, quelle que soit la destination ou la nature de la mission.

Trois jours plus tard, on nous a appelés pour nous proposer Khartoum, au Soudan. Je commencerais deux ou trois semaines avant que Viviane ne me rejoigne sur le terrain. C'était parfait.

J'ai trouvé la mission d'ACF à Khartoum en état de crise. Une brouille avait éclaté parmi les employés. Tous les soirs, les filles pleuraient, tandis que l'Espagnol chef de mission semblait perdre la maîtrise de la situation. Il n'était visiblement pas fait pour ce boulot et il s'en fichait royalement. Il venait de se marier avec une Soudanaise et comptait s'installer dans le pays. Il y avait un *watsan* (Water Sanitation) en première mission, gentil mais inexpérimenté.

Il y avait deux missions dans le Sud, à Wao et à Juba, et une dans le Nord, à Khartoum. J'avais peur que l'on me reproche d'avoir travaillé dans le Sud quelques années plus tôt. Mais, en fait, personne n'en a fait grand cas. Au bout du compte, je me suis toujours bien entendu avec les Soudanais, autant les chrétiens du Sud que les musulmans du Nord.

J'ai débarqué en plein durant la grande famine de 1998. Les gens crevaient de faim. On comptait près de 10 000 Dinkas morts à Wao.

Le problème du Soudan, c'était que, comme la crise durait depuis une dizaine d'années, tout le monde s'en fichait. Pas seulement ACF, toutes les autres ONG aussi. C'était une époque où la question des droits de l'homme était à la mode dans le milieu humanitaire, plus que l'urgence humanitaire de base. Toutes les ONG avaient donc leur expert en *human rights*, qui réduisait le conflit soudanais à une caricature commode : les musulmans du Nord étaient les vilains, alors que les chrétiens ou les animistes du Sud étaient les victimes.

Je ne partageais pas ce sentiment-là. J'ai vu le gouvernement du Nord se démener seul pour résoudre la crise humanitaire, quand aucune ONG ne voulait lui venir en aide. Je me souviens d'une de ces réunions d'humanitaires durant laquelle une fille d'une boîte américaine affirmait ouvertement que l'objectif de sa mission était de contribuer au renversement du régime. Je me suis levé et je suis sorti : un, c'était un manque total de respect envers les Soudanais présents ; deux, on ne pouvait pas savoir si on n'était pas sur écoute ; trois, je vous demande pardon, mais je suis dans l'humanitaire et je ne fais pas de politique. Mon rôle n'est pas de faire sauter des régimes.

Et puis, j'en avais assez de l'*angélisation* des forces du Sud. Je les connaissais, moi, j'avais été témoin de leur cruauté. Dans les camps où je travaillais, les trois quarts des réfugiés refusaient de rentrer chez eux, dans le Sud, parce qu'ils craignaient les exactions des chefs de guerre. Pour les anges, on repassera.

En fait, loin des clichés réducteurs de l'Occident sur le Soudan, la religion principale de ce peuple fatigué par des années de guerre était l'opportunisme et le sauve-qui-peut.

Toutefois, il n'y avait pas que les idées préconçues qui faussaient l'action des humanitaires, il y avait également cette propension à parler au lieu d'agir. Quand il est devenu impératif de fermer des centres de santé pourris, parmi les ONG qui gueulaient sur la détresse des réfugiés, aucune n'était prête à investir dans les rénovations. Nous nous la sommes fermée et nous avons agi. Même chose pendant la campagne de vaccination :

dans les beaux salons, les humanitaires dénonçaient les conditions de vie de la population soudanaise, et pourtant personne ne décroisait les bras. C'est encore une fois ACF qui a bougé.

Khartoum. Grosse cité vide posée dans le désert. Rien à voir, circulez ! Son nom signifie « Trompe d'éléphant » ; la rencontre du Nil Bleu et du Nil Blanc forme en effet le dessin d'une trompe. Cinq millions d'habitants, dont trois millions de réfugiés. C'est une ville ancienne. Puis le quartier neuf, aux alentours de l'aéroport, formé de maisons en dur, de palaces en marbre, de châteaux avec des enfilades de salles. La ville, comme le cœur d'un gigantesque beignet, est ceinturée par des millions de maisons de déplacés soudanais fuyant la guerre et regroupés selon leurs origines. Il y a le coin des gens du Sud, la zone de Dinkas et de Nouers, la partie habitée par les Numbas, celle occupée par les déplacés venus des frontières éthiopiennes ou tchadiennes.

Et pour mieux gérer cette concentration de déplacés, qui étaient fréquemment atteints par la rougeole ou le choléra, le gouvernement avait divisé le camp en plusieurs parcelles dont il confiait la gestion aux différentes ONG.

Khartoum, ville du désert aussi ; qui oblige les foreurs à descendre à plus de cent cinquante mètres pour trouver de l'eau. Le jour, la température s'élevait parfois à 50 °C. Quand il pleuvait, tout était inondé. Le genre de microclimat qui ressemble à un concentré de malchance.

Le gouvernement était dirigé par le président Omar Hassan el-Béchir, pupille de Hassan el-Tourabi, politicien de l'ombre qui voulait instaurer un islamisme d'État. Donc, pas d'alcool dans la ville. Cependant, les femmes n'étaient pas couvertes comme en Arabie saoudite ; celles qui portaient le voile le faisaient surtout pour se protéger du soleil et du sable. Avant la *charia*, la loi islamique, Khartoum était même connue pour être une ville de libations et de fêtes infinies. Visiblement, les temps avaient changé.

Comme toutes les grandes villes d'Afrique, Khartoum vivait surtout de la débrouille, du commerce et de l'espoir en un avenir meilleur. Les grandes sociétés pétrolières occidentales, accusées en 2002 d'exploitation éhontée du pays par les Nations unies, se faisaient discrètes. Il y avait surtout des Chinois, environ 7 000, venus pour travailler à l'édification du pipeline qui allait transporter le pétrole vers Port-Soudan. Deux mille d'entre eux travaillaient à la construction proprement dite. Les 5 000 autres assuraient la sécurité des chantiers. En clair, l'armée chinoise était déployée au Soudan.

Les Américains ne sont revenus que bien des années plus tard. Absents aussi les Koweïtiens, qui en voulaient encore au Soudan de s'être rangés derrière Saddam Hussein quand il les avait occupés en 1991. Cette rupture était survenue au moment où le Koweït venait d'achever la construction de sa nouvelle ambassade à Khartoum. Superbe édifice. Vide.

Des ingénieurs canadiens spécialistes des questions d'extraction du pétrole se trouvaient à Khartoum. Originaires de Calgary, ils me semblaient sympathiques, même si je ne les ai que peu connus. Une fois, ils m'ont invité à un barbecue. Ils ont été cités dans un rapport incendiaire de l'ONU. Des accusations à mon avis pas tout à fait justes, car au moins ces gens travaillaient dans le pays et ne s'en étaient pas détournés comme le reste de la planète, incluant l'ONU. Je les avais vu puiser dans leurs poches pour financer des camps de déplacés ; des dons faits loin des caméras, contrairement à toutes ces « âmes plus généreuses » en Occident. Il est facile de donner des leçons de morale quand on ne vient jamais dans ces pays de détresse.

Un jour, l'Histoire reconnaîtra, peut-être, que ces entreprises ont contribué à la paix au Soudan. Parce qu'elles ont cru, même si ce n'était pas nécessairement pour des raisons de morale, dans le potentiel économique de ce pays. L'économie comme moteur de la promotion de la paix, le Soudan en est devenu un bel exemple. Aujourd'hui, si les négociations se poursuivent entre les belligérants, c'est parce qu'on a découvert de plus grands gisements de pétrole. Le Nord et le Sud ont compris que personne n'en profiterait tant que le conflit durerait. Ils ont accepté de poser les armes.

Khartoum avait aussi la réputation d'être devenue un repaire de terroristes islamistes. Ceux-ci étaient discrets. Je n'ai jamais rencontré Ben Laden, que l'on disait pourtant dans les parages. Et les trois quarts des Soudanais ont toujours été des musulmans modérés.

Un mois avant mon arrivée dans le pays, il y avait eu ces fameuses frappes controversées de l'aviation américaine sur Khartoum, en représailles aux attentats que venaient de subir des ambassades américaines de Nairobi et de Dar es-Salaam, attribués au réseau d'Oussama Ben Laden. Le raid s'était déroulé la nuit, un samedi, dans la zone industrielle à l'autre bout de la ville, loin du quartier des expatriés. Les ONG occidentales sur place avaient même appris la nouvelle par leurs QG en Europe. Les Américains ont prétendu avoir ciblé des centres secrets de fabrication d'armes destinées aux terroristes. En réalité, ils ont détruit une usine de produits pharmaceutiques. À ACF, on m'a appris que, trois mois plus tôt, une équipe onusienne composée de Norvégiens avait remis cette usine en état de marche. Des rapports officiels avaient été donnés aux gouvernements occidentaux. Plus tard, les journaux ont révélé que le président Bill Clinton avait ordonné ces attaques pour faire diversion au moment où, sur le plan intérieur, il était menacé de destitution par les élus qui lui reprochaient ses mensonges dans l'affaire Monica Lewinsky.

À mon arrivée, ces frappes suscitaient encore la rancœur

de l'opinion locale. Mes cheveux blonds et ma dégaine d'Américain ont dû en irriter certains. Puis est arrivé le ramadan, le mois du jeûne, le mois du pardon.

Les Norvégiens sont revenus réparer les dégâts causés par les Américains. Ils en ont profité pour réaffirmer que pas une seule arme n'y était fabriquée. Le gouvernement de Khartoum avait également invité les diplomates, les ONG et les médias occidentaux à venir s'en rendre compte par eux-mêmes.

Cela étant dit, il était évident que des ombres douteuses se terraient derrière les hauts murs des grands palais de la nouvelle ville. Des silhouettes que nous ne rencontrions cependant jamais, mais qu'on savait là, influentes, discrètes. Les mollahs ne daignaient pas nous adresser la parole ou venir nous rendre visite. La population maintenait une distance polie. Une seule fois, quelqu'un m'a avoué son aversion pour un certain Occident : c'était un héros de la guerre de l'indépendance, il s'exprimait en anglais. Il exécrait la dégénérescence de nos mœurs, la violence du cinéma américain. Mais cet aveu ne me fait pas changer d'avis, les fondamentalistes musulmans au Soudan sont une infime minorité.

Parlant de terroristes, j'ai surtout vu des photos de Carlos, qui, avant son arrestation, allait régulièrement et ouvertement au club allemand ou au club américain. Des lieux où on ne servait bien sûr pas d'alcool, mais où il y avait au moins une piscine, luxe dans cette fournaise à ciel ouvert. Plein de gens avaient rencontré Illitch Ramirez Sanchez, dit Carlos. Il parlait, disait-on, l'arabe avec une pointe d'accent espagnol qui rappelait ses origines vénézuéliennes.

Mais point de Ben Laden. Il ne m'a jamais invité à partager une *chicha* avec lui. Je pense que j'aurais été assez curieux pour accepter.

Puis il y a eu ce grand débat sur l'existence de réseaux esclavagistes au Soudan. Des ONG se sont spécialisées dans la libération de ces « malheureux ». Pourtant, il ne faut pas se fier aux apparences. La lutte contre l'esclavage au Soudan ratait sa cible.

Ce phénomène a toujours existé dans le pays. Il est presque devenu un banal fait culturel. C'est carrément pour des raisons publicitaires qu'on a relancé ce projet. Certains se voyaient déjà répéter l'abolition de l'esclavage dans les Amériques. Le Soudan n'était pas les États-Unis. Les Noirs n'étaient pas flagellés ou cloués au pilori. Au Soudan, la traite se faisait entre clans du Sud. Première erreur que cette vision encore manichéenne de l'Occident, qui n'avait de cesse de démoniser le Nord musulman. Quand les Nouers attaquaient les Dinkas, ils tuaient les hommes, volaient les femmes, les vaches et les enfants dont ils faisaient plus tard des esclaves. Les Dinkas faisaient de même avec les Noubas. Tout le monde s'adonnait à ce jeu. Ils l'ont toujours fait et, tant que dureront les conflits interethniques, ils le feront encore.

Au Soudan, les esclaves ne portaient pas de chaînes. Chez leurs maîtres, ils travaillaient de longues heures, certes, mais c'était également le cas dans leurs villages d'origine. Ils ne faisaient que changer de chef. En outre, celui-ci avait à son tour des responsabilités envers ses serviteurs ; quel intérêt aurait-il eu à ce qu'ils tombent malades ? Il faisait des femmes ses maîtresses et des hommes robustes sa précieuse main-d'œuvre. Il veillait sur eux jalousement, car là était son intérêt.

Il est vrai que ça peut choquer notre raisonnement occidental, mais ce qui est encore plus révoltant, c'est l'usage politique qu'on a fait de cette lutte, une occasion de diaboliser encore plus les musulmans du Nord. Ce qui est mal, c'est ce scénario de série B présentant une âme secourable arrivant de France, de Suisse ou du Canada et arrachant les esclaves des griffes d'affreux esclavagistes. Mais pour en faire quoi ? Pour les renvoyer dans leur village, où ils seront repris au cours d'une prochaine attaque ? Ou pour les conduire dans des camps de déplacés où, au mieux, rien ne va changer dans leurs conditions de vie, et où, au pis, leur moral va se dégrader en raison de leur oisiveté ? Que choisir ? De plus, en rachetant certains d'entre eux, ne perpétuaient-ils pas l'esclavage ? L'esclavagiste, pas con pour un sou, ayant flairé un naïf cœur blanc, vous aura vendu de la camelote — les vieux, les édentés et les grabataires — à un prix exorbitant. Il se sera gardé sa bonne main-d'œuvre. Et la vue du billet vert lui donnera des idées de prochaines razzias. Non, au final, il était idiot, tout ce boucan autour d'un sujet si complexe. La gloire dont se prévalaient une fois rentrées chez elles ces ONG n'était pas méritée et nourrissait *a contrario* ce business de la honte.

Une fois reconnue la composante culturelle dans ce commerce, une seule réponse s'impose : l'éducation. Aucune loi — pas plus que pour l'excision qui a été bannie dans nombre de pays d'Afrique mais qui reste une pratique courante —, aucun rachat d'esclave ne stoppera le mal, au contraire.

C'est vrai que, comme le disait Bernard Kouchner, la base de l'humanitaire, c'est d'abord l'indignation, et ensuite la méthode. Mais une indignation mal choisie est parfois plus nuisible qu'un silence prudent. Pis, il y a cette indignation de circonstance, celle qui s'exprime pendant quelques semaines, quelques mois au grand maximum, quand les médias ont allumé leurs projecteurs, quand il n'y a point d'urgence plus « juteuse », plus sanglante ailleurs. Indignation de façade qui finit par s'estomper pour laisser place à une indifférence de compromission.

Enfin, pourquoi faire une fixation sur le Soudan ? L'Ouganda, le Rwanda, le Tchad, tous les pays d'Afrique connaissent l'esclavage. Les réseaux sont plus ou moins importants, mais ils existent bel et bien. Le sous-continent indien, qui compte presque le quart de la population de la planète, y a aussi recours. Il y a même des Indiens qui continuent ces pratiques quand ils immigrent en Occident.

Mais on sait que l'humanitaire a la révolte exotique ; il est plus facile de hurler sur les montagnes du Cachemire, les maré-cages du Bahr el-Ghazal que dans les rues de Montréal, les boulevards de Paris ou les autoroutes de New York. Notamment et surtout parce qu'on aura moins d'obligation de suivi. La preuve ? Il y a longtemps que l'esclavage au Soudan n'a pas fait l'objet d'un seul demi-article dans les médias occidentaux.

Même si je n'étais que coordonnateur de la logistique, la direction d'ACF m'a demandé de prendre part, en mai 1999, à la réunion des chefs de mission. Le directeur général m'a invité au restaurant et m'a appris qu'il aimerait bien me voir à Paris, à un poste encore à déterminer au sein de l'administration des services d'urgence. Après le repas, nous nous sommes retrouvés dans ses bureaux pour refaire l'organigramme de la boîte. Je savais que le seul poste qui m'intéressait était celui de chef de la division des urgences. Pas uniquement les urgences dans les pays en danger, mais également celles au sein même d'ACF, quand les équipes sont en crise. Un tel poste existait bien dans les autres ONG, comme Oxfam ou MSF. Un tel chef aurait toujours une longueur d'avance dans la prévision des crises. Entre deux missions terrain, il travaillerait avec les *desks* aussi bien à l'embauche de personnel qualifié qu'à sa formation, à tous les détails d'une vie en mission. En effet, ce n'est pas parce qu'on a conduit une auto dans la campagne française ou même dans l'hiver québécois que l'on peut manier une PCJ75 dans la brousse zaïroise durant la saison des pluies. Former les urgentistes à l'usage de la radio, à la tenue de la comptabilité, etc. Si le *watsan* savait ce qu'est le boulot du nutritionniste, si le logisticien était calé en comptabilité, si l'administrateur savait ce qui se passe dans le médical, non seulement il y aurait une meilleure compréhension, mais le fonctionnement serait plus souple et moins stressant. Car, dans l'état actuel des choses, une nutritionniste qui tombe malade, c'est le centre de nutrition qui est fermé pendant quelques jours en attente d'un remplaçant.

Le DG n'était pas convaincu. Nous nous sommes quittés fort civilement.

J'ai profité de ma semaine à Paris pour remplir mon dossier d'inscription à l'ENAP que j'ai envoyé au Canada.

En juillet, une lettre m'est parvenue : j'étais accepté à la rentrée de septembre. J'étais heureux. Mais en même temps, j'ai eu un accès d'angoisse. Cela faisait exactement dix ans et un mois que je n'avais pas remis les pieds dans mon pays. Je ne savais plus grand-chose du Canada. Ni la politique, ni la société. Je ne savais pas qu'en 1993 les Canadiens de Montréal avaient gagné la coupe Stanley au hockey sur glace, ce qui en soi est une hérésie venant d'un enfant né dans ce pays de froid et de neige. J'étais déconnecté.

Mais je ne pouvais, ni ne voulais manquer le rendez-vous avec l'école. J'ai demandé à Viviane de venir avec moi au Canada, convaincu qu'une infirmière puéricultrice de son calibre n'allait pas manquer de travail.

Les deux derniers mois précédant notre départ ont sans doute été les plus lourds, car on avait changé de chef de mission. L'Espagnol avait été remplacé par un nouveau patron, un Français dans la cinquantaine, bon connaisseur de l'Afrique bien qu'il s'agît de sa première visite au Soudan. Il était marié à une Tchadienne.

Mais N'Djamena au Tchad n'est pas Khartoum au Soudan. Son épouse a rapidement commencé à trouver le temps long : pas de bars, pas de cafés, pas d'associations de femmes à soutenir, pas de télévision, pas de piscine, rien à Khartoum. Elle s'emmerdait. Et quand, deux mois après mon départ, le chef a présenté sa démission, il a blâmé l'équipe qui, selon lui, n'avait rien fait pour faciliter l'intégration de son épouse. Que répondre ? On avait tous passé l'âge de se mettre autour d'un feu le soir à la manière des boy-scouts pour se dire qu'on s'aimait.

Au Soudan, j'ai compris avec amertume que se développait une nouvelle forme d'humanitaire, à laquelle je craignais de ne jamais pouvoir me faire. J'étais de ceux qui mettent les mains dans le cambouis, qui ne font pas de discours mais qui agissent, qui ne restent pas assez longtemps pour faire carrière, mais qui croient en la volonté de ceux qu'ils aident et au devoir de les laisser prendre leur destin en mains.

J'ai compris que je devenais chaque jour un peu plus isolé. Parce que les théoriciens qui ne vont jamais sur le terrain avaient voix au chapitre dans les médias. Parce qu'ils n'avaient jamais mis les pieds au Soudan, ils ignoraient que Khartoum comptait plus de chrétiens que de musulmans. Les groupes ne s'entretuaient pas pour des histoires de religion, comme le prétendaient nos pseudo-experts dans leurs bureaux climatisés, mais plutôt pour des raisons de richesses mal partagées. Répéter servilement les caricatures occidentales leur servait surtout à obtenir l'aide des différents groupes de pression d'obédience confessionnelle. Ainsi, cette ONG chrétienne norvégienne qui a remis une quarantaine de radios émetteurs-récepteurs à des populations du Sud. Tout le monde savait que ces instruments finiraient à court terme dans les mains de la SPLA. Ceux qui pensent que c'est de bonne guerre quand on se bat contre les Arabes se fourvoient, car en réalité le conflit opposait encore des Soudanais à d'autres Soudanais. Des populations épuisées, dans le Nord comme dans le Sud. Des mères écœurées de voir leurs fils mourir pour des causes inexistantes.

D'autant plus que c'est une guerre qui a éclaté pour protéger les intérêts des gens du Sud. Ils refusaient la construction d'un canal sur le Nil, qui, pensaient-ils, allait les priver du contrôle sur le trafic fluvial. En d'autres termes, c'était une guerre préventive qui a mal tourné.

Nous aurions dû le dire, nous aurions dû dénoncer cette fixation erronée sur des considérations religieuses. Nous aurions dû hurler : « Stop la mascarade ! » Nous aurions dû séparer clairement les organisations humanitaires de celles qui défendaient les droits de l'homme. Pour que notre intervention ne soit pas biaisée.

L'humanitaire, le nouvel humanitaire, à force d'avoir voulu tout théoriser médiatiquement et tout justifier politiquement, s'engouffrait dans une impasse. Son obsession à rechercher le discours le plus simple, le plus touchant et le plus comestible pour le public occidental donateur en arrivait à lui faire oublier de maintenir un regard intègre vis-à-vis des victimes. Pour nos bons chrétiens occidentaux, il était impossible que les gens du Nord-Soudan ne soient pas des monstres.

Faire dans la nuance est devenu une tare. Je me souviens de ce chercheur du CNRS que j'ai connu à Khartoum. Il était installé dans le pays depuis des décennies, parlait presque tous les dialectes. Mais quand Radio France Internationale voulait faire le point sur la situation au Soudan, c'est le représentant de MSF ou d'ACF qu'on interviewait. Cherchez l'erreur !

L'imposture de l'humanitaire est donc là, dans cette débauche de la parole au détriment de l'action. On passe dorénavant plus de temps à parlementer qu'à établir des stratégies de gestion des crises. Car un plan implique la possibilité d'un échec.

Ainsi, plutôt que de courir le risque d'avoir des morts sur les bras, on choisit de se faire encore plus péremptoire dans les communiqués : « MSF déclare que la situation se détériore dans le Sud-Soudan et dénonce le gouvernement du Nord, les déplacés étant reçus dans des camps aux conditions sanitaires insuffisantes. » Des mots pour ne rien dire. Car tous les déplacés et réfugiés arrivent dans des conditions de détresse humanitaire. En Europe comme en Afrique, en Asie, en Amérique et ailleurs.

Mais les mots des humanitaires sont amplifiés pour masquer les carences de l'action, avec en catimini l'espoir d'être expulsés par ce cruel gouvernement de Khartoum et d'ainsi sortir gagnants sur deux fronts : celui de l'inaction et celui de la récupération médiatique qui, en fin de compte, fera passer l'organisation humanitaire — plutôt que les déplacés eux-mêmes — pour la victime de la tragédie en cours. Suis-je cynique ? À peine.

C'est pour cela que je voue une admiration sans bornes au Comité international de la Croix-Rouge (CICR), qui a pour principe de ne jamais témoigner. Il est parfois difficile de respecter la consigne, surtout quand on assiste à des crimes abominables, comme un génocide, mais ces gens-là agissent vraiment et sont partout. Ce sont eux qui font encore du véritable humanitaire. Celui qui s'occupe de l'humain plutôt que des rapports. À quoi sert un rapport, s'il ne permet pas d'améliorer les conditions de vie de la victime ? À quoi sert de dénoncer, si ensuite on doit partir et laisser le déplacé ou le réfugié mourir quand même ? Pourquoi s'époumoner à crier ou s'escrimer à rédiger des rapports que l'on aura oubliés dans quelques jours, une autre actualité étant venue s'imposer ?

Ce ne sont pas là les inquiétudes d'un humanitaire aigri par la misère dont il a été témoin dans le monde. Ce sont des interrogations qui doivent nous interpeller, car la mort, la colère, la détresse des autres finissent toujours par revenir nous hanter.

Surtout quand les tragédies sont, en partie, alimentées par nos entreprises, nos politiques et nos visions erronées de la planète. Un jour survient le 11 septembre, et on est surpris d'apprendre que des gens nous haïssent. Même là, on s'épanche naturellement sur nos 3 000 morts et on ne s'interroge pas sur les victimes que notre gouvernement a semées partout dans le monde à cause de ses politiques iniques et immorales.

Sur le terrain, j'ai compris que l'envie des peuples d'en découdre par les guerres n'est pas l'apanage des seuls pays pauvres. Ce n'est pas une manie africaine. Tous les peuples y ont goûté.

Ça fait dix mille ans que l'homme est ainsi. La technologie et la modernité n'y ont rien changé. Il y a des milliers d'années, on se battait déjà au Soudan. L'homme a toujours fait la guerre. L'Europe a connu dans le dernier siècle une série d'affrontements majeurs : les Première et Seconde Guerres mondiales, l'effondrement de la Yougoslavie. On oublie l'occupation de l'Allemagne durant une cinquantaine d'années par les forces pro-soviétiques. Encore aujourd'hui, qu'est-ce qui se passe en Irlande ? Et les Basques ? Et au Québec, cette guerre des motards qui a fait quelque cent soixante morts dans les années 90 ? Aux États-Unis, des gamins qui prennent des armes et commettent des massacres dans les écoles. Le monde est comme ça.

Dans la Bible, Caïn tue son frère Abel pour avoir ses terres. Pourquoi ça s'arrêterait ? Parce qu'on est des gens bien, nous ? Bien sûr qu'on est bien avec nos 40 000 prisonniers dans les geôles du Canada. Avec nos Noirs de Montréal-Nord qui n'ont pas accès au reste de la ville parce qu'ils sont Blacks, mais chuuut… ça, il ne faut pas le dire à haute voix. On est bien, nous qui ne savons pas nous parler entre francophones et anglophones autrement que par des récriminations pour les torts passés.

J'ai vu les coins les plus pourris du monde. Je sais aujourd'hui que la guerre est un phénomène naturel, ancré au plus profond de toutes les cultures. J'aurais aimé que ce soit le contraire. C'est pour cela que pour moi la plus belle utopie, c'est encore les Nations unies, un monde sans race, sans couleur ni religion. Mais il faut cesser de rêver.

En 1999, face au parcours effectué, ça y est, je ne rêvais plus. J'avais trop vu de merdes. Je n'avais pas besoin de me la jouer voix cassée et constat : « Ça va mal sur la planète. » On le sait que ça va mal. Il suffit d'allumer la télé.

C'est pour cela que je ne crois plus au rôle de témoignage des ONG, car ce n'est que radotage et remâché théâtral pour donner l'illusion de découvrir des réalités que l'on connaît depuis belle lurette. Les médias sont partout. Ils ont devancé l'humanitaire sur la plupart des terrains des derniers conflits (Rwanda, Bosnie, etc.). Alors que nous ne pouvions pas encore entrer en Irak, la presse avait déjà accès aux victimes. Que rajouter, que dire de plus alors quand nous arrivons après ?

La nouveauté, c'est le génie des armes. Il fut un temps où le lance-pierre était l'une des inventions les plus révolutionnaires. Sont ensuite venus les épées, les mousquets. Puis on a eu l'idée du gaz moutarde. Aujourd'hui, avant d'envoyer le premier bidasse, on arrose d'abord l'adversaire d'une pluie de bombes lâchées par les B-52. Ou mieux, ces bombes qui lancent des bombes. Les *cluster bombs* qui ne tuent pas immédiatement mais attendent de piéger plus tard les populations civiles. C'est pire que l'esclavage.

La nature de l'homme est ainsi faite, mal faite.

J'étais impatient de revoir le Canada. J'étais d'autant plus nerveux de retourner chez moi que je ne savais toujours pas si certains de mes anciens copains motards n'avaient pas raconté des conneries à la police. Si ça se trouvait, j'étais l'homme le plus recherché du Canada.

J'ai demandé à mon ami Mégot qu'il aille voir un de ses amis avocats et lui demande de se renseigner. Trois semaines après, l'avocat m'a juré qu'il n'y avait rien contre moi dans les fichiers de la police.

J'avais quand même peur de passer par Montréal. Et si quelques personnes ne m'avaient pas oublié ?

22

Tous les palmiers,
tous les bananiers...

Je n'avais pas peur de m'emmerder à l'école. Je ne suis pas de ceux qui piaffent de dépit à l'idée de ne pas être sur la prochaine scène de surchauffe. J'ai compris que l'on ne peut pas toutes se les taper.

J'ai mis le pied au Canada trois jours avant la rentrée universitaire. J'avais tellement peur de passer par Montréal, de me faire accueillir soit par la Gendarmerie royale du Canada (GRC), le scénario le plus optimiste, soit par mes anciens collègues motards, que j'ai pris un vol pour Philadelphie et suis entré ensuite par Toronto.

Quand j'ai remis mon passeport à la douanière, mon cœur battait la chamade et j'avais l'impression que tout l'aérogare s'en rendait compte. J'étais plus affolé que sur un check-point irakien. Je n'avais aucune porte de sortie. J'étais fait. J'étais chez moi, c'était leur passeport, leur ordinateur, il pouvait cracher toute l'info qu'il voulait. Viviane me tenait la main pour me rassurer.

En relevant la tête, la douanière m'a presque fait faire une crise cardiaque :

— Vous voyagez beaucoup…

— Un peu. (Je n'ai rien trouvé de mieux.)

— *Welcome back to Canada.*

Je n'en revenais pas. Je sentais qu'un sourire heureux se dessinait sur mon visage.

Dehors, le soleil m'a paru particulièrement joli.

Le lendemain, nous avons pris le train pour Ottawa. Ce n'était pas anodin. Dans ma tête, pour revenir au Québec, revenir à « la maison », il me fallait utiliser le même moyen de transport que lors du départ : le train.

Nous sommes descendus à Ottawa en début d'après-midi. De l'autre côté de la rivière des Outaouais, c'était le Québec. Mais je n'ai pas regardé, pas tout de suite.

Nous avons trouvé un petit hôtel. Après la douche, nous avons fait une promenade. Nous avons marché jusqu'à la colline du Parlement. De là-haut, j'ai enfin pu jeter un regard par-delà la rivière, par-delà les ponts qui l'enjambent, c'était le Québec. Chez moi. Viviane a compris mon émotion et a laissé mon esprit voguer.

Je n'ai traversé la rivière des Outaouais que le lendemain. À pied, par l'un des ponts. J'ai acheté un journal local pour la section « Appartements à louer ». Nous avons choisi dix numéros de téléphone, appelé ce samedi-là huit propriétaires. Le dimanche après-midi, nous avions trouvé un logement. Nous n'avions pas de références, mais nous avions de l'argent pour payer six mois d'avance.

Le même soir, nous avons dormi chez nous. Le petit appartement avec ses murs en bois m'a fait sentir de retour dans mon pays, mais je n'étais pas encore tout à fait chez moi.

J'étais à la campagne. Chez moi, mon vrai chez moi, c'était Montréal.

Première déception : l'école. J'aurais voulu quelque chose de prestigieux, de pompeux, de grandiose. J'avais vu les bâtiments de l'Université du Québec à Hull, je m'étais dit que de telles dimensions me combleraient. C'est au hasard d'une promenade rue Laval que j'ai vu la petite enseigne au premier étage d'une boutique de vélos : ENAP.

Meeeerde !

Alors, je me suis dit que j'étais en mission. Les petits obstacles étaient prévisibles ; ce n'étaient pas eux qui allaient me décourager. Il y avait d'ailleurs de quoi compenser cette déception : la nature était verte, les gens d'une gentillesse extrême. Et j'étais impatient de rentrer en classe.

L'après-midi, nous sommes allés au centre commercial acheter quelques meubles. Quand, le vendredi, nos achats ont été livrés, ça y était, nous étions devenus de vrais habitants du Canada. Devant la télé, un verre de vin à la main, j'étais comme un de ces innombrables Québécois en couple avec une Française.

J'étais arrivé depuis des jours, la police n'avait pas encore frappé à ma porte. Mon cœur commençait à reprendre son rythme normal. Viviane, elle, était impressionnée. Elle découvrait la poutine, cette nourriture grasse, spécialité du Québec — frites, fromage, sauce —, et le hot-dog tout garni. Je savais qu'elle n'allait pas supporter longtemps ce régime, mais je m'amusais de son ébahissement. Elle était fascinée par tout : les écureuils au pas des portes, surtout si près de la capitale.

Les gens de l'Outaouais sont très attachants. Simples, accessibles, sans stress. Durant mes dix ans d'exil, ce qui m'avait le plus manqué du Canada, c'était la route. Deux semaines après mon retour, on a loué une voiture et on est allés se promener dans la région, sans but précis, juste pour humer l'air, se saouler l'œil et se reposer les oreilles avec ce silence magique des forêts québécoises.

Moi, l'éternel Québécois dans toutes les missions du monde, on me trouvait un accent français dans les épiceries de Hull.

C'était pour moi un nouveau monde. Quand j'étais parti de Montréal dix ans plus tôt, je n'étais pas un citoyen. J'étais un *biker* pourri à la dope, qui évoluait dans le monde artificiel des cocaïnomanes, de l'argent sale, de la prostitution, du crime, de la violence, une autre planète. Là, j'étais dans une petite ville, un petit logement, fréquentant un institut dont 80 % des pensionnaires étaient des fonctionnaires du gouvernement fédéral, le reste étant surtout constitué de diplomates étrangers profitant de leur affectation au Canada pour décrocher une maîtrise de plus. Des gens que je n'aurais jamais côtoyés au cours de ma vie d'avant l'humanitaire. Parce que je n'aurais pas su comment leur parler. C'étaient des propres, eux. Ils arrivaient à l'école dans des voitures encombrées de sièges pour bébé. En France ou en Afrique, quand je disais que j'étais de Saint-Henri à Montréal, les gens me trouvaient pittoresque. À Hull, les fonctionnaires camarades de classe comprenaient exactement de quel milieu je venais. Ils se rendaient compte que je n'étais pas tout à fait un des leurs, eux qui avaient des diplômes universitaires. Rien qu'à ma façon de parler, ils se faisaient des films sur ce qu'avait dû être mon enfance.

Il m'a fallu deux semaines avant de décider de retourner à Montréal. L'école m'avait demandé de retrouver les bulletins de mes dernières années de scolarité. Sur ce coup-là, je n'ai pas amené Viviane avec moi. Je devais d'abord faire seul ce pèlerinage.

Je suis parti en bus. C'était un lundi matin.

Je suis rentré par l'ouest, par où j'avais quitté Montréal.

L'autobus n'est pas allé directement au terminus ; il a effectué un détour par le centre de la ville. J'en ai eu la chair de poule. Toutes ces rues qui avaient jadis été miennes. Je n'avais plus de mots. J'avais le nez collé à la vitre et une sensation d'exaltation qui m'envahissait. La rue Dorchester était devenue René-Lévesque. Saint-Denis. Berri de Montigny. Ontario. J'étais dans mes terres. J'étais revenu dix ans en arrière. J'avais peur.

Je suis descendu de l'autobus le regard fuyant, comme si tout s'était arrêté le jour de mon départ et que là, derrière ce pilier, dans la salle d'attente, il y avait le Gros et le reste de la bande. J'ai traversé d'un pas rapide le hall et j'ai sauté dans le premier taxi pour aller directement aux bureaux de la Comission scolaire. On m'a remis les documents que j'étais venu chercher.

J'ai décidé de revenir à pied. J'ai emprunté la rue Sherbrooke, puis la rue Hochelaga. Ensuite, la rue Bercy. Le 2363. J'ai frissonné. Ma mère allait-elle sortir pour crier que le repas était prêt ? Les enfants allaient-ils me reconnaître et me dire de venir jouer avec eux ? Personne. Attendez, là peut-être, à bord de ces voitures qui passent. Rien. Dix années étaient passées par là. Ma mélancolie n'y changerait rien. Là, sur ce trottoir étroit, tandis que je me rangeais de profil pour laisser passer une mère au visage rayonnant qui poussait un bébé dans un landau, je me suis souvenu que j'étais un Montréalais, un vrai, un pur. J'en étais fier. J'avais fait vingt fois le tour du monde, mais c'était ici chez moi. Les Parisiens ou les Praguois qui vivent dans des villes musées souriraient à mon attachement à une cité si laide ; mais c'est la laideur de Montréal qui fait aussi son charme. Les fils électriques pendouillant au-dessus des têtes, les escaliers de fer accrochés aux façades des maisons, c'est cela son originalité.

La porte du 2363 Bercy avait été refaite, mais le balcon était toujours là. En face, un grand bâtiment avait remplacé l'académie Frontenac. Je suis passé sans ralentir. Les mains dans les poches. Je me suis revu en short jouant au base-ball dans la rue et m'arrêtant après chaque coup pour laisser passer les autos. Je me suis souvenu de Pierre, de Gaétan Pronovost, de Roger Burel.

Je suis remonté rue Sherbrooke, mais il y avait trop de monde. Au coin des rues de Rouen et du Havre, la maison funéraire Alfred Dallaire y était encore. C'était là que j'avais vu pour la dernière fois ma mère et mon père. Ils étaient couchés, les yeux fermés, l'air reposé, dans le cercueil. M'avaient-ils pardonné que je sois arrivé *stone* à leur enterrement? Étaient-ils fiers de moi maintenant?

J'ai tourné à gauche, j'ai marché rue Ontario vers l'ouest. Je suis passé devant la Fontana Pizzeria, la meilleure pizza en ville. Quelques mètres plus loin, la Macdonald Tobacco. Combien de fois y avais-je apporté à mon père son lunch?

Je suis revenu sur mes pas pour me rendre à la gare routière. Mais, avant cela, il y avait toutes ces rues à passer — de Lorimier, Dorion, Papineau —, le territoire des barbus. Que faire? Oser? J'ai marché jusqu'au terminus d'autobus. J'ai appelé Mégot, mais il n'était pas chez lui. Avant d'entrer dans la gare, je me suis pincé pour m'assurer que j'étais bel et bien vivant. Personne ne m'avait tiré dessus. Mais je n'étais pas encore parti. En attendant le prochain car, j'ai acheté un journal, je me suis caché derrière, assis dans le coin le moins voyant et j'ai rongé mon frein. Quand le bus s'est avancé, j'ai bousculé la file pour être le premier à y monter.

Je suis retourné à Montréal, avec Viviane, et cette fois-ci j'ai revu Mégot. Dix ans. En partant, je l'avais laissé dans une merde pas possible auprès de mes créanciers et des barbus. Il y avait

Milly et Nina, ses filles. Quand j'étais au Saint-Sulpice, Nina était un bébé que nous cachions derrière le bar pour qu'elle puisse dormir, alors que Mégot vendait des bouts de dope pour acheter des couches. J'ai vu cette fille grandir, faire ses premiers pas, déballer ses premiers cadeaux de Noël, elle était ma copine. Il n'y a pas de soir où je n'allais lui faire une bise avant qu'elle n'aille au lit. Quand je suis parti, elle avait huit ans à peine. Elle m'avait demandé, avec ses yeux d'enfant atterrés :

— Est-ce que tu vas en prison ?

— Non, je vais faire un grand voyage. Ça prendra du temps avant que je ne revienne.

— Ah bon ! Ce n'est pas grave, je vais t'attendre.

Dix ans plus tard, c'était une fille, presque une adulte, avec un corps de femme. Elle avait eu sa part de vie difficile. Elle s'était, comme moi, retrouvée dans la rue à quatorze ans. Elle avait connu une période punk. Elle se ressaisissait à peine. Nina est encore mon amie, elle est en Inde où elle travaille pour une ONG qui combat les cultures transgéniques.

Milly avait trois ans au moment de mon départ. À mon retour, elle était folle de Ricky Martin. Elle s'attifait comme les Spice Girls.

En octobre 1999, on a annoncé l'attribution du Nobel à MSF. J'ai reçu des mails de félicitations de plusieurs personnes. Ça me faisait drôle. D'un côté, j'étais content qu'on reconnaisse le travail de l'organisation, le combat de Luc Legrand, la ténacité de Geneviève Begkoyian, le dévouement de centaines d'infirmières qui se battaient sans réserve. De l'autre, je ne pouvais m'empêcher de ressentir une certaine amertume en repensant à mon humiliante sortie. J'ai ragé en voyant les images que les médias retenaient de la journée : des employés au siège de MSF à Paris lançant des fleurs par les fenêtres et saluant la foule. La presse n'avait toujours pas compris : MSF gagnait, et c'est le quartier général que l'on montrait. Quelle aberration, quelle erreur monumentale ! Ce n'est pas là, au 8, rue Saint-Sabin, que le Nobel a été mérité ; c'est ailleurs, là-bas où les caméras rechignent souvent à se rendre. Je le revendique en partie, ce Nobel ; j'y ai contribué, avec mes onze missions MSF.

Je me suis renseigné pour savoir si MSF Canada prévoyait des célébrations. J'ai appris que le président de la section était Michael Schull ; je l'avais reçu en première mission en Irak. Il m'a invité à le retrouver à Montréal pour faire la fête. Je n'y suis pas allé. Pour plein de raisons ; pas toutes défendables.

Entre-temps, Viviane ne parvenait pas à trouver du boulot. C'était d'autant plus choquant que le Québec se plaignait d'une pénurie d'infirmières. Elle a décidé de ne plus attendre et d'accepter un poste au Burundi avec ACF. Elle allait être coordonnatrice médicale pendant trois ou quatre mois. Ça m'a fait du bien qu'elle parte ainsi s'occuper. Elle était devenue trop irritable, et ça me perturbait, alors que j'avais des travaux de fin de session à préparer. Elle devait me retrouver après l'école pour que nous reprenions la route ensemble.

Vers la mi-décembre, ACF m'a envoyé un mail me demandant quand je pensais pouvoir me libérer. Il y avait une équipe d'urgence qui venait de s'installer dans la région du Pool, au Congo Brazzaville, à six heures de la capitale, au bout de cent cinquante kilomètres d'une route démoniaque. Une guerre avait opposé des groupes armés affublés de surnoms fantaisistes comme les Cobras, les Ninjas, les Cocoyes, les Mambas et les Zoulous. Le résultat avait été le retour au pouvoir de l'ancien président Denis Sassou-Nguesso, le beau-père du président gabonais Omar Bongo. Entre le Congo Brazzaville et le Congo Kinshasa, il n'y a que le fleuve Zaïre. Bref, ça avait été une guerre avec des implications régionales et en arrière-scène des intérêts pétroliers : ce n'est pas un hasard si le plus grand building du Congo appartient à la française Elf.

Les affrontements dans la capitale congolaise avaient poussé la population civile à se réfugier dans la brousse. Elle y était restée longtemps, se nourrissant de feuilles et de racines. Quand les Cobras de Sassou-Nguesso avaient pris la ville, leurs partisans avaient pris possession des maisons.

Les organisations humanitaires venaient seulement de se décider à établir des missions. C'était l'ouverture, c'est-à-dire que c'était encore dangereux. ACF s'installait à Boko, le chef-lieu du Pool. Il fallait ouvrir un Centre thérapeutique.

— Ça te tente ? On t'avertit, tu ne travailleras qu'avec des mecs.

C'était trop dangereux pour risquer d'y envoyer des femmes. Ça promettait. J'ai dit que j'arrivais par le premier vol.

J'avais trois semaines de vacances. Ma copine n'était pas là, je n'avais pas beaucoup d'amis à Hull, pourquoi ne pas aller vivre le passage du millénaire au soleil, auprès de ces êtres décharnés que je n'avais eu de cesse de côtoyer durant les dix dernières années ? Laisser l'Occident se ronger les ongles dans son attente du bogue de l'an 2000. Profiter de cette chance unique que l'on m'offrait de conclure le symbolique millénaire au milieu des gens qui avaient vraiment besoin de notre aide. Il ne s'agit pas de culpabiliser l'Occident — il n'est pas responsable de tous les drames de la planète —, mais juste de prendre conscience de l'indécence de ces tonnes de caviar et de ces millions de litres de champagne qui ont été consommés en une seule soirée, alors qu'ailleurs certains n'avaient pas eu de vrai repas depuis des lunes. Nous étions pourtant à l'an 2000. Sur la même planète, à quelques petites heures d'avion.

J'aimais vraiment l'idée de passer mes vacances à bâtir un TFC (*Therapeutic Feeding Centre*, Centre d'alimentation thérapeutique) pour ces déplacés.

J'étais même content.

J'ai fini mon dernier examen à 11 heures. Une demi-heure plus tard, j'ai sauté dans l'autobus pour me rendre à l'aéroport de Montréal. À temps pour le vol de 20 heures.

Je suis arrivé soixante-douze heures plus tard à Brazzaville dans les bureaux d'ACF. La ville était encore calme. Il n'y avait pas beaucoup de monde dans les rues quadrillées par les militaires. Visiblement, ce n'était pas la fête.

Je retrouvais mes automatismes. Je me suis senti tout de suite à l'aise. Je ne connaissais pas grand monde, mais je ne déteste pas l'anonymat. Il faisait bon, il faisait chaud. Et c'était l'Afrique : dans sa détresse brise-cœur comme dans son exubérance festive.

J'ai passé deux jours à Brazza. Le milieu de l'humanitaire est petit, je reconnaissais les trois quarts des expatriés présents.

Le 20 décembre, la fête s'est arrêtée, et nous avons pris le chemin de la brousse dans deux pick-ups pourris, qu'on avait salis pour ne pas tenter les voleurs. Que des mecs à bord.

Boko, qui venait de tomber aux mains de l'armée régulière, était encore vide, ses habitants sortaient à peine du maquis où ils s'étaient cachés. Ils revenaient surtout parce que les Toubabs, les Blancs, étaient en ville, les seuls à qui ils faisaient confiance. Les maisons abandonnées depuis des mois étaient envahies de ronces, les jardins avaient dépéri, les légumes pourrissaient sur leur tige. Les premiers déplacés qui revenaient révélaient combien ils avaient manqué de tout : ils étaient maigres, leurs dents se déchaussaient…

Nous avons installé le TFC dans une école qui pouvait accueillir environ deux cent cinquante enfants et quelques adultes. J'avais d'excellents rapports avec mes collaborateurs, notamment le major de l'armée congolaise qui administrait la région. Fait exceptionnel, c'était un ancien sergent qui avait été formé par des Israéliens. C'était un vrai dur. Mais un homme de parole. Il nous avait assuré de sa protection et jamais nous avons eu à nous plaindre.

C'est dans cette cambrousse que j'ai aussi été témoin de scènes déchirantes. Je me rappelle ce jeune homme d'environ vingt-cinq ans, mais qui en paraissait quarante tellement sa peau était flétrie. Il était maigre comme un clou. Il est arrivé dans le camp en poussant une brouette dans laquelle se trouvait son père, encore plus mal en point que lui. Sur son dos, il avait sa fille. Il avait marché trois jours de son bled jusqu'à nous. Quand il a su que son père et sa fille étaient entre bonnes mains, il a refusé d'être admis au TFC. Il a juste demandé un peu d'eau, je lui ai donné un grand verre de lait protéiné. Je me suis assis à côté de lui.

— D'où arrives-tu ?

— De quarante-sept kilomètres d'ici.

Comparée à la jungle d'Afrique, la forêt canadienne ressemble à une aire de jeu.

— Pourquoi ne restes-tu pas pour qu'on te soigne aussi ?

— Je ne peux pas. Mon fils et ma femme m'attendent.

Je n'ai pas pu lui dire un mot de plus. Je lui ai resservi du lait, puis encore. Ensuite, je suis allé au magasin lui chercher quelques boîtes de biscuits. Il n'en a pas mangé un seul, il les a roulés dans son pagne et les a réservés pour ceux qui étaient restés là-bas, au village. Il s'est relevé. Il a repris sa brouette et je l'ai vu s'enfoncer dans la forêt. Quatre jours plus tard, il est revenu. Quelques biscuits, des verres de lait, une banane, avaient donc suffi à lui permettre de tenir. Avec une forte dose de volonté bien entendu. Dans sa brouette, sa mère et sa deuxième fille. Sur son dos, son fils. Mais, pour ce dernier, c'était trop tard. Il était mort en chemin.

Et là, devant cet homme qui repartait à pied avec sa brouette, qui se battait pour garder sa famille en vie, je me suis senti petit. Je me suis mis à penser à mes filles. Jacqueline. L'enfant que j'avais eue avec Karen, et la fille que Sophie m'avait donnée. Je ne les connaissais pas, mais, étrangement, pour la première fois, elles me manquaient.

Bientôt Noël dans ce village de fervents catholiques. Pour nous, ça ne faisait aucune différence : nous travaillions le 24, le 25, le lendemain et tous les autres jours.

Avant mon départ du Canada, les collègues étudiants de l'ENAP, de leur propre initiative, avaient organisé une collecte spéciale pour les enfants du Congo. Ils avaient réuni environ deux cents dollars. Avec cet argent, j'avais envoyé au marché de Brazzaville une infirmière acheter des fringues pour enfants.

Le 25, le village était en émoi ; on attendait un évêque qui devait venir dire la messe. Je suis allé tôt au TFC avec ma cargaison et j'ai fait la distribution. J'ai vu des larmes dans les yeux des mères. Même les malades dans leurs lits ont repris vie.

J'étais heureux. Pour la première fois de ma carrière, les fonds d'un acte humanitaire n'étaient pas d'origine anonyme. La générosité avait un visage. Je savais à qui exactement j'allais faire un rapport sur les sourires des enfants.

Dans l'église du village se sont alors élevés les cantiques de Noël entonnés par des voix de plus en plus fermes.

La fin du monde devait avoir lieu le 31 décembre. L'Occident n'en pouvait plus d'attendre le catastrophique bogue des ordinateurs. Mais ici, dans le TFC de Boko, les ordinateurs étaient le cadet de nos soucis.

Durant la journée, nous avions descendu des bouteilles de pastis dans le puits pour les rafraîchir. Nous avons débouché la première à 18 heures, en nous disant qu'on ouvrirait la prochaine à minuit pile. Nous étions trois expatriés. Seuls au milieu de la jungle africaine.

À 20 heures, le premier collègue est tombé au champ d'honneur. Il est allé se coucher.

Trente minutes plus tard, l'autre suivait.

À 21 heures, le 31 décembre 1999, j'étais donc seul. Je me suis assis sur une chaise de plastique, dehors sur la pelouse, à Boko. Ma vie arrivait à un tournant, car je me rappelle que, quand j'étais jeune, on se demandait toujours ce que l'on ferait en l'an 2000. Je l'ai refaite à l'envers, ma vie. Me rappelant les anecdotes, les grandes dates, les visages oubliés.

J'ai débouché la dernière bouteille et je suis revenu sur ma chaise longue, emmitouflé dans les étoiles. J'ai repris mes rêveries. J'ai pensé à la journée. À Viviane, au Burundi, à ceux à qui je ne pouvais pas parler.

À ma famille au Canada. Avant mon départ pour le Congo, j'avais réussi à retrouver mes sœurs et mon frère. Mon frère Daniel venait de se séparer de sa femme et reprenait espoir auprès d'une autre. Il ne m'a jamais redonné signe de vie.

J'avais rejoint ma sœur Huguette, la plus jeune, celle qui avait vécu à l'étage au-dessus de chez mes parents. Elle était en couple avec un Ivoirien. Elle a eu cinq enfants de cinq pères différents. Aucun n'a la même couleur. C'est beau comme une pub de Benetton. Elle a toujours vécu de l'aide sociale. La seule fois qu'elle a repris ses études, c'était avec l'intention de travailler à la morgue et de pouvoir bénéficier du logement gratuit au-dessus de son travail. À peine m'avait-elle donné des nouvelles de ses enfants qu'elle m'avait dit qu'elle ne pouvait plus payer son loyer et me demandait de lui prêter de l'argent. Je n'ai plus jamais entendu parler d'elle. Notre fraternité valait à ses yeux moins que trois cents minables dollars.

Ce fut un réveillon croulant de nostalgie.

J'ai repensé à Andrée, à mes parents.

Je me suis mis en boule sur ma chaise, la bouteille à demi entamée au creux de mon bras, un sourire niais sur le visage, et je me suis laissé emporter par le sommeil.

Le miracle a bel et bien eu lieu, je me suis levé le matin sans mal de tête. Je suis entré dans la maison me préparer un café.

À sept heures, j'étais le premier arrivé au TFC. J'ai été accueilli par un scoop incroyable : le monde n'avait absolument pas changé. La nuit m'avait laissé quatre nouveaux morts.

Mais l'Afrique a aussi cet extraordinaire capacité de rebondissement. En même temps que l'on enveloppait les cadavres, de l'autre côté du camp, des femmes chantaient la nouvelle année. J'avais construit un terrain de football pour les enfants en phase 3 de rémission et je leur ai apporté un ballon. Ils ont formé deux équipes et ont livré un match de grande virtuosité. Dans l'assistance, les mères, fières de leurs garnements, et les enfants débarqués la veille qui n'en croyaient pas leurs oreilles quand on leur apprenait que les joueurs étaient arrivés au camp dans un état de dépérissement aussi avancé que le leur. C'est seulement quand j'ai vu ces petits clowns sur le terrain s'éclater à grands renforts de Zidane par ici, de Ronaldo par-là, que je me suis senti en droit de dire : « Bonne année ! »

J'ai arbitré le match et, après, je suis allé offrir aux joueurs une tournée générale de beignets au sucre, d'oranges, de bananes. Aux mères, j'ai offert du thé. Ces moments de magie valaient à eux seuls une vie d'éternité.

Je suis parti de Boko à la fin de la semaine. Mon vol était prévu pour le lendemain. En face, de l'autre côté de Brazzaville, Kinshasa me narguait. Kin-la-Belle, ville de la fête ininterrompue.

J'y suis allé. J'ai loué une chambre dans un petit hôtel

derrière l'Intercontinental. Après une douche, je suis entré dans le premier bar, chez Mama Claude. Deuxième bistrot, Mama Marie-Jeanne. Ça n'a pas arrêté. Ça a été une fête démoniaque, une orgie de rires et de bonne humeur. La serveuse s'appelait Marie-Hélène. C'est tout ce dont je me souviens.

Le lendemain midi, j'ai retraversé le fleuve pour retourner à Brazza, mon vol d'Air Afrique décollait à 16 heures. Je n'étais pas encore tout à fait remis de ma folle soirée à Kinshasa. J'ai rencontré à l'aérogare une connaissance canadienne, elle aussi bossait dans l'humanitaire. Nous avons discuté autour d'une Primus, la bière nationale. Puis une deuxième bien froide a suivi. De nombreuses autres sont venues s'ajouter. Ça a dégénéré en de joyeuses libations. J'exorcisais les trois semaines de sevrage à Boko.

Et comme c'était à prévoir, l'embarquement dans l'avion a été repoussé à 22 heures.

À Paris, je n'ai eu que le temps de sauter dans un taxi pour aller faire un bref rapport à ACF. Dans l'avion pour le Canada, j'ai poursuivi ma frénésie alcoolisée.

À ma descente à Montréal, j'ai cru rêver. J'ai pensé que quelqu'un me faisait une blague. Je partais de Brazza où la température n'était jamais descendue sous les 30 °C, et là, Météo Canada pourra confirmer, en ce mois de janvier 2000, à Montréal, il faisait – 34 °C.

Je me demandais dans quel pays de fous je venais d'atterrir.

Mégot m'attendait, mon manteau sur le bras. Nous avons marché vers la sortie. Quand elle s'est ouverte, mes genoux ont cédé ; j'avais le souffle coupé net. Je suis retourné dans l'aérogare. Derrière moi, il y avait des Camerounais qui arrivaient par le même vol, et je les ai entendu s'écrier : « Il doit faire vraiment froid si même le Blanc a peur de sortir ! » Ils sont restés comme moi plusieurs minutes à observer de très loin la porte comme si c'était un gros serpent venimeux. Mégot et sa fille ont dû me tirer fort pour que j'accepte de sortir. Vraiment, je n'étais plus québécois.

Ostie de tabarnak.

Le lendemain, j'ai pris le train pour Hull.

En arrivant chez moi, j'ai interrogé mon répondeur. J'avais sept messages. Aucun de mon frère ni de mes sœurs. Je leur en ai voulu. J'ai acheté un nouvel agenda et j'ai recopié les adresses en omettant les leurs. C'était ma façon de fermer la porte. *Khalass!*

C'est dans le journal que j'ai entendu parler du Centre Lester B. Pearson pour le maintien de la paix. Pendant la semaine de relâche de la saison d'hiver, j'y ai suivi un cours. Dans la salle, nous étions une trentaine, tous en relation professionnelle avec l'international : par la voie de l'humanitaire, de la diplomatie, des médias ou de la science.

Dans le groupe, il y avait une fille du nom de Laurence. Gentille et souriante. Attentive et discrète. Durant toute la semaine, elle n'avait posé qu'une ou deux questions.

Je ne lui ai parlé que le dernier jour. Elle m'a dit qu'elle travaillait pour une boîte belge. Elle venait de finir son bac et commençait une maîtrise en relations internationales. Elle m'a permis de la rappeler quand j'aurais besoin d'échanger des notes. À Hull, mon programme ne comportait que deux cours. Je trouvais que ce n'était pas assez. J'ai décidé de prendre d'autres cours qu'on ne donnait qu'à Montréal. Par chance, les deux cours qui me tentaient se donnaient le lundi. Pendant quatre mois, je passerai mes débuts de semaine à Montréal. Je couchais chez Mégot et je repartais pour Hull le lundi soir.

En l'absence de Viviane, je ramais avec mon français écrit. J'ai appelé Laurence pour lui demander de m'aider à corriger un texte.

J'ai reçu un appel d'un directeur de programmes au Centre Pearson qui me demandait de le rencontrer la semaine suivante à Montréal. Il m'a annoncé qu'il devait diriger à Halifax un nouveau programme de deux semaines et qu'il allait avoir besoin d'un chargé de cours. Il attendait une classe de hauts gradés des armées africaines et de l'Europe de l'Est pour ce cours intitulé « Nouveau Partenariat dans le Maintien de la Paix ». Il s'agissait de présenter les principaux acteurs, médias, humanitaires, diplomates, que ces militaires allaient croiser au cours de missions pour le maintien de la paix. Comprendre le rôle de chacun pour faciliter l'interaction des corps professionnels. Il y avait beaucoup d'argent investi dans l'aventure. Y prendraient part trente officiers originaires de plusieurs pays et plusieurs corps de métiers. Mon boulot consistait à suivre en permanence une dizaine d'entre eux, à répondre à toutes leurs questions et à coordonner leur séjour à Cornwallis, ancienne base navale de l'armée canadienne transformée en centre de formation. Comme il y avait des gradés canadiens qui participaient au programme, je devais également faciliter l'interaction entre les « locaux » et les étrangers.

Je me souviens de cet officier canadien d'un certain âge. Il n'avait jamais effectué de mission hors du Canada. Il ne se privait pas pour autant d'affirmer que les humanitaires étaient agaçants car, sur le terrain, ils demandaient trop souvent aux militaires de les protéger, voire de faire le boulot à leur place. Il n'avait jamais participé à une mission pour le maintien de la paix nulle part, même pas pour régler les conflits de sa rue.

Ou encore ce marin, un autre Canadien, qui m'a apostrophé, péremptoire :

— Marc, il faut comprendre que ce nouveau partenariat pour le maintien de la paix n'est pas possible. Nous, les militaires, avons comme mandat de tuer des gens !

— Excusez-moi, capitaine, je ne suis pas du tout d'accord avec vous. Votre mandat consiste à défendre vos frontières et la sécurité de vos compatriotes. Ce n'est que d'une manière accessoire que cela passe par l'assassinat de l'ennemi.

Les trois quarts de ceux qui étaient là m'ont appuyé.

Ç'a été un séjour assez pénible. J'ai failli craquer. Se retrouver seul humanitaire face à des militaires, ce n'est pas facile. Surtout quand certains te considèrent comme un ennemi.

Ç'a été particulièrement épuisant avec ces officiers de carrière, plus habitués à commander qu'à se faire instruire. À chaque présentation d'un nouveau corps de métier, il fallait recommencer l'exercice de diplomatie.

Ç'a également été douloureux quand on a projeté un documentaire sur les massacres de Goma. Tout est remonté dans ma tête, et je me suis rendu compte que je n'avais pas encore tourné la page. Mais, surtout, j'en avais marre des mêmes scènes montrées en boucle. Du même carré de cadavres mille fois parcouru par les caméras. Des images qui ne racontaient pas assez les massacres, qui ne disaient pas l'odeur. Marre. Puis fatigué aussi. Car, depuis mon retour de Boko, je n'avais pas eu une semaine de repos entre les cours et ce séjour au Centre Lester B. Pearson.

Mais, en fin de compte, tout le monde est reparti riche de nouvelles connaissances, de nouvelles amitiés. J'ai été reçu membre de la faculté du Centre Lester B. Pearson. Un titre qui fait un très heureux effet dans un CV.

J'ai loupé la note d'excellence dont j'avais besoin pour passer en maîtrise. J'ai contesté l'évaluation d'un professeur qui n'avait pas compris l'univers de l'humanitaire dans mon travail de fin d'année. J'ai reçu deux lettres d'appui de professeurs. Ma note a été revue, et j'ai décroché mon DESS.

La porte de la maîtrise m'était ouverte.

Durant les mois qui ont suivi, le hasard a fait en sorte qu'aucune de mes missions n'a duré longtemps.

D'abord, l'Éthiopie. On annonçait une catastrophe humanitaire en raison de la sécheresse qui frappait les régions du Sud. La météo ne prévoyait aucune pluie avant longtemps. Le spectre de la grande famine de 1984 était dans tous les esprits.

Sauf miracle.

Et miracle, il y a eu.

À Addis-Abeba, la capitale, j'ai été l'un des premiers à descendre de l'avion. Et au moment où j'ai mis le pied sur la passerelle, j'ai reçu une grosse goutte d'eau tiède sur la figure. J'ai levé la tête et le ciel m'est tombé dessus. Il s'est mis à pleuvoir sans arrêt.

Il pleuvait à ma sortie de l'aéroport, il pleuvait encore à mon arrivée à l'hôtel, à ma sortie au restaurant le soir, il a plu pendant des jours. Il y a eu des inondations dans la vallée de l'Ogaden. Nous ne pouvions plus atterrir nulle part. C'était — malgré tout — une bonne nouvelle, car la végétation allait repousser et les Somalis allaient pouvoir abreuver leur bétail.

Je suis resté deux semaines à Addis-Abeba à attendre que les avions puissent atterrir dans l'Ogaden pour que Viviane puisse revenir.

Il y a eu ensuite Xai-Xai, la capitale de la province de Gaza dans le sud du Mozambique. Des pluies torrentielles avaient dévasté la région. Les conduites d'eau ont explosé devant la furie des pluies. On redoutait des cas de malnutrition et des épidémies de choléra, car les gens manquaient d'eau. La population buvait l'eau sale des rivières. Je me suis attelé à rebâtir le réseau d'approvisionnement en eau, alors que Viviane s'enfonçait dans la brousse pour évaluer les besoins nutritionnels de la population. Elle est revenue avec cette nouvelle sidérante : IL N'Y AVAIT PAS DE MALNUTRITION. Les paysans avaient de quoi tenir jusqu'à la prochaine récolte. Elle n'avait pas de raison de rester. Moi, si. Déçue et un peu furieuse contre moi, elle a repris seule l'avion pour Paris, avant de s'envoler pour les Philippines, où MSF l'envoyait coordonner une mission.

En la déposant à l'aéroport, j'ai été presque soulagé, tant les derniers jours avaient été calamiteux. Quand j'ai vu son avion décoller, j'étais déjà sur la route, retournant à mon chantier de Xai-Xai.

Ma mission a été un succès. Nous avons pu apporter quotidiennement à la ville 700 000 litres d'eau. Les taux de diarrhée et de déshydratation ont fortement baissé. Mes quarante employés n'ont jamais chômé, car nous avions presque vingt-quatre kilomètres de tuyaux à faire passer sous terre à la pioche, à quarante centimètres de profondeur, sur des chemins vallonnés, sur des pentes, à travers champs et forêts. C'était impressionnant.

Connaissant la passion de ce peuple pour le foot, j'ai fondé le club de Xai-Xai. Les équipes devaient avoir un héros pour emblème. Je sponsorisais le *team* Patrice Lumumba. J'ai acheté trois ballons pour l'entraînement et des uniformes portant le nom d'ACF Xai-Xai. Nous avons été les champions locaux. Ensuite, nous avons remporté le titre provincial des clubs amateurs. La ville entière était fière. Quand nous avons joué en finale, une dizaine d'autobus remplis de partisans nous suivaient. C'est plus que ce que le Paris Saint-Germain attire à Guingamp. Rien à faire, j'étais bien. Je ne pensais plus à Viviane.

Un mois après, j'étais devant mes bureaux de Xai-Xai quand quelqu'un m'a tiré par le chandail. Je me suis retourné devant un ange au sourire éclatant. Son prénom : Victoria. Vingt-six ans, une beauté africaine.

— *Bom dia, Senor Marco.*

— *Bom dia, minina.*

— Tu es bien Marco, non ?

Je serai tout ce que tu souhaiteras, me suis-je dit.

— *Sim.*

— Ah, parce que je te vois souvent passer sur ta moto et tu ne t'arrêtes jamais. Mais la prochaine fois, si tu me vois, arrête-toi me dire bonjour et me demander si je veux aller à la plage.

Que dire de plus ? Ce n'était même pas une invitation coquine. C'était simple et gentil. Deux jours plus tard, je l'ai croisée dans la rue et je l'ai emmenée.

Toute bonne chose a une fin. Au mois de novembre, j'ai su que je devais fermer notre mission de Xai-Xai. J'ai laissé ma maison à Chris, l'Anglais.

La séparation d'avec Victoria a été déchirante. Elle m'a doucement embrassé sur les joues : « Ciao, Marco ! » Puis elle est partie sans se retourner. Elle a marché sur le sable. Ses pieds soulevaient une fine poussière, comme si elle volait. Elle a gravi la dune et elle a disparu sur l'autre flanc. J'ai été à deux doigts de crier son nom. Je ne sais pas ce qui m'a retenu.

23

Ma maison, le monde

J'ai retrouvé Viviane à Paris.

Elle est arrivée trois jours après moi des Philippines.

Je suis allé la chercher à l'aéroport. Elle était d'excellente humeur. Bronzée, des cheveux courts qui accentuaient sa beauté. Pour elle, tout allait bien. Notre séparation durant quelques mois l'avait revigorée et elle était prête à repartir avec moi.

À l'hôtel, je lui ai avoué que je n'y croyais plus. Quand elle n'était pas là, j'étais bien, et dès qu'elle revenait j'étouffais. Elle était trop propre pour moi. Avec elle, tout était calculé. Nous avions vécu quatre ans ensemble, et pas une seule fois elle ne m'avait engueulé. Elle ne savait pas parler fort. Elle était tout le temps égale. Je venais de passer quatre mois avec une autre fille qui, elle, vivait vraiment : riait quand j'étais drôle, pleurait quand elle regardait un film triste, criait quand je lui faisais mal. Une fille qui se laissait aller mais qui n'était pas bête. Elle savait qu'elle était née dans un pays pauvre et qu'elle allait vraisemblablement y mourir. Elle ne s'empêchait pas de vivre et ne se faisait pas d'illusions. Elle n'avait eu de cesse de me répéter : « Tu m'oublieras, Marc, ce n'est pas grave. Tu ne m'obtiendras pas un visa, je n'irai pas au Canada. N'y pensons pas et contentons-nous de vivre ! »

Dans cette petite chambre d'hôtel à Paris, ça n'a pas été drôle. J'ai fait mon sac. Viviane a commencé à pleurer et je n'ai pas pu partir. Nous sommes convenus de nous accorder une deuxième chance.

Nous sommes allés à Marrakech et à Essaouira pour vivre une sorte de lune de miel.

De bonnes vacances. Mais nous avions tous deux conscience que c'était artificiel. Nous avons quand même envoyé nos CV pour un boulot de couple. Nous sommes encore restés un mois au Maroc avant qu'ACF ne nous appelle pour nous proposer une mission à Peshawar, au Pakistan.

Un gros mouvement de réfugiés afghans avait débuté. On redoutait une catastrophe. Les journaux s'en émouvaient. ACF m'offrait d'aller coordonner la mission. J'étais d'autant plus heureux de ce mandat que je savais que je partais avec la meilleure de toutes les collaboratrices. Viviane est une très grande professionnelle, consciencieuse et humaine. Aussi absurde que ça puisse paraître, c'est cette perfection même que je lui reprochais.

Nous sommes arrivés dans ce trou perdu qu'est Peshawar. Une ville étouffante qui semblait vivre l'Histoire à reculons. Les droits des femmes se dégradaient de jour en jour, au fur et à mesure que les madrasas qui avaient donné naissance au mouvement taliban se développaient.

On nous avait annoncé 75 000 réfugiés afghans.

Les journalistes américains se bousculaient pour recueillir des témoignages relatant la « détresse incommensurable de ces êtres décharnés ».

Le secrétaire général adjoint des Nations unies chargé des affaires humanitaires, le Japonais Kenzo Oshima, a enfilé sa veste de reporter et est venu lui-même évaluer la situation. Il était sans doute un de ces fonctionnaires qui n'était pas sorti de New York depuis longtemps et ce devait assurément être sa première mission, car il était étonné de l'affluence des médias. Pour ne pas les décevoir, il a jugé bon de donner dans la surenchère et d'affirmer que c'était une véritable catastrophe. C'était une déclaration qui avait de graves conséquences, politiques et humanitaires.

À notre arrivée, Viviane et moi avons rencontré le coordonnateur d'ACF qui s'arrachait les cheveux et ne cessait de nous répéter que tout le monde était débordé, que ça se transformait en une gigantesque crise.

« Très bien, lui ai-je dit, allons voir sur place pour établir notre plan d'action !

— Pardon ?

— Ben oui, allons sur le terrain.

Le mec en était à son quatrième rapport sur la « catastrophe humanitaire » en cours sans avoir jamais mis le pied sur le terrain. Il se contentait de glaner des on-dit ici et là.

— Mais tu sais, Marc, il faut des autorisations pour se rendre dans un camp !

— Pas grave, allons les chercher.

Nous les avons reçues et nous sommes partis le lendemain vers un camp de réfugiés. Un guide nous attendait à l'entrée le lendemain à neuf heures.

Nous avons traversé une petite bourgade et, à sa sortie, il y avait un espace ouvert pas plus grand qu'un terrain de football. Le chauffeur a ralenti et nous a annoncé que c'était là le camp de réfugiés. Je me suis tout de suite enquis :

« Est-ce une portion du camp ?

— Non, c'est le camp, monsieur.

J'ai regardé Viviane et j'ai vu qu'elle était traversée par la même pensée : Oups !

— Pas de problème, cher ami, expliquez-moi comment c'est organisé.

— Le camp est divisé en trois : un grand carré et deux petits à côté.

Je pouvais le constater. Je n'avais même pas à reculer pour embrasser toute la scène d'un seul regard.

Je ne comprenais pas. Où diantre pouvaient se trouver les 75 000 à 100 000 réfugiés ? Impossible qu'ils soient tous rassemblés dans ce carré devant mes yeux.

J'ai arpenté le camp pour en mesurer la longueur. Il y avait environ huit cents mètres. Impossible que les chiffres des réfugiés fournis par le HCR et les autres organisations humanitaires soient exacts.

Notre guide m'a expliqué que le HCR avait coutume de compter les réfugiés selon la superficie. Je n'avais rien contre, mais en regardant de nouveau le campement, je restais convaincu qu'il ne pouvait pas y avoir à ce moment-là plus de 20 000 personnes. Il y avait malentendu. Bravo pour la catastrophe humanitaire annoncée par Kenzo Oshima.

L'équipe de MSF Hollande est arrivée pour installer l'eau et, quand nous leur avons expliqué l'erreur, nous sommes tous partis dans un gigantesque éclat de rire.

Je flairais en même temps une grosse arnaque. Je ne voyais pas vraiment quel danger ces réfugiés afghans avaient choisi de fuir, à ce moment précis. J'étais convaincu que quelqu'un se faisait des couilles en or et j'allais le démasquer.

Je suis resté dans le village d'à côté jusqu'à la dernière minute. J'ai vu la plupart des pseudo-réfugiés quitter le camp pour rentrer chez eux. À mon départ, il ne devait plus en rester que 6 000, tout au plus. Nous nous étions tous fait avoir comme des novices. Quelqu'un avait manigancé cette mascarade d'exode pour continuer à recevoir l'aide humanitaire qu'on allait couper, puisque le HCR avait estimé ne plus avoir affaire à des réfugiés, au sens légal du terme.

Je suis retourné à Peshawar où j'ai appris que près de 200 000 couvertures avaient été distribuées aux prétendus réfugiés. Ça faisait une moyenne de 40 couvertures par personne. Avec ça, ils auraient tous pu mourir étouffés.

J'ai pondu un rapport sur le bluff de Peshawar. Puis, Viviane et moi sommes retournés à Paris. Nous avions épargné à ACF d'inutiles dépenses.

Je m'attendais à recevoir des fleurs, mais à ACF on m'a plutôt reproché de ne pas m'être inventé une autre occupation pour rester, vu qu'on pouvait facilement trouver de l'argent pour la région. J'ai piqué une colère : « J'arrive d'un des pays les plus pauvres du monde, le Mozambique, pour qui vous n'aviez pas un rond. Et là, vous me dites que vous avez du pognon pour une dictature qui possède la bombe atomique… »

J'étais furax.

Je me souviens également d'une rencontre à Peshawar.

Viviane et moi étions à l'English Club, l'un des six endroits où l'on avait le droit de boire de l'alcool. Un Américain était assis à côté de nous ; il avait des cheveux bruns, une moustache. Il était très discret. Il s'est présenté et nous avons passé la soirée à discuter.

Le lendemain, nous l'avons revu dans le même club. Cette fois, il était plus bavard, après avoir un peu forcé sur la bière. Il nous avait demandé ce que nous comptions faire. Je lui avais répondu que nous retournions en France, parce qu'en guise de catastrophe humanitaire les Afghans nous jouaient une belle pièce de théâtre.

— Et vous, qu'est-ce que vous faites ?

— Je bosse pour la DEA, l'agence américaine de lutte contre le trafic de drogue.

J'ai senti une petite sueur me couler dans le dos. Je me suis dit que la police canadienne avait décidé de réactiver mon dossier et que ce mec était lancé à ma poursuite. J'avais peut-être foutu en l'air un plan du gouvernement américain avec ma dénonciation de la mascarade de Peshawar et, du coup, on avait peut-être décidé de m'éliminer en m'accusant de consommation de drogue.

Mais point de tout cela. C'était plus simple : le mec était un ancien policier de New York qui avait vu son frère se perdre dans la drogue et qui avait décidé de combattre cette saleté. Il avait toujours pensé qu'il serait déployé en Colombie. Mais la DEA l'avait posté à Peshawar pour aider la police locale à démanteler les réseaux mafieux en affaires avec l'Afghanistan. Il se disait désabusé, parce que la frontière afghano-pakistanaise était une passoire. Il savait tout ce qui se passait de l'autre côté. Il avait même calculé au dollar près le montant qu'il aurait fallu pour racheter et détruire toute la plantation afghane de pavot : environ trois cents millions de dollars.

Une question me trottait dans la tête : « Pourquoi ne le fais-tu pas alors ? » Au lieu de perdre des milliards à lutter contre les dealers dans les ruelles de Brooklyn ou de Marseille. Je comprenais, sans qu'il ait à me le dire, que la politique se nourrissait aussi de ces dépenses inutiles dans des combats qui auraient pu être gagnés en amont.

L'Américain avait soudain mis son doigt sur un point de la carte, un peu au nord de Jalalabad.

— Il est là, avait-il lâché.

— Mais qui ?

— Ben Laden, bouffon.

— Vous le savez ?

— Mais oui, comme tout le monde dans tous les services de renseignements du monde.

Je pensais qu'il bluffait. J'avais vu les conséquences des frappes ordonnées par Bill Clinton au Soudan, censément contre Ben Laden. Et lui, le mec de la DEA, m'annonçait comme une fleur qu'il connaissait son adresse postale.

Je m'étais dit que soit il était complètement saoul, soit il me faisait une blague et qu'il allait d'un instant à l'autre éclater d'un rire tonitruant.

Deux mecs du Programme alimentaire mondial (PAM) sont passés et l'Américain leur a lancé :

— Savez-vous où se trouve Ben Laden ?

— N'est-il plus près de Jalalabad ?

Tout le monde connaissait son adresse, même le plus jeune des vendeurs au marché de Peshawar proposant des t-shirts du patron d'Al-Qaida.

Je regardais l'Américain, les yeux écarquillés.

— Mais pourquoi vous ne lui expédiez pas tout simplement une amicale bombe livrée par un F-18 ou une roquette tirée à distance ?

— Marc, Marc, Marc. La politique, c'est très compliqué…

Quand j'ai entendu ACF me répéter que des milliers de dollars étaient disponibles même pour une mascarade au Pakistan, j'ai pensé à tout ce jeu qui n'était que bluff sur bluff. Toute la région était du bluff. Les amitiés comme les haines.

Je ne savais pas encore que le jeu allait se corser quelques mois plus tard avec ces attentats du 11 septembre, aussitôt suivis d'une violente guerre en Afghanistan. Une guerre qui a fait des milliers de victimes innocentes et qui a loupé la seule personne dont on connaissait les coordonnées exactes dans le pays.

De nouveau dans la rue avec Viviane.

Ça commençait à me gonfler. Depuis mon départ de l'école, le printemps précédent, aucune de mes missions n'avait pu être menée à son terme, sauf le Mozambique.

Nous sommes encore descendus à l'hôtel. Nous ne pouvions nous payer le luxe d'attendre indéfiniment à Paris.

Sur Internet, j'ai déniché un job de dix mois comme logisticien coordinateur pour une boîte américaine appelée International Rescue Committee (IRC). Le lieu de l'affectation : Bukavu, au Congo.

J'ai accepté en partie pour exorciser le traumatisme de Goma. Je n'y étais jamais retourné. Mais je savais que je ne pourrais jamais guérir de mon passé si je ne revenais pas sur ces lieux.

Je me sentais enfin prêt.

Et je me disais que je n'avais pas à y rester longtemps. Qu'au bout de quatre mois, j'aurais dompté mes démons et amassé assez de fonds pour voir venir, peut-être même pour retourner à l'école.

Viviane, qui avait fait le Burundi, n'avait plus du tout envie de retourner dans la région. Je la comprenais, car c'est un coin du monde qui, sous des apparences paradisiaques, recèle des horreurs inimaginables. Mais nous n'avions plus vraiment le choix.

Elle a décidé de retourner avec MSF. On lui offrait un poste au Sri Lanka. Un contrat de six mois. Une autre séparation. Ce fut la dernière. Elle est partie de son côté, j'ai repris ma route. Sans fracas, comme une flamme qui s'éteint doucement.

Je n'ai pas fait long feu avec IRC. Je n'ai pas tenu quatre mois. Ils ont réussi à me décourager avant.

La seule chose que j'aurai gagnée de cette mission, c'est mon retour à Goma. Je suis allé visiter le volcan. Je me suis senti transpirer, malgré moi. J'ai revu la frontière, la route de la mort.

J'étais étonné de ne pas voir les corps reprendre leur pose cadavérique, ou les entendre éclater d'un rire sardonique : « On t'a eu ! » C'était une journée bien ordinaire en Afrique. Jour de marché, avec des Congolais toujours aussi bruyants. Et moi encore si seul avec mes souvenirs.

J'ai été voir mon terrain de football. En montant la petite pente qui menait au collège, la voiture a peiné sur la route pourrie. Je me suis garé et j'ai continué à pied, attiré comme par un aimant. Je titubais plus que je ne marchais. J'ai atteint l'entrée principale, et mon regard s'est porté directement sur le terrain. Et là, oh ravissement, il y avait des enfants qui jouaient. Sur le lieu où naguère il y avait la mort. Je ne pouvais rêver meilleure métaphore de la rédemption. Il y avait beaucoup de monde parce que c'était un tournoi officiel entre deux équipes locales.

Quelqu'un s'est approché de moi :

— Marc ?

— Oui.

— Tabarnak Marc ?

Je me suis retourné. Ils m'avaient ainsi surnommé, car j'avais l'habitude de jurer en québécois.

— Oui.

— Vous ne me reconnaissez pas ?

C'était le premier mec que j'avais engagé à mon arrivée à l'école, en 1994, celui avec qui j'avais constitué l'équipe de la mission. Il était maintenant journaliste dans une radio locale et son père était gouverneur de Goma. Il a rameuté les gens. C'en était fini de la discrétion. Mais j'étais heureux.

Je lui ai promis de le revoir le lendemain et je suis allé me coucher à l'hôtel Caribou.

Le lendemain, le garçon est entré dans le restaurant alors que je prenais mon petit-déjeuner. Il m'a dit avec un sourire conspirateur :

« Patron, il y a quelqu'un qui t'attend dehors. »

Je suis sorti, intrigué. Quinze personnes se tenaient à l'entrée de l'hôtel. Des ex-patients et des ex-employés. Ils étaient soixante quand je suis parti, quatre jours plus tard.

J'ai revu Pierrot, le menuisier. En 1994, j'avais vécu une expérience marquante auprès de lui. J'avais senti ce soir-là que quelque chose de laid allait se produire. Juste un pressentiment. J'avais dit au chauffeur de me laisser conduire. En rentrant à Goma, nous nous étions fait arrêter à un check-point. Il était 18 heures. La nuit commençait à tomber sur la ville. Le lieutenant du détachement qui gardait la barrière était saoul et avait exigé qu'on lui laisse la voiture. Pour prouver son sérieux, il avait dégainé son Makarov, en avait retiré le cran de sûreté et l'avait pointé sur mon genou. J'avais les deux mains sur le volant et je sentais Pierre qui aurait dû être à ma place se recroqueviller sur le siège d'à côté. J'avais essayé de raisonner le militaire, promettant de lui apporter la bagnole au lieu de son choix. Je lui demandais juste de ne pas laisser un trou dans ma jambe. La chance était avec moi. Une voiture de l'UNICEF avait surgi derrière nous, tous phares allumés. Une grande Mama zaïroise y trônait. Et là, j'avais été témoin d'une scène qui avait ébranlé tout ce discours occidental selon lequel la femme africaine n'avait pas de pouvoir dans son pays. J'avais vu le lieutenant s'avancer, se mettre au garde-à-vous et acquiescer de la tête aux remontrances de la dame. Il avait perdu de sa superbe. J'en ai profité pour redémarrer. Deux jours plus tard, j'avais quitté Goma.

Quand les attentats du 11 septembre 2001 ont eu lieu, j'allais encore à l'école à Hull. Je me rappelle avoir vu les gens agglutinés devant des télés regarder les images de l'avion percutant la deuxième tour. Mon premier réflexe a été de penser que c'était un film. Un tournage.

Mais non, c'était vrai. Les « Oh ! my God » des spectateurs accompagnant chaque passage de la scène du deuxième avion kamikaze.

J'ai tout de suite vu Ben Laden.

J'ai pensé à mon copain de la DEA et à sa dernière réponse : « Marc, la politique, c'est très compliqué. »

Puis, j'ai ressenti une peur rétrospective. Deux semaines plus tôt, j'étais rentré du Kenya via Boston, le même aéroport d'où ont décollé Mohammed Atta et sa funeste bande de terroristes. Et, en avril, avant de partir pour IRC à Bukavu, j'avais passé cinq jours au siège, à New York. Je me l'étais jouée touriste, j'avais visité le World Trade Center. Je n'aurais jamais pensé que, cinq mois plus tard, tout cela ne serait plus que gravats. J'ai paniqué. Je voyais les services de renseignements canadiens et la CIA venir m'arrêter pour ces deux coïncidences. Puis, en vérifiant mon passeport, ils verraient les visas soudanais, pakistanais, afghans. Ils auraient alors beau jeu de concevoir les scénarios les plus farfelus. Je les voyais fouiller dans mon ordinateur et tomber sur des mails que j'ai écrits et qui ne brillaient pas vraiment par leur pro-américanisme.

C'est à ce moment-là que Viviane et moi avons rompu. Elle était rentrée de sa mission. Nous sentions déjà que ça ne servait plus à rien de réanimer l'étincelle entre nous. Elle m'a appelé pour me demander si elle devait venir me retrouver à Hull. Je lui ai répondu que je pensais qu'il valait mieux arrêter tout cela avant que ça ne devienne trop dur. Je me suis retrouvé seul au Canada.

Alors, je ne me suis plus gêné pour rappeler Laurence qui travaillait encore chez les Belges. Elle a été contente de m'entendre.

— Quand est-ce que tu passes à Montréal qu'on aille boire un verre et discuter ?

— Pourquoi pas ?

J'ai pris le train pour la rejoindre à Montréal.

L'argent a recommencé à manquer. J'ai rappelé ACF.

— Avez-vous quelque chose d'intéressant ?

— Oui, tout de suite. Pour un mois. Mandat : fermer une mission en Ouganda.

ACF m'adorait parce que j'étais le genre preneur de missions merdiques, surtout celles qui ne durent pas longtemps.

Je suis allé en Ouganda mettre fin à une mission qui existait depuis onze ans, à la frontière soudanaise. J'ai tout réglé : les salaires, l'entreposage des outils, etc.

C'était un sale boulot.

Et ce séjour m'a rappelé, comme si je l'avais jamais oublié, combien l'Afrique peut être vache, injuste et cruelle. Une semaine après mon arrivée, j'ai remarqué une fille superbe à la table à côté de la mienne dans le restaurant. En lui parlant, j'ai appris qu'elle était sage-femme. Elle était en stage depuis un an dans le village, et il lui restait six mois avant d'obtenir son diplôme. Elle avait déjà déposé une demande de retour à l'université. Ses parents s'étaient saignés pour lui payer ses études. Mais ils ne le regrettaient pas. Elle était une preuve que l'Afrique pouvait réussir.

Dans l'ambiance de tristesse qui planait au bureau, le sourire de la jeune fille était le meilleur remontant que je puisse souhaiter. Je lui ai demandé si je pouvais la revoir.

« Je travaille à l'hôpital. »

Deux jours plus tard, je me suis trouvé une raison pour traîner dans les parages de l'hôpital. Je l'ai invitée à dîner.

Nous nous sommes revus à quelques reprises. Nous avancions doucement, conscients que nos destins étaient par trop incertains. Nous nous sommes tenus la main, embrassés. Mais n'avons pas eu le temps d'aller plus loin.

Un soir, je l'ai raccompagnée près de chez elle et je l'ai quittée sur la promesse de la revoir vite.

Quand mon assistant est rentré le lendemain avec fracas dans mon bureau, j'ai compris qu'il y avait eu un drame.

— La jeune fille… Elle s'est fait vitrioler à l'acide de batterie de voiture.

Je me suis précipité à l'hôpital. Elle était couchée sur un lit, le visage et la poitrine brûlés. L'attaque venait à peine de se produire, la peau était encore rouge, contraste frappant avec le reste de son corps. Sur le coup, son état ne paraissait pas si dramatique que cela. Elle avait les yeux gonflés, mais l'acide ne l'avait pas rendue aveugle. Elle devait souffrir car, en plus, les cons de l'hôpital l'avaient badigeonnée de vaseline. La dernière chose à faire quand on a été brûlé par un liquide. Elle continuait donc de brûler. C'était un 31 décembre. Pour l'amour de Dieu, on ne fait pas de mal aux anges un jour de célébration.

J'étais complètement désemparé. La police était là. La famille. La crise.

Je devais me rendre à Kampala et j'ai offert de lui rapporter une crème spéciale.

Trois jours plus tard, j'étais de retour. Je me suis précipité à l'hôpital. Et là, c'était affreux. Elle était totalement défigurée. La vaseline n'avait pas permis à l'acide de se dégager. J'étais incapable de la regarder. Et ce n'est pas bien d'agir ainsi, car la personne comprend que c'est encore plus grave qu'elle ne le pensait. Mais Dieu que ce n'était pas beau, et j'avais du mal à soutenir son regard. Je l'avais embrassée, cette fille, elle m'avait fait fantasmer, elle avait le plus beau sourire du pays.

Pourquoi lui avait-on fait ça ? J'ai eu peur que ce ne soient des employés d'ACF qui avaient voulu me faire payer la fermeture de la mission.

Mais non. Une femme a été arrêtée et elle a avoué avoir commis le forfait par jalousie. Un récit banal. La jeune fille avait accouché la « femme au vitriol » cinq mois auparavant. Quand le mari était venu voir son épouse et son bébé, il avait eu un béguin fou pour la sage-femme. Il était ensuite allé la voir dans le couloir et lui avait dit : « Tu es la plus belle femme que j'aie jamais vue. J'ai de l'argent, je veux t'épouser. » La fille l'avait envoyé paître et avait menacé de tout raconter à l'épouse s'il insistait. Le mec n'en avait eu cure, il avait continué à la traquer, l'obligeant à aller se plaindre à la police.

De dépit, l'homme avait commencé à se venger sur sa femme en la battant. Dans son raisonnement, il ne pouvait avoir la sage-femme tant que son épouse à lui serait encore vivante. Cette dernière, au lieu de répliquer à son agresseur ou de le dénoncer à la police, avait à son tour préféré s'en prendre à une tierce personne.

Elle avait attendu la sage-femme dans l'encoignure d'une porte. Et quand elle était arrivée, elle lui avait balancé l'acide à la figure et avait couru ensuite dire à son mari : « Ta salope de sage-femme, tu la disais belle. Eh ben, elle ne l'est plus… »

Elle était repartie en courant. La police l'avait retrouvée dans la brousse, dépenaillée, à moitié folle.

Quelques mois après la fin de ma mission, une brève mission sans histoire au Sri Lanka, et mon retour en France, je suis allé faire signer mon formulaire de renouvellement de passeport par Jean-Christophe Rufin. Nous avons discuté boulot et il m'a demandé ce que je faisais.

— Je pars à Uvira au Congo avec ACF. Je t'avoue que je traîne un peu. La boîte ne marche pas comme je le souhaiterais, il y a un gros problème de direction…

Il connaissait ACF pour y avoir travaillé en 1984 et 1985.

— Tu sais, Marc, tu devrais peut-être prendre un peu de recul et essayer autre chose.

— C'est bien, Jean-Christophe, mais je ne sais pas trop que faire. Je n'ai que quatre ou cinq mois à griller avant mon retour à l'école. Les offres d'emploi pour un délai aussi court ne pleuvent pas.

— J'aurais peut-être quelque chose à te suggérer.

— Quoi?

— Est-ce que ça te dirait de bosser pour moi? Si ça te tente, ça pourrait être amusant.

— Explique-moi.

Il faut dire que Jean-Christophe n'était alors plus vice-président de MSF. Il était devenu écrivain. Ses livres étaient des best-sellers. Il avait remporté le Goncourt.

— Je suis en train de travailler sur mon prochain bouquin. Mais il me manque des éléments importants. Une recherche plus approfondie s'impose.

Puis il m'a expliqué que je devrais travailler sur deux thèmes. Le premier en rapport avec le Portugal, le second avec l'environnement. Il a décidé que je commencerais par le second. Je devais visiter des ONG qui avaient un lien avec le sujet, interroger des experts et me rendre dans les pays où s'étaient produits des événements majeurs.

J'ai commencé à me renseigner à Paris pour réaliser en fin de compte que l'aventure des organisations environnementales modernes avait débuté avec Greenpeace. J'ai visité les bureaux de cette organisation à Paris et à Amsterdam. Je me suis rendu compte que pour les besoins de l'enquête, je devais me rendre au Canada.

Parmi les villes que je devais impérativement visiter : Vancouver.

Vous parlez d'une coïncidence. Douze ans que je n'y avais pas mis les pieds.

24

It's been a long time...

À Vancouver, je me suis senti comme l'enfant prodigue.

Le premier après-midi, j'ai eu un accès de panique. Je me promenais dans Stanley Park et j'ai eu peur de voir apparaître Karen au détour d'un bosquet. Karen et ma fille, qui devait alors avoir onze ans.

Huit ans que l'on ne s'était pas donné de nouvelles.

Je suis rentré à l'hôtel en me disant que je n'arriverais pas à faire correctement mes recherches si je continuais à avoir cette peur qui me nouait la gorge. J'ai donc décidé de l'appeler.

Dans l'annuaire téléphonique, j'ai trouvé six numéros correspondant à son nom.

Au troisième, un homme m'a répondu.

— Est-ce que je pourrais parler à Karen ?

— Karen n'habite plus ici, je suis son frère. À qui ai-je l'honneur ?

— Un vieil ami. Je m'appelle Marc Vachon. Je suis à l'hôtel... Si vous lui parlez, demandez-lui de me rappeler, s'il vous plaît.

Le lendemain à dix heures, j'étais dans ma chambre quand le téléphone a sonné.

« *Hi, it's been a long time.* » C'est la première phrase qu'elle m'a dite de sa voix suave et posée. Elle m'a parlé comme si nous nous étions quittés la veille.

Le lendemain, je suis allé à notre rendez-vous. Elle n'avait pas beaucoup vieilli, elle avait plutôt mûri, c'était une femme. Elle ne m'a pas giflé, ne m'a pas sauté au cou non plus. Elle s'est contentée de me faire une bise. Et de me parler comme on parle à un vieil ami.

Nous avons un peu tourné autour du pot avant d'oser parler de Jacqueline. Toujours posée, elle m'a donné de ses nouvelles.

Vraiment comme deux vieux amis qui se retrouvent devant un café, un début d'après-midi.

Et juste pour faire le tour des amis, je lui ai demandé :

— Dis un peu, Karen, est-ce que tu te souviens de Laurent ? Mon ancien partenaire ; je ne lui ai plus reparlé depuis l'Irak. Ça fait dix ans…

Elle a rougi et j'ai compris.

En rentrant d'Irak, Laurent était allé la voir, censément pour lui donner de mes nouvelles. C'était lui le père du deuxième enfant de Karen.

J'étais ébranlé mais pas en colère. Après tout, c'est moi qui avais choisi de partir.

Pourquoi Laurent m'avait-il menti ? Pourquoi avait-il prétendu que Karen ne voulait plus rien savoir de moi depuis qu'elle avait rencontré son nouveau mec ?

Deux jours plus tard, j'ai dîné avec elle. Puis on s'est revus une troisième fois. Elle ne m'en voulait pas d'être parti. Elle avait toujours su que j'étais un sauvage qui avait besoin de sa jungle pour s'épanouir. J'étais son éternel aventurier.

Karen m'a montré les photos de « notre » Jacqueline. Elle était belle, un visage lisse, en bonne santé. J'étais heureux. Laurent l'avait élevée comme sa propre fille ; jamais il ne lui a fait de mal ni ne lui a refusé son affection. Elle faisait du théâtre, prenait des cours de musique.

Me retrouver à Vancouver, face à mon ex, face à la mère de ma fille, m'a donné l'impression que la vie va ainsi par cycles. En fin de compte, je les bouclais tous, bon gré mal gré. Que je revenais toujours sur mes pas, sans regrets pour le passé, mais avec des habits neufs. Ainsi, à Vancouver, je n'étais plus le mec d'antan, mais j'arpentais les mêmes trottoirs que j'avais jadis connus dans des conditions difficiles.

Je suis repassé dans cette rue qui m'avait servi de lit quand je ne pouvais me payer une chambre. Douze ans plus tard, j'entrais dans un hôtel à cent dollars la nuit et qui avait servi de décor à un film américain. Je suis allé à l'hôtel de ville, dans les bibliothèques, des lieux dont je ne soupçonnais même pas l'existence quand je travaillais dans la construction.

Un matin, Karen m'a appelé pour me dire qu'elle était de passage à Vancouver chez son père et qu'elle devait ensuite retourner à Richmond où elle résidait.

« Je serai à la gare à 16 heures 30. Si tu veux voir ta fille, viens au café. »

Je suis arrivé quinze minutes en avance pour être sûr de ne pas les manquer.

Je ne parvenais ni à lire le journal ni à boire mon café tant mes mains tremblaient.

J'ai vu Karen entrer, une gamine à ses côtés, sans se presser. L'enfant était grande, blonde et avait une gueule comme la mienne. Dans ce hall bondé, mes yeux ne l'ont pas lâchée. Je me nourrissais de sa vue. Elle était merveilleuse. C'était ma fille. C'est vrai qu'elle était belle. Elle me ressemblait un peu. Elle débordait de vie et elle m'en insufflait. J'étais heureux et en même temps mélancolique. Parce que j'aurais aimé me promener avec elle dans la rue. J'aurais aimé être celui qui l'accompagnait acheter ses jolies robes de petite fille. Là, dans la gare, je ne lui ai pas adressé la parole, mais elle m'a fait vivre le plus beau moment de ma vie.

J'ai dû me faire violence pour empêcher mes mains d'aller caresser ses cheveux.

Puis elles sont reparties toutes les deux.

Me laissant un cœur bouleversé et une gratitude sans bornes pour Karen.

J'ai terminé ma première enquête et j'ai remis à Jean-Christophe une documentation d'environ mille deux cents pages. Il m'a lancé sur le deuxième thème. Qui allait me demander de traîner du côté du Portugal.

J'étais à Paris, heureux, serein. J'avais trente-huit ans, j'étais sans copine attitrée mais je mordais dans la vie à belles dents. Ma fille était splendide.

J'étais abonné et je le suis encore à l'équipe de football de la capitale, le Paris Saint-Germain, ainsi qu'au club de rugby le Stade Français Paris. J'étais parisien.

Mais je commençais à m'ennuyer.

Je voulais bouger.

Je suis entré dans un café Internet pour visiter les sites d'offres d'emplois humanitaires. J'ai vu qu'une boîte allemande du nom de Johanniter-Unfall-Hilfe (JUH) cherchait un logisticien pour l'Angola. C'était moins la boîte que le pays qui m'intéressait. L'Angola me manquait, l'Afrique et les Noirs me manquaient.

J'ai envoyé mon CV. Une semaine plus tard, les patrons m'appelaient. Sauf que, à la place de l'Angola, ils voulaient m'envoyer au Congo où ils avaient de très gros problèmes. Ils m'attendaient à Berlin pour m'expliquer la mission.

Le Congo. J'y ai encore assumé sans gaieté de cœur le sale boulot d'une autre fermeture. Je mettais à la porte trente-trois employés et je laissais une population désemparée, car nous avions un programme de santé publique qui s'occupait d'environ 38 000 habitants. J'étais donc assez amer.

J'ai quitté l'Afrique dans une totale incertitude. Je n'avais plus mon studio à Paris. De plus, avant mon départ au Congo, j'avais décidé de rembourser tout ce que je devais à mon ancienne copine, à l'école et aux amis.

Mais l'agréable surprise, ç'a été de retrouver mes patrons de Berlin heureux de ma gestion de la crise au Congo. Ils m'offraient 150 000 dollars pour que j'aille monter des projets à Djibouti, en Afrique de l'Est. La mer Rouge m'a toujours fasciné.

J'ai eu droit à deux semaines de vacances.

Début janvier 2002, je suis parti à Djibouti avec un salaire plus que confortable.

Djibouti est un tas de cailloux perdu dans le désert, une ancienne colonie où sont encore postés 4 000 militaires français occupant cette position stratégique qui permet à la fois de surveiller l'Afrique et le Moyen-Orient juste en face. La capitale est une ville artificielle vivant de cette présence française et du tourisme. Le reste du pays est une grosse pierre désertique. C'est dans ce pays qu'a été tourné le premier épisode de *La Planète des singes*. Ça donne une idée.

Il n'y a rien, il fait chaud comme dans un four. C'est très pauvre.

Mes 150 000 dollars ne seraient pas de trop.

J'ai fait le tour pour voir les secteurs occupés par les autres ONG, afin de ne pas leur marcher sur les pieds. Il n'y avait personne. Il me fallait donc me tourner vers les associations locales et celles des grandes villes du pays pour déterminer comment investir efficacement l'argent dont je disposais. L'idée était de trouver des projets qui ne soient pas trop coûteux et qui puissent avoir d'importantes retombées.

Au bout d'un mois et demi, j'en avais choisi onze. Surtout en santé publique : campagnes de vaccination, distribution de moustiquaires, opérations de sensibilisation avec vidéo dans les écoles, réhabilitation du bloc opératoire d'un hôpital, achat de quelque quatre tonnes de lait pour un centre nutritionnel, etc. De petits investissements qui ne font que des heureux, car l'argent va à la bonne place. J'ai également appuyé des ONG de femmes œuvrant pour l'égalité des sexes.

Si, à Djibouti, tous mes projets faisaient leur petit bonhomme de chemin sans trop de fracas, sur la scène internationale, les nouvelles n'étaient pas aussi roses. Les Américains avaient leurs canons braqués sur l'Irak, qu'ils menaçaient d'attaquer. Le bruit des bottes devenait chaque jour plus assourdissant. Rien ne semblait plus pouvoir arrêter la guerre.

Djibouti s'est remplie de militaires américains qui ont mis en place de vastes structures médicales d'accueil et de traitement pour les milliers de soldats qui seraient blessés au front. La base n'a jamais servi, les Français s'étant opposés à la guerre en Irak.

Jusqu'à la fin, j'ai pensé que c'était un canular, que cette guerre n'aurait jamais lieu. Tout était trop gros. Pour avoir été en Irak dix ans auparavant, je savais bien que Saddam Hussein n'avait plus les moyens de s'opposer à une armée, surtout pas à celle de la plus grande puissance militaire de la planète.

Les ONG se précipitaient déjà dans la région, convaincues que ça serait non pas une guerre, mais un véritable massacre.

Berlin m'a demandé de me rendre en Iran, pays voisin, mener une mission exploratoire quant aux possibilités de déploiement humanitaire de Die Johanniter en cas de catastrophe ou de grands déplacements de populations. Je pourrais découvrir l'Iran et rentrer par la suite à Djibouti finir ce projet de construction de système d'apport d'eau potable aux Afars, une population vivant au milieu des fabuleuses montagnes. C'était un projet assez ambitieux de quelques kilomètres de tuyaux, de stations de pompage, de robinets. Assez pour alimenter une petite école, un dispensaire, une fontaine dans le centre du village, un abreuvoir pour le bétail... Johanniter avait accepté de le financer.

En Allemagne, la frénésie irakienne était à son comble. Les télévisions du monde entier ne répétaient plus que le mot IRAK. Pourtant, personne ne connaissait vraiment les réels enjeux de cet affrontement.

L'Iran tardait à nous délivrer des visas. J'ai suggéré qu'on laisse tomber pour essayer la porte sud de l'Irak.

Nous sommes donc partis en Jordanie étudier le terrain, évaluer les besoins et les plans d'intervention des différentes organisations déjà présentes dans la région. Nous avons décidé de nous mettre en *stand-by* à Amman pour pouvoir rentrer en Irak très rapidement. D'expérience, nous savions qu'on aurait surtout besoin de kits chirurgicaux d'urgence et de médicaments.

J'ai rappelé Christophe-le-pompier, avec qui j'avais déjà travaillé au Kirghizistan et qui venait de finir un contrat de trois mois avec Oxfam en Jordanie. Il connaissait très bien la région. Il est venu me retrouver à Berlin pour signer son contrat, et nous sommes partis.

Tout s'est précipité quand la guerre a éclaté. Tout le monde a été pris de court.

Mi-avril 2003, en pleine guerre, Die Johanniter m'a confié la mission de livrer des médicaments en Irak. Je suis allé cueillir le colis à Amman, puis je suis remonté en direction de Bagdad.

À la frontière jordano-irakienne, les militaires américains ont vérifié plutôt sommairement notre nationalité. La vérification a pris cinq minutes. Après quoi le marine nous a souhaité bonne route.

De la frontière aux abords de Bagdad, c'est cinq cents kilomètres de désert. De vide. La route, c'est une longue traînée noire qui serpente à travers ce grand champ de sable doré.

Les soixante ou soixante-dix derniers kilomètres avant d'atteindre Bagdad par contre sont dangereux. La banlieue d'Al Hamidié, déjà réputée pour être une ville de bandits, était plongée dans l'anarchie la plus folle.

Le piège à redouter quand on approchait de cette bourgade, c'était ce qu'on appelle le « gendarme couché ». Ce sont les dos d'âne placés au milieu de la route pour contraindre la circulation à ralentir. Au moment où l'on réduisait la vitesse, des assaillants surgissaient des fossés et vous accostaient à la kalachnikov. Quand ils étaient généreux, ils se contentaient d'abandonner leurs victimes nues dans le désert. Je ne sais pas ce qu'ils faisaient aux filles, mais ce ne devait pas être tout à fait drôle.

CARE avait déjà goûté trois fois en trois jours à cette médecine. LWF, une autre ONG, était tombée dans le piège. Les Italiens aussi. Beaucoup de journalistes se sont également fait prendre. Que peut-on faire, seul face à dix mecs armés et prêts à se servir de leurs armes ? Rien. On leur donne ce qu'ils demandent, en priant pour que sa tête ne les rebute pas trop. Sinon, on gagne un billet gratuit de vie à trépas.

Nous avons eu du bol de pouvoir traverser sans encombre ce tronçon piège. Nous avions eu l'idée de protéger notre voiture par de gros camions, devant, derrière et de chaque côté. On était comme le noyau dans le fruit.

Nous nous sommes dirigés vers la prison d'Abou Ghraib, à quelques kilomètres du centre de Bagdad. Nous y avions rendez-vous avec les contacts locaux et des membres des ONG déjà installés en Irak.

Il était environ cinq heures de l'après-midi. Il faisait encore clair. Nous avons soufflé en voyant nos collègues au rendez-vous. La prison était un immense bâtiment vidé de ses occupants. Elle avait été le plus grand centre pénitentiaire de l'Irak et assurément le plus moderne. Elle pouvait facilement contenir 15 000 prisonniers.

Notre contact bossait pour Première Urgence et connaissait très bien Bagdad. Il s'est chargé des camions que nous convoyions. Nous l'avons suivi vers la ville, car nous devions squatter un hôpital protégé par les Américains. Nous avons dû louper notre sortie car, bien vite, les panneaux ont commencé à signaler que nous étions sur la route de Bassorah. Nous avons décidé de faire demi-tour.

Au même moment, une colonne américaine de cinq cents hommes remontait dans l'autre sens. Nous roulions à environ trente km/heure. Il commençait à faire sombre. Des colonnes de fumée noire s'élevaient des fosses de pétrole mises à feu par les hommes de Saddam avant qu'il abdique, rajoutant au sinistre et empestant l'air. La nervosité était palpable. Et on manœuvrait pour faire demi-tour. Le scénario parfait pour une bavure militaire. J'ai senti mon estomac se nouer. Je voyais déjà l'obus fonçant en notre direction. Mais rien… Nous sommes repartis indemnes.

Nous avons finalement retrouvé notre bretelle. Toujours cette odeur de pétrole brûlé. Les voitures roulaient dangereusement vite. L'obscurité s'installait. C'était Bagdad. Bagdad un lendemain de guerre.

Nous avons rejoint l'hôpital. Un centre pédiatrique devant lequel se trouvait un marine. Pour le protéger vraiment ? J'ai l'impression que les Américains cherchaient juste un parking pour leurs chars. Ils nous ont obligés à laisser notre camion en dehors de l'enceinte. À l'intérieur, en cas d'attaque, nous aurions gêné les manœuvres de déploiement de leurs Abrams, ces chars considérés comme les rois des blindés, protégés contre les attaques NBC — nucléaire, biologique et chimique — et résistants aux tirs de missiles antichars. Drôle de défense, où le protégé est à découvert alors que le protecteur est au chaud, à l'abri.

Le lendemain matin, nous avons reçu le câble d'une équipe de Première Urgence qui était partie trois jours plus tôt à Bassorah dans le sud-est de l'Irak et qui faisait état d'énormes besoins dans la région. Elle nous assurait que nos produits leur seraient d'un immense secours. J'ai décidé de louer des camions irakiens, de laisser repartir les Jordaniens et d'emporter notre stock à Bassorah. En passant par Al Qod et Nassiriyah. Objectif : l'hôpital pédiatrique de Bassorah qui allait à son tour redistribuer l'ensemble vers de petits dispensaires.

Mais je ne pouvais quitter Bagdad sans revoir la ville.

On aurait dit le début d'un western. La scène du mec assis tranquillement dans son salon. On frappe violemment à sa porte. Le moment de surprise passé, l'homme se lève pour ouvrir. C'est l'image qu'offrait Bagdad. Elle avait reçu une belle livraison de bombes sur la tête sans comprendre vraiment ce qui lui arrivait. Et là, les frappes avaient cessé, les gens commençaient à sortir pour prendre des nouvelles. Les Bagdadis étaient encore hébétés. Non seulement par la vue des Américains paradant fièrement dans leurs blindés sur les principales artères. Mais aussi par cette absence d'institutions de leur État. Plus de police, plus de parti certes. Mais aussi, plus de Saddam.

Et surtout, à quelle vitesse ! Vingt-quatre heures avant la chute de Bagdad, le ministre irakien de l'Information promettait une nuit des longs couteaux que les Américains regretteraient à jamais. Et là, plus rien.

Et les infos qui faisaient défaut. Le téléphone ne marchait plus. Pas plus que la télévision, ni la radio. Les gens ne savaient pas encore qui était tombé au front. Qui allait revenir ? Qui faisait quoi, où et comment ? Les grandes villes du Sud, comme Bassorah et Nassiriyah, ne donnaient plus signe de vie. Le Nord non plus.

Les gens commençaient à peine à s'aventurer sur les routes. Ils apprenaient peu à peu que Mohammed était mort. Leïla aussi. Hamed était dans tel hôpital. Kamal, lui, s'en était sorti.

Les grands moments de libations et de pillages de l'après-Saddam commençaient à s'estomper. Les gens se relevaient progressivement, avec une sacrée gueule de bois. Et une sensation d'aigreur. Ils ne savaient pas encore contre qui.

Puis, le quotidien, difficile. Pas d'eau ni d'électricité. Une radio, la radio Sawa tenue par les Américains, commençait à émettre avec un parti pris qui ne trompait personne.

Mais l'Irakien moyen, quels que fussent ses sentiments envers Saddam Hussein, se sentait d'abord et avant tout humilié. Personne ne comprenait pourquoi, avec toute la technologie dont ils disposaient, les Américains n'avaient pas choisi de tendre une embuscade à Saddam, ainsi qu'à ses deux fils Oudaï et Qoussaï, au lieu de faire subir à tout le pays une nouvelle guerre. Éliminer le seul danger réel. Récupérer la machine du pouvoir, la mettre au pas. L'idée étant de faire comprendre aux Irakiens qu'ils ne se faisaient pas envahir, mais qu'on les laissait décider de leur avenir. Comme cela, personne n'aurait perdu la face, et l'orgueil de ce peuple si fier aurait été sauf. Bagdad n'aurait pas été humiliée. C'est un symbole. C'est Paris pour les francophones ou Londres pour les Anglais. Et le symbole a été souillé, sali, bafoué.

L'Irakien s'est senti violé. Il a dès lors de la difficulté à apprécier les gestes d'amour que tente de lui porter l'Amérique. Le viol ne s'efface pas si vite des mémoires. On le sait. Le regard de l'Irakien envers l'occupant ne suinte pas l'amour fou.

Ce n'est pas fini. Il y a aussi les Kurdes, peuple sans patrie, peuple des montagnes et des souffrances. Après la guerre de 1991, ils avaient réussi à se tailler un territoire sécurisé. Aujourd'hui, dans l'Irak nouveau, ils ont tout à perdre. Leur autonomie sera noyée dans le mariage forcé que les Américains vont imposer à tous les groupes religieux et ethniques afin, disent-ils, de préserver l'intégrité de l'Irak. Et si les Kurdes se montrent gourmands, qui va les réprimer cette fois-ci ? Quelqu'un saura-t-il empêcher la Turquie, qui a sa propre minorité kurde, d'entrer dans la danse au nom de la stabilité de son territoire ? Et si la Turquie se jette dans la mêlée, c'est l'Europe entière qui sera affectée. Ainsi font ceux qui multiplient les conflits en pensant les résoudre. Vive l'Amérique !

Fière et debout, Bagdad n'a hélas plus son lustre d'antan. Elle semble plus pauvre, plus décrépite, plus ratatinée que lors de ma première visite en 1991. Quelques différences : en 1991, les ponts et les infrastructures avaient explosé sous les frappes américaines, cette fois-ci, il n'en était rien. Autre distinction : la présence des étrangers. Il y en avait dans tous les grands hôtels de la ville. Nul doute : Bagdad avait été conquise. Les relations avec les Irakiens étaient différentes.

Les Américains ne faisaient rien pour atténuer cette prévisible haine. Ils ont assommé la capitale de milliers de tonnes de bombes. Ils l'ont aussi minée comme le Vietnam, les *cluster bombs* remplaçant les mines.

J'en ai croisé un bon nombre, de ces soldats américains. À Nassiriyah, à Bagdad. La moyenne d'âge derrière les sacs de sable ? Vingt-deux ou vingt-trois ans. Autrement dit, dans ce métier de la mort, des gamins ! Les trois quarts se sont enrôlés pour sortir de leurs bleds paumés du fin fond de l'Amérique, et ceux qui viennent des grandes villes sont recrutés dans les quartiers les plus pauvres. L'armée, pour eux, c'est donc un boulot, une chance de décrocher un diplôme, mais aussi une occasion unique de quitter le clan des *losers* en jouant aux Rambo, ne fût-ce que le temps d'une guerre.

Dans les rues de la capitale irakienne, l'arrogance est de mise. Je me souviens de cette jeep de l'armée américaine qui nous a insolemment coupé la route. À l'arrière, il était écrit : « IF YOU DON'T LIKE MY DRIVING, GO FUCK YOURSELF » (Si vous n'aimez pas ma conduite, allez vous faire f…).

La solution pour sortir de la crise ? Elle sera vraisemblablement machiavélique. Les Américains vont laisser les villes se détruire et iront protéger les puits de pétrole dans le grand désert. Très faciles à garder ; on voit de loin arriver l'intrus. Ils diront alors : « Nous avons libéré l'Irak et, quand le pays pourra gérer ses infrastructures, nous lui rendrons ses puits ! » Puis, ils fomenteront des troubles pour s'assurer que justement jamais le peuple ne soit prêt.

En Irak, la situation humanitaire est complexe. Ça ne saute pas aux yeux, comme les inondations aux Indes. Ce n'est pas non plus le scénario typique de l'Africain mourant de faim ou de choléra. La crise n'en est pas moins dramatique.

D'abord, la plus forte déflagration humanitaire, c'est celle qui va bientôt se produire quand tout ce peuple, abruti par des décennies de guerres, sortira de sa léthargie. Quand les stress post-traumatiques vont s'exprimer. Quand les orphelins vont se transformer en parents brutaux et absents. Quand les femmes violées vont être rattrapées par des envies de suicide. Quand les enfants de la guerre vont vouloir jouer avec de vraies armes. Cette catastrophe-là nous attend dans quelques années, quelques mois, voire quelques jours.

À plus grande échelle, cette nouvelle guerre, cette nouvelle tragédie humanitaire va affecter assez rapidement les Libériens, les Congolais, les Somaliens, les Soudanais et d'autres victimes des détresses humanitaires, qui eux vont crever de faim parce que toute la nourriture qui leur était destinée aura été déroutée vers l'Irak pour une prétendue crise que l'on aurait pu éviter.

Un point positif cependant : l'Irak a tout le savoir-faire et un personnel de secours expérimenté. Le pays n'aura pas besoin d'assistance humaine et d'ONG du genre MSF. Il ne lui faut que du matériel et de l'équipement. Un ministère de la Santé. Remettre en place une structure d'approvisionnement. Rebâtir des fichiers informatiques, les registres de malades, etc. Les hôpitaux, comme les centres de santé, qui s'appelaient tous Centre Saddam Hussein, ont changé de nom. Il faut donc refaire les tampons afin de leur permettre de passer des commandes. Clarifier les responsabilités des administrations.

Ce qui est pénible, c'est de rentrer d'Irak et de retrouver une population occidentale qui refuse de comprendre ce qui se passe.

Les médias, malgré leur multiplication, ne parviennent toujours pas à mieux cerner tous ces conflits.

Je me souviens de ce reporter de Fox qui était dans une tranchée que les forces américaines venaient de ravir aux Irakiens. Il était près d'un cadavre irakien et brandissait un masque à gaz d'un air dégoûté. « Pourquoi se sentent-ils obligés de porter ces masques si ce n'est pour se protéger contre leurs propres armes de destruction massive ? » Ça semblait l'indigner. Mais il lui aurait suffi de se retourner vers ses propres soldats pour se rendre compte qu'ils étaient aussi attifés comme des Robocops. Mais ces robots-là le dérangeaient moins. De toute façon, on sait aujourd'hui que ces armes de destruction massive n'ont existé que dans l'imagination des faucons. Les Américains ont cherché noise aux Syriens en leur reprochant d'avoir envoyé des lunettes infrarouges aux Irakiens. Tous les soldats américains en sont pourtant équipés.

Cela dit, il y a eu des médias qui ont fait du bon travail. Que ce soit par calcul politique ou par un souci humanitaire sincère, la presse européenne a en grande partie fait front avec les manifestants antiguerre qui prenaient d'assaut les rues des grandes capitales. La presse française aussi a condamné la guerre. Car la France, elle, a l'expérience des colonies et sait bien que ça ne réussit jamais.

Sarajevo en 1993, c'était une guerre d'une rare violence. J'y ai vécu les pires bombardements de ma vie. Mais Sarajevo, c'était clair. Les règles de jeu étaient bien établies. Les positions des belligérants étaient bien dessinées. Pendant quelque temps, à Sarajevo, il y a eu l'anarchie causée par la pléthore de chefs de guerre bosniaques et la prolifération du marché noir. C'était laid. Et c'est ce qui risque de se produire en Irak. Quand l'économie va reprendre, il y a des opportunistes qui vont y voir d'excellentes occasions d'affaires. Comme en Russie, ce seront les anciens apparatchiks, ceux qui ont frayé avec le pouvoir déchu. Il n'y aura qu'eux pour avoir assez de capitaux pour avancer la mise de départ. On sera revenu à la hiérarchie sociale d'avant-guerre. Ça suscitera des rancœurs. Il y aura des délations. Ensuite, on ressortira les divisions religieuses, claniques et ethniques. Et ce sera le début de l'apocalypse.

Ce n'est même pas comparable à l'Afghanistan des talibans. Là-bas aussi, c'était dur. La répression des femmes et des libertés faisait mal à nos esprits d'Occidentaux. Mais les règles étaient bien définies. Qu'on les aime ou pas, on savait à quoi s'en tenir. Nous étions alors libres de rester pour aider les démunis ou les abandonner, sous prétexte que l'on obligeait les femmes à porter la *burqua*.

Ce qui inquiète en Irak, c'est l'absence de ces structures de réglementation. C'est aussi le risque d'effondrement de toute la région. C'est la multiplication de candidats au martyre. En 2005, quarante-huit pour cent de la population irakienne a moins de dix-huit ans. Elle a aussi rêvé de strass, de grosses fortunes et d'un avenir radieux. Que fera-t-elle demain, quand elle rencontrera cet Américain qui l'a rendue orpheline ? Comment pourra-t-elle résister aux pressions des maîtres terroristes qui lui promettront le paradis à la mort du gros Américain ? Elle voudra prendre à son tour des pierres comme les Palestiniens. Mais, à la différence de ces derniers, chez les Irakiens les armes ne font pas défaut. Ils ont la panoplie complète. Ils ont la dynamite pour les attentats-suicides et les fusils pour préparer les futurs snipers.

On les a traités d'illuminés tant qu'ils s'en prenaient aux militaires. Mais bien vite ce sont les humanitaires et les civils qui ont été ciblés par le grand banditisme en quête d'argent, et on doit faire face à ces tragiques prises d'otages de journalistes et d'humanitaires. Comme en Tchétchénie.

Je ne veux pas me retrouver pendant treize mois otage d'un de ces groupes sans foi ni loi. Et si mon pays et mon organisation doivent payer 100 000 dollars pour me libérer, je préfère que ce montant soit investi dans un autre coin du monde et qu'il serve à établir un projet dont pourrait bénéficier la communauté.

Je ne joue pas les oiseaux de malheur. Je sais qu'il y aura certaines ONG qui vont penser qu'il y a malgré tout moyen de faire quelque chose. Les Américains, notamment, se disent que, pour apprendre à nager, il faut sauter dans le lac, et que pour travailler en Irak, il suffit d'y aller. Ils pensent ainsi pouvoir apprendre aux Irakiens à baigner dans la démocratie et le respect des droits de l'homme. L'assistance humanitaire et l'occupation américaine servant de tuba. On a vu aux élections de 2005 le courage et la détermination des Irakiens. Mais, quoi qu'il en soit, ils ont encore la tête sous l'eau. Combien de temps pourront-ils tenir ?

Je ne nie pas le besoin d'accroître l'action humanitaire en Irak. C'est vrai pour ce pays comme pour n'importe quel autre. Même à Montréal, il y a mille jeunes qui dorment dans la rue, drogués et désespérés. Là n'est pas la question. Le fait est que la première aide dont ont besoin aujourd'hui les Irakiens, c'est la sécurité et le retour de la loi.

Je n'ai plus aujourd'hui envie d'être en Irak.

Ce n'est pas une question de peur physique, je n'en éprouve plus depuis mon adolescence. Mais je ne suis pas suicidaire. On n'est pas là pour un show télé. On est là pour sauver des vies, même si ce mot aux consonances messianiques me gêne. Dont les nôtres. J'ai peur pour mes collègues qui sont encore là-bas à mettre sur pied de magnifiques projets d'assainissement des hôpitaux et autres infrastructures. Ils y sont avec beaucoup de cœur et de volonté. J'espère avoir tort et qu'en fin de compte tout finira bien pour eux.

25

Un rêve

La guerre d'Irak, la dernière, celle de Bush fils, m'a laissé un goût amer. Soyons clair, je suis heureux que Saddam Hussein ne soit plus au pouvoir. Je le suis d'autant plus que je le connais, moi. Je sais ce qu'il a fait à son peuple. Ce ne sont pas des choses entendues à la télé, je les ai vues de mes propres yeux. Mais Saddam Hussein n'est qu'un dictateur parmi les dizaines qui sont encore au pouvoir dans nombre de pays. Ce n'est pas son départ qui me dérange. C'est le prix que l'on a fait payer aux Irakiens et maintenant aux soldats américains pour aboutir à ce résultat. Combien de gens ont été enterrés rapidement dans la tradition musulmane, sans que personne ne le sache vraiment?

Il ne faut pas oublier les sanctions. Ce massacre institutionnalisé de civils et accepté par tout le monde, car béni par les Nations unies. Pourquoi ne pas avoir fait la guerre dix ans plus tôt ou ne pas avoir arrêté les soldats américains qui marchaient sur l'Irak en 1991? Pourquoi avoir attendu de faire vivre douze ans de calvaire aux civils?

Le terrorisme d'aujourd'hui est différent de celui d'alors. Il est moins idéaliste, plus désespéré, donc plus pernicieux. Rien ne l'arrête. Quoi de plus terrible que cette vision de kamikazes s'explosant pour emporter dans leur mort bruyante des victimes innocentes ?

Je suis amer.

Cependant, malgré mon désarroi et mon amertume, la flamme de l'espoir n'est pas encore complètement éteinte. En me levant le matin, j'ai encore envie de repartir, de recommencer, d'aider à nouveau. Quand j'arrive sur le terrain, je déborde toujours d'énergie quand j'effectue ces gestes mille fois recommencés pour bâtir des camps de nutrition, des camps choléra. Parce que je sais que c'est essentiel.

J'irai donc à Djibouti. Puis, on verra.

Peut-être accepterai-je ensuite l'offre de réfection d'un orphelinat au Rwanda. Ça me tente beaucoup. Après tout, entre bâtards, on est frères.

Non, je n'ai pas l'humanitaire triste.

J'ai souvent vu la mort de près. Mais la mort, je vis avec depuis douze ans. Je la connais. Elle m'a frôlé à Sarajevo, je l'ai portée dans mes bras, je l'ai humée dans les charniers de Goma, je l'ai haïe quand elle emportait des enfants dans les camps choléra, la pire vision qui soit, elle m'a dégoûté quand elle se montrait insistante sur les malades que Luc Legrand s'évertuait à sauver. Mais je la respecte.

Je sais qu'un jour à mon tour la baraka va me lâcher. Je ne suis ni suicidaire ni pessimiste, je suis serein face à l'inéluctable. J'espère juste qu'elle sera douce et la plus tardive possible. J'implore ma bonne étoile. Mais je sais aussi que la chance doit être soutenue, aidée, poussée.

Quand je suis triste ou que j'ai un coup de *blues,* quand je suis seul dans un parc de Berlin et que j'ai un accès de mélancolie en voyant passer un couple enlacé, je me souviens que j'ai au moins un combat à poursuivre, contre la mort. Rien de moins.

Puis, j'ai ma petite vie normale à continuer. Car je la trouve normale, ma vie. Je suis un mec normal pour la vie qu'il m'a été donné de vivre. Si j'ai toujours eu une valise dans les mains, c'est que je m'appelle Vachon, « avec un V comme valise », disais-je souvent quand j'étais gamin. Je ne sais pas ce que me réserve ma vie de bohème. J'ai appris à ne plus dire péremptoirement « jamais ». Même que je pourrais finir en petit-bourgeois, vivant pépère dans une banlieue et prenant soin de sa petite famille. J'ai failli le faire, c'était le plan que j'avais prévu pour Lucrecia et moi. Certes le Mozambique n'était pas alors la Suisse ou le Canada, mais aujourd'hui il vit en paix. Mon entreprise de construction aurait grandi et fructifié. J'aurais peut-être fait plein d'enfants.

L'incertitude est devenue mon mode de vie. C'est fatigant, cela fait peur, mais je sais nager à travers les écueils. C'est lourd, ça prend parfois la tête, mais on s'habitue. Je vis ma vie et mon travail comme un long voyage avec ses charmes, ses lassitudes, ses découvertes, ses rencontres, ses chambres d'hôtel et ses maisons de passage. Le parcours m'a endurci. Le danger de l'inconnu a fait de moi une bête aux aguets. Comme un vieux loup. Oui, plus loup que renard, plus instinct de survie que manigance. C'est ainsi que je vais mon chemin, alternant les projets solitaires et les aventures de meute. Avec l'âge, j'ai appris à reconnaître les meilleurs clans. J'accueille avec un peu plus de sérénité le temps qui passe et les incertitudes qui jalonnent ma voie.

Pour l'instant, je tiens le coup.

Vieillir, c'est aussi cette décision que j'ai prise de payer toutes mes dettes. Même si je suis pauvre aujourd'hui, je sais que je suis libéré de toute créance. On dit d'un homme sans dette qu'il est riche. Je n'ai pas d'argent, mais je n'en dois plus à personne.

Ma mère dirait : « Il s'est bien débrouillé. »

L'humanitaire aujourd'hui se cherche une identité, surtout après cette guerre d'Irak. Dans un monde idéal, l'humanitaire ne devrait pas exister. Les gens ne devraient pas mourir de faim ni de soif. L'humanitaire est donc en soi un aveu d'échec.

Je ne dis pas qu'il n'existe plus d'âmes humanitaires. Loin de là. Je rencontre encore des engagés qui y croient dur comme fer. J'ai vu des filles et des mecs qui y vont encore avec un cœur gros comme ça. Et qui y retournent plusieurs années de suite. Avec un enthousiasme différent, moins fou, moins exhibitionniste, moins m'as-tu vu. Une volonté posée, résolue et humble.

Par contre, il y a des ONG, surtout celles qui gagnent des prix prestigieux, qui souscrivent à une dépendance aux médias. Ils attirent des volontaires plus à la recherche du clinquant et du prestige que d'efficacité et de discrétion. Ce sont ces boîtes qu'on entend s'exprimer sur tout et son contraire. C'est bien de dénoncer les violations des droits de l'homme, l'absence de démocratie, mais quand il s'agit de vacciner des enfants, d'apporter de l'eau potable, de soigner des blessés, il faut y être. Quelle que soit l'image du gouvernement qui nous recevra. On est humanitaires. Pas politiciens. On sert des êtres humains, pas des causes politiques ni juridiques. Si on peut contribuer à améliorer ces causes, d'accord, mais sans sacrifier notre mandat premier.

Finalement, une constante dans mon parcours aura été la volonté d'appartenir à une famille. Un psychologue y verrait, peut-être pas à tort, une réponse à mon abandon par mes parents biologiques. De toutes ces familles d'accueil que j'ai connues pendant mon enfance jusqu'à celle que je souhaite fonder un jour, j'en aurai fréquenté, des clans : celui des motards, l'humanitaire, les copains. J'aimerais réussir ma famille. Faire un enfant. Peut-être un deuxième. M'assurer que ma fille Jacqueline va toujours bien. Qu'un jour je puisse la rencontrer sans la troubler. J'aimerais l'accueillir chez moi, à Paris. C'est pour cela que je règle mes dettes. Pour être totalement présentable quand je la rencontrerai.

À part elle, ma vraie famille, c'est le cercle de mes amis. Ce sont ceux dont l'amour ne subit pas l'outrage du temps, sur qui je pourrai toujours compter. Je ne redoute aucune trahison de leur part. Ce sont les meilleurs. Ce sont eux qui m'aident à poursuivre mon chemin dans une plus large famille : celle de l'humanitaire, de l'humanité et des humains.

Je viens de relire ce récit. J'ai pensé à ceux qui le liront peut-être bientôt. J'ai pensé à mon premier enfant, à ma première fille, celle que je n'ai jamais connue. Ne devrais-je pas la prévenir ? Lui dire de ne pas s'en faire avec mes mots ? Que lui dirais-je ?

Je me suis resservi un verre de vin. J'ai réfléchi. Je me suis dit que je devrais appeler la mère. Pourquoi pas ? Et puis non ! Ou bien oui ? J'avais cette envie en moi de régler aussi cette dette. Et puis encore non. Le vin a commencé à me monter à la tête. Je suis parti dans un rêve.

Je me suis vu prendre le téléphone. J'ai laissé un message à Sophie ; son nom, peu commun, est facile à dénicher dans l'annuaire. Elle ne m'a pas rappelé tout de suite. Puis, trois jours après :

— Salut, c'est Sophie.

— Sophie qui ?

— Tu en connais beaucoup, des Sophie ?

Comme si on s'était parlé hier. Comme si le temps n'avait pas passé. Comme si on reprenait une conversation interrompue la veille. C'est ce qui est emmerdant avec les rêves : le temps se fait impalpable.

On s'est revus. Elle n'a pas changé. Oh si, un peu quand

même. L'âge. Mais pour le reste, c'est la même. Vingt-cinq ans qu'on ne s'était pas vus. On s'est parlé sans élever la voix. Comme des adultes. Que nous sommes devenus.

Je lui ai parlé du livre. Elle a souri. Elle ne m'en veut pas. C'est bien. Je crois que j'ai eu raison d'appeler.

— Tu sais, Marc, tu es grand-père.

Elle est drôle, Sophie. Elle balance des choses sans préambule. On a ri.

On a appelé ma fille. Oui, elle voulait bien me voir. Me connaître enfin. Entre-temps, elle avait fait des recherches sur Internet. Elle avait su qui j'étais devenu. Un humanitaire. Je n'étais plus un pourri. De toute façon, sa mère ne m'avait jamais fait mauvaise réputation. C'est ce qui est emmerdant dans les rêves, tout n'est pas raconté.

Je l'ai vue. C'est mon portrait tout craché. Elle en est fière. Elle avait toujours rêvé de ce moment. Elle m'a présenté son petit ami. Il est bien. Ils sont pauvres mais bien. Modestes mais dignes. C'est ce qui est con avec les rêves, les petits amis de votre fille ne sont pas riches.

Vingt-quatre ans qu'elle a attendu ce moment, ma fille. Connaître son père. Ni pour régler des comptes, ni pour recommencer sa vie : juste pour que les choses soient normales. Elle est de moi, cette gamine ; elle ne refait pas le passé, elle prépare l'avenir. Elle est bien.

Puis, elle m'a dit :

— Viens, je vais te montrer !

Elle a ouvert la porte d'une chambre. J'ai d'abord perçu le souffle de deux petites existences. Puis, j'ai vu. Elles étaient là, mes petites-filles : abandonnées, confiantes, endormies sur la vie. J'ai eu une furieuse envie de pleurer. De bien-être. J'étais bien grand-père. C'est ce qui est fou avec les rêves : on réapprend à pleurer.

Tout se replace. Karen m'a appelé : « Tiens-toi prêt ; ce sera peut-être bientôt ta rencontre avec Jacqueline. »

En plus, il y a Marie-Claude. Elle ne le sait pas encore. Mais elle me fait un putain de bien. C'est ce qui est débile avec les rêves : tout arrive en même temps.

J'ai appelé Jean-Christophe. Il était sur l'autoroute. Il a pilé, risquant de causer un carambolage monstre. Je lui ai répété que j'étais grand-père et que j'étais bien.

J'ai appelé François Bugingo. Il rentrait des USA, abattu parce que Bush avait de nouveau gagné. Je m'en fichais. Je lui ai raconté.

C'est hilarant les rêves : les gens ne vous croient jamais.

Tout se replace.

Mais je repartirai. Car je ne reste jamais. Mais personne n'aura mal, cette fois. Je ne disparaîtrai plus.

C'est ce qui est sympa avec les rêves, c'est qu'ils sont parfois réalité.

Remerciements

C'est au pied du mont Saint-Julien à Buis-les-Baronnies qu'ont été réalisées les entrevues qui ont permis la rédaction de ce livre. Le mont Saint-Trophime en face nous cachait le mont Ventoux. Dans ces terres paisibles où la légende prétend que le bon Dieu inventa les cigales — surnommées alors les Tambourinaires — pour réveiller ces paysans qui avaient la fâcheuse habitude de trop faire la sieste, Marc Vachon et François Bugingo ont été merveilleusement reçus par la famille Morard. Qu'elle soit donc ici remerciée. Ainsi que tous les charmants Buixois.

Marc Vachon exprime toute sa reconnaissance au cercle des vrais amis qui ont été présents dans l'inspiration comme dans la relecture des manuscrits : Christophe et Margie, Jean-Christophe, Geneviève, le clan Begkoyian, Mégot, François, Olivier, les Rouletabille, Élisabeth, Bettina, Adrian du Stolly's, Michel du New Cactus...

François Bugingo remercie sa famille (ses parents, ses sœurs et sa belle-famille), Stéphanie Kitembo, Annie Monin sa maman, les copains et collègues.

Merci à Natacha et à Élisabeth pour leurs corrections. À Jean-Christophe Rufin pour avoir levé ses doutes.

Table des matières

MISE EN PAGES ET TYPOGRAPHIE :
LES ÉDITIONS DU BORÉAL

ACHEVÉ D'IMPRIMER EN SEPTEMBRE 2005
SUR LES PRESSES DE L'IMPRIMERIE GAGNÉ
À LOUISEVILLE (QUÉBEC).